U0117398

惊鸿照影

宋朝的文化世界

陈兴月 著

上海古籍出版社

图书在版编目（CIP）数据

惊鸿照影 ： 宋朝的文化世界 / 陈兴月著. -- 上海 ：
上海古籍出版社, 2023.9
ISBN 978-7-5732-0746-3

Ⅰ. ①惊… Ⅱ. ①陈… Ⅲ. ①文化史－中国－宋代
Ⅳ. ①K244. 03

中国版本图书馆CIP数据核字(2023)第121502号

惊鸿照影：宋朝的文化世界
陈兴月　著
上海古籍出版社出版发行
（上海市闵行区号景路159弄1-5号A座5F　邮政编码201101）
（1）网址：www.guji.com.cn
（2）E-mail：guji1@guji.com.cn
（3）易文网网址：www.ewen.co
上海惠敦印务科技有限公司印刷
开本 787×1092　1/32　印张 11.75　插页 2　字数 225,000
2023年9月第 1 版　2023年9月第 1 次印刷
印数：1—3,100
ISBN 978-7-5732-0746-3
K·3396　定价：68.00元
如有质量问题，请与承印公司联系

序
——更远的远方

兴月寄来了她的书稿《惊鸿照影：宋朝的文化世界》，不意在酷暑难耐之中，读到她清新的文字，便觉“檐前蕉叶绿成林，长夏全无暑气侵”。

宋朝难写。宋朝确实是中国文化的一个高峰，唐宋八家里有六位宋朝的文人，所以写宋朝文字的功力要好，要让读者能够“悦读”。兴月在前言里选取了三个关键词：时间、美、宋。兴月引用海子的诗：“远方除了遥远一无所有。”她说：“‘远方’不能拯救人们，但是诗可以，不单单是诗歌，还包括一切艺术形式。人们对于外物的感受、自我的表达，形成群体的心态和行为，成为了文化艺术史。艺术和美不是白米饭，却是人们窗前的白月光，是现实中我们渡往精神彼岸的航船。

宋朝难写。写宋朝要有见识。钱穆先生在《理学与艺术》中说：“论中国古今社会之变，最要在宋代。宋以前，大体可称为古代中国，宋以后，乃为后代中国。秦前，乃封建贵族社会。东汉以下，士族门第兴起。魏晋南北朝迄于隋唐，皆属门第社会，可称为是古代变相的贵族社会。宋以下，始是纯粹的平民社会。”贵族社会与平民社会之变乃“天地间一大变局”，与之相适应，需要有新的思想、新的文化。其实，宋朝在宋太祖和宋太宗时期，都想求助于佛教取得社会共识，所以宋太祖有雕版《开宝藏》之举，宋太宗有译经院之设，宋真宗继有借道教的造神运动，但是，“风起横渠”，士不可以不弘毅，新兴的士人阶层、新兴的市民阶层，带来了全新的社会风貌，不论是精神还是物质。

宋朝难写。每个写宋朝的作者都要选取角度。兴月说：“国人看待历史，总摆脱不了对国运的关注和以道德伦理为主的价值观导向，对历史的评价偏向于那些单调的结果，往往一声叹息。‘家国天下’这个词，把国家命运与个人的生活、情感捆绑在了一起，让我们背负着‘不能承受的历史之重’行走多年，左右着我们对历史和自身的判断，却忽视了历史作为随时间行进的人类发展过程，本身自有风景。个体在漫长的生命进程里，有大把的时间去享受生活，创作诗和远方。”《惊鸿照影：宋朝的文化世界》从士、理、禅、文、艺五个方面，阐释宋朝之美，希望美能带给人创造力，兴月说“在追求功利的当代，这个问题更为显著”，她说“黄公望的内心一定有比他的生活更高的向往，才能把泥泞的人生活得如此清新脱俗”。这段文字让我想起朱光潜先生《谈美》里的一段话：“我坚信中国社会闹得如此之糟，不完全是制度的问题，是大半由于人心太坏。我坚信情感比理智重要，要洗刷人心，并非几句道德家言所可了事，一定要从‘怡情养性’做起，一定要于饱食暖衣、高官厚禄等等之外，别有较高尚、较纯洁的企求。要求人心净化，先要求人生美化。”

愿兴月能够走得更远。

杭 侃

二〇二三年**七月**

前　言

◎时间

时间的流淌无目的又永无休止，在洗刷着什么，也在诉说着什么。孔子说“逝者如斯夫，不舍昼夜”，时间可以带走一切，而事物的本质并不因时间的流逝而变化，一切如新，一切又依旧。在时间之流上行驶的历史航船，随朝代更迭，不停地更换船长、舵手、船员，间或改换航道，船客们世代生存、繁衍不息。在这绵延不绝的航行中，持续地积累财富、创造文化、构筑文明、形成传统，充斥着命运、抗争、挑战、奇迹、不甘，由此塑造了一个国家的命运，也创造了独属于一个民族的风土，并在这风土里，在日夜交替的人类生活中，孕育了一个民族的文化。

国人看待历史，总摆脱不了对国运的关注和以道德伦理为主的价值观导向，对历史的评价偏向于那些单调的结果，往往一声叹息。“家国天下”这个词，把国家命运与个人的生活、情感捆绑在了一起，让我们背负着“不能承受的历史之重”行走多年，左右着我们对历史和自身的判断，却忽视了历史作为随时间行进的人类发展过程，本身自有风景。个体在漫长的生命进程里，有大把的时间去享受生活，创作诗和远方。奔赴沙场前，要备好“葡萄美酒夜光杯”，身在官场，也要修身、养性、为文、作画，即使被贬谪、流放，也从未耽误诗人们的创作。比起家国天下的宏大母题，这些细致入微的内容，拼凑起整个人生，而众多的人生在漫长的时间里固化下来，便成为一种永恒。

法国历史学家托克维尔曾说过：“当过去不再照亮未来，人心将在黑暗中徘徊。”

存在过的不会消失，斑斓的色彩不会随时间的推移而黯淡，留存在血脉中的印迹，也将世代相传。文字、图像、器物，以及所有的历史印记，在这场旅行中，隔着遥远的时空，并未逝去；那些无声的诉说，早已进入一个民族的血脉，塑造着人们的性格和灵魂，让我们与过往对话。那些在历史长河中被遗忘的人们，淹没在滚滚红尘之下的悲欢离合，被时代浸染、洗涤过的文化风俗，以及曾影响了一个或者几个时代的大学问、大思想，虽然当下混入了泥沙，随历史长河飘逐，但他们并没有消失，一定还在某处活着。终有一天将被重新记起，从故纸堆里，或者从我们生活的一点一滴里，让我们去回忆、去比较、去重新出发。

◎美

柳永写过一首词《望海潮》：

东南形胜，三吴都会，钱塘自古繁华。烟柳画桥，风帘翠幕，参差十万人家。云树绕堤沙，怒涛卷霜雪，天堑无涯。市列珠玑，户盈罗绮，竞豪奢。　　重湖叠巘清嘉。有三秋桂子，十里荷花。羌管弄晴，菱歌泛夜，嬉嬉钓叟莲娃。千骑拥高牙。乘醉听箫鼓，吟赏烟霞。异日图将好景，归去凤池夸。

这首词描绘了北宋中期杭州城富丽繁华的城市风貌、旖旎秀美的自然风光、休闲快乐的百姓生活。烟柳、画桥、风帘、翠幕，秀丽的江南景象，极具画面感。三秋桂子，十里荷花，十万人家，气势磅礴。人间天堂的杭州城跃然纸上。人们眼下有幸福安康，眼前有诗和远方。柳永词流传很广，一直流传到遥远的北方草原，据南宋罗大经《鹤林玉露》记载，金朝暴虐荒淫的皇帝完颜亮看到这首词，垂涎于江南的富庶，遂挥师南下，起兵征宋。[1]

历史的人为叙述经常有浪漫成分，但为了美景、良田、

1　（宋）罗大经：《鹤林玉露》丙编卷一《十里荷花》，上海古籍出版社，2012年。

美女而起的征伐杀戮数不胜数。以暴力占有美不值得称赞和提倡，但不能否认，美是一种稀缺资源，有一种巨大的号召力，创造美、再现美、传播美都具有重大意义，美的稀缺性就是世人追捧它的最终目的。

“三秋桂子，十里荷花”呈现眼前，但人们现实中观看桂子、荷花在心里产生的反应，也许不如这两句词带给人的美感更为震撼，文艺作品可以带给人共通和永恒的美的感受，超越时间、空间、人种，有时甚至超越事物本身。美的事物映射于人心，作者将自身经验与事物相结合，把景色之美变成一种能够瞬间击中人心的意象，形成一种普遍的美的感受，引起人们的共鸣。让人们超脱日常，重新审视生命和生活，从中发现存在和生活的意义。

北宋18岁的少年王希孟，画出《千里江山图》后不久便去世，生命犹如流星，作品却流传千古。元朝大痴黄公望背负一生的颠沛流离，花掉生命里最后的4年，只为画一幅《富春山居图》。名画、名作，对于所有者来说有价，但更多的创作者终其一生只是在追寻美的路上，有的人不惜为此付出巨大代价，未见得要求一个结果。他们看到自然美景之外的意义，听到人与物在灵魂上的对话，通过文字、韵律、节奏传递出这种美感。

在追求功利的当代，这个问题更为显著。蒋勋在《美，看不见的竞争力》中说“美能带给人创造力”，黄公望的内心一定有比他的生活更高的向往，才能把泥泞的人生活得如此清新脱俗。

海子说“远方除了遥远一无所有”，“远方”不能拯救人们，但是诗可以，不单单是诗歌，还包括一切艺术形式。人们对于外物的感受、自我的表达，形成群体的心态和行为，成为了文化艺术史。艺术和美不是白米饭，却是人们窗前的白月光，是现实中我们渡往精神彼岸的航船。

人生天地间，最难逃与外界、他人之间的冲突和矛盾，人们要不断地寻找解决矛盾的方法，以期在现实与精神之间实现互通和平衡。人们认识事物、解释世界、修正思想而形成的轨迹，构成了思想史。

正如柳永写的“东南形胜，三吴都会”，武功比不得前代，但文治甚佳的宋朝，创造了灿烂的艺术和文明，这是人们心中“积贫积弱”的宋朝对中国历史的贡献。

◎宋

回看宋朝，不带任何功利色彩。

“积贫积弱”是传统史观给宋朝贴上的标签。比起秦皇、汉武、唐宗的丰功伟绩来，宋朝的确干了一些给祖宗丢脸的事情。澶渊之盟、靖康之难，帝国退缩江南一隅，最后以小皇帝投海而终，整个王朝被北方民族收入囊中。

但从另一个角度，对于文化发展来说，宋朝是最好的时代。历史溯流而上，很多重大的变化转折发生在宋朝，中国历史文化的很多研究，也都会指向宋朝，中国文化的对外输出、影响最巨也是在这一时期。

陈寅恪说："华夏民族之文化，历数千载之演进，造极于赵宋之世。"[1]

钱穆在《理学与艺术》中写道："论中国古今社会之变，最要在宋代。宋以前，大体可称为古代中国。宋以后，乃为后代中国。秦前，乃封建贵族社会。东汉以下，士族门第兴起。魏晋南北朝迄于隋唐，皆属门第社会，可称为是古代变相的贵族社会。宋以下，始是纯粹的平民社会……故就宋代言之，政治经济，社会人生，较之前代，莫不有变。学术思想乃如艺术，亦均随时代而变。"[2]

作为一个时代发展的过程，宋朝社会文化的精彩程度远胜于单从政治经济考察的结果。

近来有越来越多的学者研究宋朝的社会、思想、文化。发展了市场经济，社会保障制度健全，国力虽弱，百姓犹富。消灭了贵族制度，人们身份平等化，科举增强了阶层流动性，文人气象一时间达到顶峰。文学、艺术、宗教、哲学等各个方面达到了前所未有的高度。宋词取得了辉煌成就，

1　陈寅恪：《邓广铭宋史职官志考证序》，《金明馆丛稿二编》，生活·读书·新知三联书店，2001年，第277页。

2　钱穆：《理学与艺术》，《中国学术思想史论丛》第三册，台北：联经出版事业公司，1998年，第286页。

可与唐诗媲美；宋徽宗的瘦金体书法惊艳一世；瓷器的高雅之美开创了一代器物之风。儒学向上与宇宙的探索接驳，向内触及人的内心修养，由广大致精深，出现了一批思想家，并诞生了一代大儒朱熹，发展出了对后世及周边国家影响深远的理学；禅宗开始深入文人士大夫的生活、注入文化内核，对国人及周边国家人们的思想影响深远。这些成就和贡献，从某种程度上说远超过一个朝代是否存续的意义。宋王朝在三百年的漫长岁月里，给中国的文化发展创造了巨大的宝库，这些灿烂的瑰宝，犹如夜空里闪耀的星辰，没有它们，中国文化也许将在更长的时间里陷入暗夜。

这是一个多元化的时代，是一个文化融合的时代，一个“白衣卿相”频出的时代。从这时起，一切都在转变，一切都开始变得不一样。

目 录

•禪

•文

士

第一章

往圣绝学与万世太平：士大夫精神

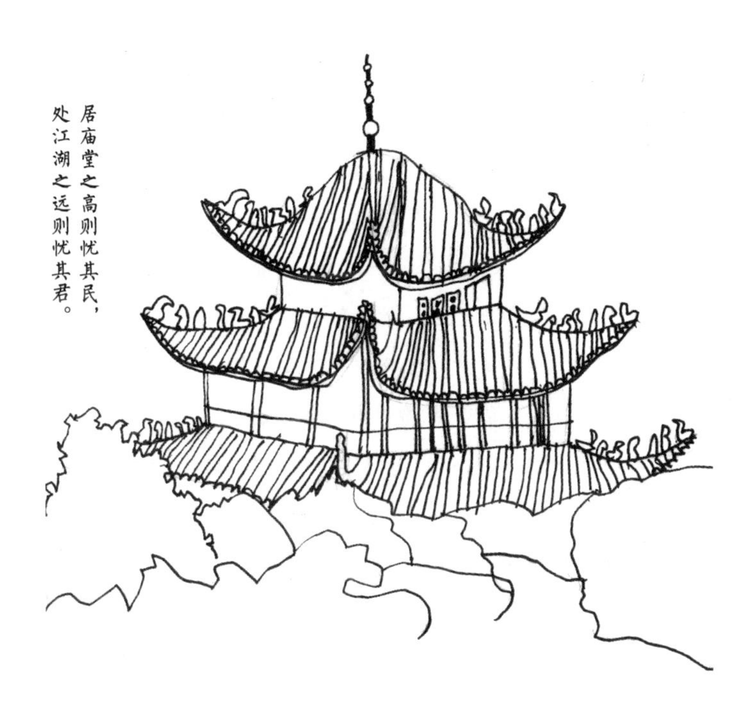

风起横渠

一千年前，北宋初期，有一人名叫张载，生于公元1020年，卒于公元1077年，此段正处于北宋仁宗、神宗两朝，也是宋朝革新发展、经济社会文化繁荣之时。

经历唐末五代战乱，北宋建国时，社会亟待稳定，急需统一、积极的思想文化引领。隋、唐以来，佛、道二教备受帝王推崇，儒家思想已失去唯我独尊的地位，随着唐王朝的衰没日落西山。唐朝末年，韩愈举起“排佛”大旗，要消灭佛教对学人、对社会的消极影响。宋朝初期，对于文人和文化十分重视，仁宗朝开始涌现出一批有识之士，以欧阳修为首的学者们，承韩愈之志，要重塑社会思想文化，回归儒家经典，追溯儒学源头，致力于创建全新的、能够再次统领天下的新儒家思想体系。

张载是新思想的第一代开拓者，建立了完整的思想体系，与周敦颐、邵雍、程颢、程颐并称为“北宋五子”，世称“张子”。五位先贤中，程颢、程颐名气最大，世称“二程”。二程后学以朱熹和陆九渊最为著名，朱熹在他们理论探索的基础上，集大成形成理学，称霸学术界多年；陆九渊创立心学，后明朝王明阳发扬光大，后世追随者甚多。“二程”受教于周敦颐，亦是张载的亲属晚辈，然学术起步较早，对张载思想的形成影响甚大，邵雍亦是其他四子之友。“北宋五子”为宋学成体系地发展和壮大奠定了基础。

张载祖籍大梁（今河南开封），久居陕西凤翔府眉县横渠镇，人称“横渠先生”。少有建功之志，曾立志投笔从戎，征伐沙场。年少时逢边疆用兵，上书谒见范仲淹，慷慨陈辞要立军功。范仲淹（989—1052）“一见知其远器”，十分欣赏他的志气，劝他读《中庸》，钻研儒学。在范仲淹的眼里，读书人应该做学问、发扬儒家思想，是比兵事更重要的千秋伟业。在宋朝初期，范仲淹、欧阳修等人对后学的言传身教影响巨大，宋初先贤志士多受二人教导、启发。

张载受范仲淹点拨转而研读儒家经典，十分喜欢，但总觉得不够，于是参阅佛、道。经年累月，却在佛道上没有什么收获，最终仍然回归到儒家经典上来，嘉祐年间受二程启发，对儒学的思考更加透彻、深刻，逐渐融会贯通，形成自己独立的思想体系。

嘉祐二年（1057），张载应试，这是一次可以载入史册的科举考试，一批引领宋朝政治、思想、文脉的人物在此次科考中登上历史舞台。宋朝几次科举改革，逐渐摆脱唐朝旧制，取士不问世家，仁宗朝进一步公平化，不得在考试前向主考官提交诗文作品以取得推荐，并推行弥封、誊录、编排之法等，“一切考诸试篇”，不论门第出身，全凭考试录取。嘉祐二年科举考试，欧阳修任主考官，推行新的考试规则，在这场熠熠生辉的科考中，苏轼、苏辙、曾巩同场中式，还有张载及其高弟吕大钧、程颢及其门人朱光庭等人，以及王安石变法的得力干将：吕惠卿、曾布、章惇。此后，苏轼等人在欧阳修的带动下扭转了宋朝文风，张载、二程等人奠定了宋学根基，吕惠卿、曾布、章惇是熙宁变法的重要人物。这些人创造了历史，在中国的文坛、政坛和思想界耀眼生辉。

晚清“中兴第一名臣”曾国藩作《圣哲画像记》，从数千年灿若星辰的中华历史人物中选出32位圣贤：“文周孔孟、班马左庄、葛陆范马，周程朱张，韩柳欧曾，李杜苏黄，许郑杜马，顾秦姚王。”其中“周程朱张”便是周敦颐、程颢程颐兄弟、朱熹及张载。

宋初先贤的哲学思想各不相同，却都致力于建立儒家思想的哲学基础。张载哲学在对抗佛、道理论中不遗余力。认为天地万物都是气的不同形态，是真实存在的，而非佛、道所说的万物为“虚空”，提出了以气为本的宇宙论；认为世界是可见与不可见并存，世界是在不断变化的，世间万物各自不同，又彼此互相联系，而这种联系证明了儒家提倡的伦常关系的真实存在；强调修养，修养可以提升人的感悟力和智慧。张载创立“关学”，与二程洛学、周敦颐濂学、朱熹闽学齐名，成为宋初道学的开创者。

张载作为一代大儒，正如宋朝的多数儒家学者，追随孔孟圣贤，对外构建学术理论，向内树立儒士风骨，他认为在这世界重建的时代里，士大夫理应做出贡献和表率。被黄庭坚誉为“人品甚高，胸怀洒落，如光风霁月”[1]的周敦颐，有一句话千古流芳：“予独爱莲之出淤泥而不染，濯清涟而不妖。”用莲花的高洁喻示高尚的人格。张载也写了一段话：

> 为天地立心，为生民立命，为往圣继绝学，为万世开太平。[2]

这四句话并不是张载哲学的主要思想，甚至去掉这四句话也无损张载的思想光芒。但这四句话流传了上千年，至今影响力不衰，并时常生长出新的活力，提振一代又一代学风、文风、士风。千百年来倍受学人推崇，朱熹曾与弟子专门讨论此四句话的含义，当代哲学家冯友兰将其称为“横渠四句”，历史沉浮至今，张载之名已少有人知，而世人却广知“横渠四句”。要为天地找到运行之道、为生民谋求立命之本，要承继往圣绝学，开创万世太平。胸怀天下、扶济苍生，内能修圣人之学，外能保一方安宁，这四句代表了宋

1 （宋）黄庭坚：《黄庭坚全集》卷二十《濂溪诗并序》，中华书局，2021年。

2 此语也作“为天地立心，为生民立道，为去圣继绝学，为万世开太平”。参阅《张载集》书后所录《拾遗·近思录拾遗》，中华书局，1978年。

朝这个新生王朝对士大夫精神的重新定义，带着儒学的原始教义和古士的风范，引领万代风骨，是张载也是宋朝学人所追求的最高境界。此后千百年间，中国文人士大夫不忘此情怀，心中追随、身体力行，并推广为中国人所追求的普遍精神，“横渠四句”被称为中国人的精神绝句。

不出现于他处、不出现于他时，“横渠四句”恰好出现于初兴的宋朝。从宋朝伊始，文人的精神内核一点点被唤醒，是历史发展至此的必然，也是赵宋王朝制度改革、重视文人的偶然。

宋朝政治经济秩序发生巨大变化。在中国长久实行的门阀士族制度真正消亡，身份改革把唐朝时的部曲和奴婢都变成自由民，以契约为证的雇佣关系取代了人身依附，阶级制度走进尾声；科举取士进一步公平化，不论门第出身，寒门士子通过自己的努力成为新贵，平民阶层活跃度上升，市民文化随着新贵一起进入上层社会，地域之间、阶层之间的流动性不断加深，中国从贵族社会进入了平民社会。

门阀士族制度是古老的贵族制度，它不仅规定了阶级的界线，也划定了文化的界线，生机勃勃的文人精神、市井文化，注定不会在这样的土壤里生长。唐朝以前的文人永远在跟命运抗争，刘宋诗人鲍照在《拟行路难》中写道：“泻水置平地，各自东西南北流。人生亦有命，安能行叹复坐愁！”陶渊明才华横溢，曾祖父声名显赫，但自己却仕途艰难，陶渊明自称“家贫而求仕”，仕途却始终不顺，无奈寻求“归去来兮”，他笔下的桃花源千古以来有无数文人墨客追寻，在他的时代里却注定只是幻影。宋朝时，政治不再与固定阶层挂钩，寒门士子有机会通过自己的努力平步青云。

钱穆曾说：

> 宋以下，始是纯粹的平民社会。除却蒙古、满洲异族入主，为特权阶级外，其升入政治上层者，皆由白衣秀才平地拔起，更无古代封建贵族及此后门第传统之遗存。
>
> 故就宋代言之，政治经济、社会人生，较之前代莫不有变。[1]
>
> 盖中国自宋以下，贵族门第之势力全消，宋儒于科举制度下发挥以学术领导政治之新精神。尊师相，抑君权，虽亦有流弊，要不失为历史之正趋。[2]

“旧时王谢堂前燕”最终“飞入寻常百姓家”，宋朝是平民化的社会，是文化走进平民、平民文化兴起的社会。

冷兵器时代的统治者重视武将，而宋朝，注定是个独特的朝代，它不爱武将爱文官。宋太祖“杯酒释兵权”，削弱武

---

1 钱穆：《理学与艺术》，《中国学术思想史论丛（六）》，生活·读书·新知三联书店，2009年，第233页。

2 钱穆：《国史大纲》第七编，第三十六章《传统政治之恶化》，商务印书馆，2010年，第669页。

将实权，依靠文官治国。相传，宋太祖赵匡胤曾立三条遗训：

一、保全柴氏子孙；二、不杀士大夫；三、不加农田之赋。[1]

在法律意识不强的年代，家规祖训便成为后代必须执行的规范，“不杀士大夫”，在后来的宋朝政治中演变成“与士大夫共治天下”，以文官为主的官僚体制建立，文人士大夫逐步成为宋朝政治舞台上真正闪亮的主角。

宋朝文官不仅要有学术能力，能治学、能作文，还承担了治国的核心职能，外能御敌、内能治国，对文官要求的是综合能力。范仲淹是宋初文官的典型代表，也是宋朝士大夫精神最原初的体现。出身寒门，科举入仕，官至副宰相。带兵抵御西夏进攻，在边塞时写“浊酒一杯家万里，人不寐，将军白发征夫泪”，推动“庆历新政”改革，变法不成远赴江湖，“居庙堂之高则忧其民，处江湖之远则忧其君”，“先天下之忧而忧，后天下之乐而乐”，这些千古名句体现了范仲淹的“忧”，是彼时士大夫对家国天下的责任和担当；横身推行变法的王安石，被后世认为是“内圣外王”的典范，因变法而争议不断，却不曾因争议而放弃，并创立儒家新学术思想，史称“荆公新学”，成为北宋中后期及南宋的官

1 （明）王夫之：《宋论》卷一，中华书局，2008年。

学，影响深远；苏轼一生大起大落，曾官至翰林学士、一代文坛盟主，也曾被打入死牢、一路流放至儋州，却从未放弃过人格修炼和信念坚守；理学家张载、二程而至朱熹，把士大夫的修身、治世抽象上升为理论，形成了精细而浩大的理学思想。

南宋末期，士大夫精神成了宋朝最后的绝响，文天祥“人生自古谁无死，留取丹心照汗青”。被金人逼迫的南宋小朝廷，一步一步向南方退缩，到达大海的边缘，退无可退，陆秀夫背着小皇帝，宁为玉碎，纵身跳向大海，保全了宋皇室最后的尊严。这些文人展现出的忠勇、气节，在中国封建王朝里闪耀。如果说历史是个熔炉，士大夫精神在此时的宋朝已经炼得炉火纯青。

士大夫精神因宋朝文人官员的行为践履逐渐丰富、完善。出身寒门的聪慧努力、有胆识有魄力的官员，在政治舞台上，比世袭的士大夫们多了自律、思考，也多了开创和担当，保持寒素之士的作风，大胆直言、忠君明谏，可以才有不逮，却不能德有所失。他们的学识、才华，面对复杂情境下的抉择、为达成使命所展现的智慧和努力，以及担当意识和主人翁的责任感，都成为这个群体自我塑造的重要因素。在此后的历史中持续影响着中国的文化和社会心理，逐渐成为国人的集体共识。

《礼记·大学》讲“修身、齐家、治国、平天下”，是实现“内圣外王”的方法论；曾子云“士不可以不弘毅”，是对

“士”的约束和感召；孟子云“穷则独善其身，达则兼济天下”，士的精神品格进一步具体化。而孔孟之后、宋朝以前，这近千年间，士大夫精神有时闪现，更多的时候与儒家思想一道或束之高阁，或退隐深山，直到五代十国，在时代的动荡中这种精神几乎被碾碎。范仲淹的“先天下之忧而忧，后天下之乐而乐”，昭示了文人再次与国家命运相连、士大夫精神再度兴起；张载的“横渠四句”站在更宏大的视角下，是对“内圣外王”的重新解读，这种思想已不局限于文人内心，它深入中国人的骨髓，无论何时、无论走了多远，它永远在人们出发的地方默默地召唤。宋人把使命、愿望、理念付诸实践，有人披荆斩棘、赴汤蹈火，终成大业，赢得生前事；有人时不顺意，事不如愿，依然坚守信仰，获得身后名。幸福是自我成就，精通儒、佛、道的宋朝文人，注重外在的事功，也重视自我修行，外界变化波诡云谲，内心丰满何尝不是他们最大的满足。

士大夫精神

知识人群在中国具有广泛的影响力和话语权。中国是农耕文明，是封闭的、是向内生长的，“读书人”是人们脱离土地的终极梦想，中国人对于读书人的期盼深厚绵长。知识人群在中国历史、文化上扮演了极为重要的角色，不仅是知识、文化的传承者，还象征被社会普遍认同的地位和身份。在封建社会里，这个人群被认为与王朝命运相联，是王朝的守护者，这个群体的命运某种程度上喻示了王朝的宿命。他们被寄予厚望，被要求有修养、有责任、有担当。

很多国家都有类似的群体，拥有某种为社会或君主服务的精神，作为文化标识，长时间占领一个民族的精神文化领地。中国的士大夫精神经过长久演变，更重视对社会的责任和担当，忠于皇权，也力求独立于皇权，这与中国知识群体诞生的源起相关。

上古三代夏、商、周时期，中国文化鸿蒙始开，最主要的文化活动是祭祀，祭祀是与上天对话、感谢天赐神权的通道，祭祀是统治者独享的权力，掌握祭祀规则的人能够代天立言，掌握了人神对话的话语权，成为最初的文化人。这一时期的“士”属于贵族阶级，承担服务皇权的工作。

周王朝后期，王权衰退，“天子失官，学在四夷”，最初的文化群体流落到各诸侯国，把过去被天子独占的文化知识带到各国，在文化求诸野的时代，思想是知识人群赖以生存的武器，“士”贩卖思想和学识，通过建立思想学说，谋求政治地位。春秋战国时期出现了百家争鸣，正是知识人群开始在权力世界的展现。

知识人群的出现，一开始便与皇权、思想密不可分。春秋时期各种思想学说爆发，儒家谋士重“道”、重谋略、重气节。孔子周游列国，“吾道不行”时宁可“乘桴浮于海”，孔子说“君子谋道不谋食”，“忧道不忧贫”，“朝闻道，夕死可矣”。曾子继承了孔子思想：“士不可不弘毅，任重而道远。”孟子在士的精神上阐述得更多一些“富贵不能淫，贫贱不能移，威武不能屈，此之谓大丈夫”，“穷则独善其身，达则兼济天下”，士有信仰，道有坚守，不因外界改变，不向权力妥协。这是士的精神最原初的内涵，是士阶层出现的原始教义，并在后世的历史长河中，最终演化成为文人及儒家学者的精神信条。

秦汉交替之际，一个叫陆贾的书生与刘邦发生争论。陆贾常在刘邦面前引述《诗经》《尚书》等古代典籍，刘邦斥责他说：我从马上得天下，与《诗》《书》有什么关系？陆贾反唇相讥：马上得天下，安能马上治天下？继而引用商、周、秦朝历史，向刘邦说明仁治天下的重要性，说服了刘邦。[1]

陆贾把儒家思想贩卖给了刘邦，儒家思想成为政治统治思想，并自此统治中国思想界几千年之久，成为中国思想文化的基因。

汉朝的儒家学者，以董仲舒、陆贾为代表，延续孔孟思想，把儒家学者重新塑造成“帝王师”，独立思考、不屈从于权贵、重道义、重气节。董仲舒提出天人感应学说，君主的地位至高无上，居君主权力之上的是“天”，如果君主不行仁道，天将降灾异预警。天人感应学说具有深远影响力，唯有

---

1 （汉）司马迁：《史记·郦生陆贾列传》，中华书局，2016年。

上天能够约束君主，士大夫们再次拥有了对天象做出解读的权力。

汉代而下，政治变动频繁，佛教传入中国，对思想界造成了巨大冲击。魏晋时期文人转而信奉老庄、讲究清谈，追求思想解放、行为自由。唐朝推崇佛教、道教，儒家思想有相当长的一段时间发展低迷。及至晚唐，社会动荡，思想枯竭，学风浮躁，个人享乐之风盛行。儒家学者的独立意识、对社会的反思与批判精神并无体现，对社会发展所起的正面作用极为有限。晚唐时韩愈发起“古文运动”，提倡恢复儒学的政治思想地位，恢复道统，重建社会秩序，石破天惊。而在整个王朝大厦将倾的时刻，这样的呼声仅是王朝覆灭的余韵，难免苍白而凄凉。

五代十国，被钱穆在《国史大纲》里称为“黑暗时代”，“民生其间，直是中国有史以来未有之惨境”。[1] 短短五十多年的时间，经历了五朝、八姓、十三君，社会分裂，唐以前形成的文化传统被打碎，社会秩序、精神信仰无从谈起，一地瓦砾。沿晚唐奢靡、享乐的风气而下，士大夫变得低劣、卑琐。适逢乱世，却无英雄。

在如此历史背景下，宋朝建立，而赵氏一族夺得江山似乎没有太多说服力，按王夫之在《宋论》中的论述，宋太祖

1　钱穆：《国史大纲》第五编，第三十章《黑暗时代之大动摇黄巢之乱以及五代十国》，商务印书馆，2010年，第519页。

之所以能一统天下是因为“惧”。[1] 畏惧一切，也因此采取了对各方都极为宽容的措施。改革科举，建立文官制度，士大夫阶层空前壮大，对文人士大夫也极尽宽容，采取“养士”的做法。至仁宗朝，这种做法效果显现，士的精神开始振作，并承担起了家国天下的责任。在思想文化上，士人不甘心于文化的堕落和散漫，要重新建立文化道统，超越汉唐，上追三代，文人气象空前显现，士大夫精神以全新的面貌重新回到历史舞台，而宋朝也是历史上士大夫精神的高峰。

宋朝的士大夫精神，像这个朝代的很多侧面，惊鸿一瞥，在中国最古老、最传统的文化里面，深深扎根，又开出一朵朵艳丽的花来。历史没有按下暂停键，却也可以偶尔偏离轨道，探索人类在武力、财力之外，创造美、创造文明的多种可能。“投我以木桃，报之以琼瑶”，文人士大夫给予宋朝的回报价值远超时代本身，那些人、那些事永远在中国历史上闪耀，昭告后人那些遥远的先人曾经达到过怎样的高度。这种精神至今仍然产生影响，并不时地被唤醒。只要人们还记得，它就将永远鲜活地存在。

---

1 （明）王夫之：《宋论》卷一，中华书局，2008年。

范仲淹是代言人

北宋寒门卿相的首要代表是范仲淹，他是宋朝士大夫精神的实践者、拓荒者、领路人。

范仲淹出生于北宋初期太宗端拱二年（989），小官僚家庭，两岁丧父，随母改嫁，幼年生活贫苦。母亲改嫁后，范仲淹随继父姓，改名“朱说”（读作“悦”）。继父朱文翰，史书未曾过多记载其生平，读书人出身，最终任职淄州长山县令。对范仲淹不仅有养育之恩，更引导、鼓励范仲淹刻苦读书。朱文翰曾知湖南安乡县，比邻洞庭湖，范仲淹随继父在当地兴国观读书，至今仍留有范仲淹读书台的遗址，为安乡八景之“书台夜雨”。

下层官吏生活并不富足，范仲淹少年时期求学十分艰苦。据记载，范仲淹曾在醴泉寺借读，寺庙里粮食不够，煮好的粥过了一个晚上就凝固了，为了节省粮食，范仲淹把凝固的粥用刀划成四块，早晚各取两块，把野菜切碎拌进去，就是他每天的伙食，如此吃了三年，由此诞生成语“断齑画粥”。这个故事宋人笔记中有多处记载，具体细节也许有所出入，却是范仲淹少年时艰苦求学生活的真实映照。范仲淹在《齑赋》中写道：“陶家瓮内，腌成碧、绿、青、黄；措大口中，嚼出宫、商、角、徵。”范仲淹自称“措大”，在各种颜色的咸菜里努力嚼出生活的五彩缤纷。

这是粥与咸菜长久陪伴的故事，是范仲淹的早期人生。

范仲淹不仅读书十分刻苦，他端正的人品也为后人赞颂。传说范仲淹在寺庙读书时，发现地穴中埋藏了一瓮银子，范仲淹立即原样埋好，纹丝未动。多年以后，寺庙遭受火灾，当地和尚想重修寺庙，求助于已经显贵的范仲淹，范仲淹回复了一封信，告知他们地穴藏银的位置，院僧按他的指导挖出了多年前的银两，度过了灾难。为此，诞生了另一个成语“窖金苦读”。故事许是杜撰，反映的是人们对于范仲淹高尚人格的赞美。范仲淹终其一生保持这样正直、刚正的人格，为后人景仰。

长大后，范仲淹知道了自己的身世，泣别母亲，赴应天书院读书，对自己要求非常严格，《宋史·范仲淹传》记载他昼夜读书，冬天读书累了，就用水洗脸让自己清醒，食物接续不上时就喝粥，别人都看不下去了，但他并不以为苦。大中祥符七年（1014）正月，真宗到应天府朝拜圣祖殿，应天书院学子纷纷跟随百姓去看热闹，唯独范仲淹仍在学舍读书，别人问他为什么不去看真宗，他回答：皇帝总是要见到的，将来见也不晚。

多年苦读，不负努力，学业大成。

大中祥符八年（1015），范仲淹27岁，进士及第。进入官场后，范仲淹上书朝廷，请求恢复范姓，因崇拜江淹文章誉满天下，为自己取名“仲淹”，字希文。

范仲淹初入仕途，多在基层为官，重视教育，兴修农田水利，颇有政绩。天圣四年（1026）起，丁母忧居南京应天府。此间，有充裕时间整理从政经验和政治变革理想，天圣五年（1027），将自己政见形成《上执政书》，上交朝廷，提出当前天下的政治问题及自己的思考，引起当政者的重视。天圣六年（1028），丁忧期满，经晏殊推荐，赴京城任秘阁校理。

仁宗幼年登基，刘太后垂帘听政，掌管朝政大权。范仲淹入京城时，仁宗已十八岁，刘太后理应还政于皇帝，百官大臣多有劝诫，但刘太后并无还政之意。天圣七年，仁宗率百官向皇太后祝寿，范仲淹上书认为有失礼仪，皇帝可以在内殿为太后祝寿，在外殿则应以皇帝为尊。并再次上书明确提出太后不应再垂帘听政。范仲淹此举引起朝野震动，晏殊恐慌，怕范仲淹鲁莽连累自己。范仲淹写了《上资政晏侍郎书》阐明内心，他说自己迂拙，不因富贵屈服，不以贫贱转移自己的内心，如果能得到任用，将不遗余力发挥更大的作用，报答晏殊的举荐之恩。如果做一个少言少过自我保全的人，则满天下都是，何必需要我呢？

范仲淹并非盗取虚名之徒，相反，是个刚正之士，是个硬骨头。

敢于直言难免得罪当朝，幸而北宋中前期的政治宽松清明，范仲淹自求出京外放。经此一事，仁宗对范仲淹抱有极大的好感，而范仲淹在官场上也始终正直如一，为王朝鞠躬尽瘁。北宋的官场上，往往不作为者得善终，范仲淹似乎从未考虑过自身安危，居庙堂时，为皇帝、国家考虑；处江湖时，切实为百姓谋福造利。

明道二年（1033）三月，刘太后去世，仁宗亲政，迅速组建自己的执政班底，范仲淹被召回京城，拜为右司谏，任言官。

仁宗是宋朝在位时间最长的皇帝，统治42年，仁宗的父皇真宗与辽国签订澶渊之盟，换来了宋朝一百年的和平，是北宋最长的和平时期。此时北宋建国六十余年，政治经济社会各方面秩序已基本建立。仁宗及仁宗朝的精英们开始寻求社会的更好发展，北宋的变革起于此时。文人士大夫的精神面貌也摆脱了宋初承继五代十国的卑琐余绪，展现出正面、积极的形象，开始从学术领域探索社会秩序的重建。范仲淹进入官场的时候，北宋首个文坛领袖欧阳修尚未崭露头角，提出“为天地立心，为生民立命”的张载还要晚几年出生，距离理学先驱“北宋五子”提出理学思想还有几十年。

由于此前拥护仁宗主政，仁宗对范仲淹多有重用，担任言官期间同时承担仁宗委派的多项重要任务。虽然仁宗因为范仲淹劝谏太后还政而重用范仲淹，但范仲淹的直谏却并非为了讨好仁宗。仁宗的重用，让他更加坚定了自己的信念和立场。

仁宗不喜刘太后为其选择的郭皇后，执意废后，宰相吕夷简曾因郭氏罢相，发动文武百官拥护仁宗废后。范仲淹认为废后初衷是仁宗对刘太后的怨恨，但会将带来恶劣影响，因此极力反对。仁宗在大臣怂恿下一意孤行，范仲淹坚持直谏，再次被贬至睦州。睦州风景秀美，是鱼米之乡，北宋时期对文人的惩罚是贬官，贬谪之地的优劣好坏代表了皇帝的态度，被贬到睦州是仁宗对他的善念，但范仲淹仍然坚持己见，而仁宗并未理会。在睦州，范仲淹写诗、览景，关心国计民生，其间创作热情激发，写了诸多著名诗篇，《江上渔者》应创作于这一阶段：

江上往来人，但爱鲈鱼美。
君看一叶舟，出没风波里。

优美的词句，是诗人的情怀，对江上渔人的关照，是一个士大夫的悲悯和大爱。此间最爱东汉严子陵钓台，对严子陵的品格节操心向往之，作《桐庐郡严先生祠堂记》，其中写道："云山苍苍，江水泱泱，先生之风，山高水长。"流传千古的名句，没有华丽的词藻，只是内心对高尚品德的仰慕和推崇，正如范仲淹其人，没有浮华，只有真诚的感受、真实的付出。

此后范仲淹调任苏州，后再次被召回朝廷，判国子监，为国家最高学府的长官。因与吕夷简风格不同，诸多事件意见相左，矛盾重重，吕夷简擅长逢合帝意，掩盖矛盾，粉饰太平，仁宗最爱吕夷简作为宰相带来的"太平盛世"，而对范仲淹所揭露的问题宁愿视而不见。范仲淹第三次被贬，并被扣上"朋党"的帽子，一众为范仲淹鸣不平的官员相继被贬，欧阳修上书反对，但此时人微言轻，被贬为夷陵县令。

宋仁宗康定元年（1040），西夏党项族首领元昊调集大军袭击宋朝，虚弱的西北防线迅速崩溃，仁宗朝无人可派，紧急调范仲淹再次入朝，未达京城便改任陕西都转运使，赶赴前线。这一去，范仲淹与西北战事结下了不解之缘。都转运使主要负责财务工作，监察辖区内的官员，范仲淹眼光并不局限于此，了解情况后，迅速向朝廷提出了西夏战事的战略方针。朝廷调整职务，夏竦为西北前线主帅，韩琦、范仲淹为其副手，韩琦负责泾原路防务，范仲淹负责鄜延路防务，并主动要求兼任延州（鄜延路治所，今延安）知州，鄜延路的政、军、财权集于范仲淹一人。此时吕夷简再度为相，支持朝廷对范仲淹的任用，范仲淹也就西北战事与吕夷简沟通频繁。范仲淹不曾嫉恨任何人，他与吕夷简之间也不曾怀有私恨，展现了北宋早期政治家的胸襟和风范。范仲淹去世后，欧阳修《范公神道碑铭》中记述道，吕夷简复相后，范仲淹再被起用，于是二人以大局为先，相约共同平定叛乱，因此获得天下士人称赞。这段话被范仲淹的儿子范纯仁删去，欧阳修十分气愤，范纯仁不想让父亲与吕夷简混为一谈，但他删掉的恰恰是范仲淹的豁达胸襟。

范仲淹在西北防线兢兢业业，深得仁宗倚重，在与西夏抵抗的过程中，频立战功。范仲淹主张积极防守，适时谈和，不主张主动出击，这对于当时羸弱的宋朝军力来说是合适的战略。庆历四年（1044），元昊与宋朝谈和，元昊削去帝号，向宋朝称臣，宋朝赐西夏岁币。西北边疆危机解除，双方战事告一段落。

戍守西北期间，范仲淹写下了著名的《渔家傲·秋思》：

塞下秋来风景异，衡阳雁去无留意。四面边声连角起，千嶂里，长烟落日孤城闭。　　浊酒一杯家万里，燕然未勒归无计。羌管悠悠霜满地。人不寐，将军白发征夫泪。

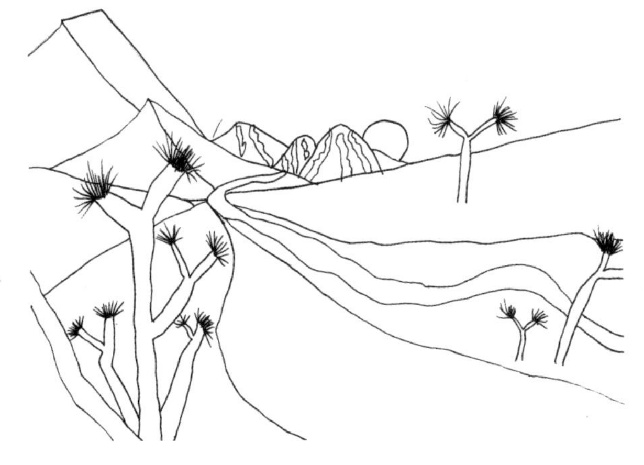

长烟落日孤城闭

唐朝边塞诗人王昌龄写“但使龙城飞将在，不教胡马度阴山”，写的是别人，范仲淹写“燕然未勒归无计”，说的是自己。范仲淹作为文官，在战场上展现了士大夫为国担当的精神，守住了西北防线，赢来了与西夏的和平相处。范仲淹身先士卒、以身作则，训练出了一支能征善战的队伍。宋和西夏的边关危机解除后，范仲淹调任回朝，庆历三年（1043），任命为参知政事，是为副宰相。

仁宗时期，北宋社会稳定，前期积累的问题也开始呈现。冗官冗员、军费超支，北宋前期为求安定支付给前朝遗老、武将功臣、皇亲国戚高额养老金，供养庞大军队，都需要买单。土地兼并严重，农民税费较高，不断爆发农民起义。宋朝边境的威胁始终存在，太祖、太宗两任皇帝最大的心愿是收回燕云十六州。太宗趁辽国皇帝年幼，率军北伐，不想兵败撤退，辽军俘虏宋将杨业，杨业拒不投降，绝食而死。真宗当政后，辽国小皇帝耶律隆绪长大成人，公元1004年，耶律隆绪和他的母亲萧太后率20万大军南下攻打宋朝，司令官萧挞览在双方交战伊始中流箭身亡，契丹士气大挫。无意征战的真宗皇帝趁机议和，与辽国签订澶渊之盟。协议条约双方互称“大契丹国”和“大宋国”，宋朝每年向契丹送银二十万两，绢十万匹。双方持续了五十余年的交战状态终结，此盟约直至徽宗为了收复燕云十六州时撕毁，双方遵守了一百二十年。大宋皇帝降尊纡贵，用屈辱换来了王朝一段时期的和平。每年给辽国的岁币也是一笔不小的数目，这些岁币在仁宗朝仍在继续。

深刻的社会矛盾和激烈的民族矛盾激活了沉闷的政治空气，仁宗与众大臣想法一致，欲更天下弊事，于是，命富弼、范仲淹等人着手制定改革方案，拉开了“庆历新政”的序幕。

新政涉及范围广泛，包括吏治、科举、赋役、军事、经济等各方面，持续一年多时间，推行艰难，其中的吏治改革、科举改革等都直接刺痛了官僚阶层，反对者众。有人趁机煽动情绪，造谣生事，范仲淹再次陷入“朋党”风波。赵宋王朝削弱武将，为防武将拥兵自重，重用文官，文官政治的致命缺陷是“朋党”，朋党给了手无寸铁的文官颠覆政权的可能性。如何定义“朋党”？“君子和而不同，小人同而不和”，“同”与“和”都可能被定义为“朋党”。内心坦荡的范仲淹和欧阳修们，认为君子也可以有“朋党”，是作为文人、士大夫之间的相互欣赏，而不是官场上的内外勾结和狼狈为奸。但独裁的皇帝想要扼杀一切可能性。

庆历四年（1044）六月，范仲淹主动要求再去西北边境，这一去，便再也没有回到北宋的政治中心。范仲淹离开京城后，政敌依然没有停止对他的攻击，加深了仁宗的不安，庆历五年（1045），范仲淹被免去参知政事职务，改知邠州。主张新法的富弼、韩琦、欧阳修等人也被罢官外派，新政逐渐废止，变法失败的问题不在于动了当权者的奶酪，而是决策者仁宗没有变法的坚强决心。

庆历六年（1046），范仲淹知邓州，实为养老的闲职，退出了政治中心，他在《与张焘太博行忻代间因话江山作》中写道：

数年风土塞门行，说着江山意暂清。

求取罢兵南国去，满楼苍翠是平生。

守卫边防有功，变法未成有憾，回首过去，大半人生也已是“满楼苍翠”了。

在邓州，范仲淹迎来了创作的又一个高峰。其间，范仲淹为好友滕子京重修岳阳楼写了著名的《岳阳楼记》，岳阳楼上，览物怀远，观景照心，历尽千帆，不曾有悔，借岳阳楼阐述自己的初心：

> 予尝求古仁人之心，或异二者之为，何哉？不以物喜，不以己悲；居庙堂之高则忧其民；处江湖之远则忧其君。是进亦忧，退亦忧。然则何时而乐耶？其必曰“先天下之忧而忧，后天下之乐而乐”乎。噫！微斯人，吾谁与归？

“求古仁人之心”，士大夫应回归到纯朴、自然、正直、真诚的仁者之心，这是范仲淹的个人素养，也照见了当时文人士大夫的精神风尚。宋朝为了建立文化自信，士大夫们主张超越汉唐，重回“上古三代”。为学、为文、为人等方面，凡事向先秦看齐。南宋人曾总结道，本朝之治，独与三代同风，是仁宗以来所传的祖宗家法。从皇帝到士大夫，共同致力于重建士风，士大夫的精神气节，直接影响宋朝的命运。宋朝自太祖、太宗以来，重视文人、不断完善文官政治，持续改变着文人士大夫的精神面貌，至仁宗朝，这一转变基本完成，出身寒门、出将入相的范仲淹，成为了新一代士大夫精神的领袖和代表，既是个人努力的成就，也是北宋持续转变士风的硕果。

“居庙堂之高则忧其民，处江湖之远则忧其君”，“先天下之忧而忧，后天下之乐而乐”，这不是文人旁观政治的感慨，不是武将效忠报国的誓言，而是读过圣贤书的文官对家国命运的关注和自身行为的思考。儒家思想为读书人开启了参与政治的大门，在政治舞台上，从参与到成为主角，文人们走了很多年。范仲淹将文人的梦想变成了现实，封建帝王对文人的托付终究不负。

景祐三年（1036），范仲淹因直谏被贬饶州时，作《灵乌赋》，其中写道“宁鸣而死，不默而生”，《宋史·范仲淹传》中记载，范仲淹经常讨论天下之事，慷慨激昂、奋不顾身，一时间士大夫振奋精神崇尚风节，都是范仲淹提倡的。敢想、敢说、敢做的范仲淹，是千百年士大夫的典范。

在邓州，范仲淹延续了他以往的风格，积极办学，勤勉政事，关心民生，与孔子所倡导的精神何其相近；之后，知任杭州，在杭州时，捐献毕生大部分积蓄，在家乡苏州购置千亩良田，设立义庄，周济宗族乡里，是慈善机构。范仲淹身后，子承父业，持续投入钱财精力，义庄持续运行到清末，运作了八百余年。

皇祐四年（1052）五月二十日，范仲淹病逝于徐州，终年64岁。全国百姓无论乡野边疆，闻者痛惜，多有哀悼。仁宗怀念至诚，为其墓碑手书“褒贤之碑”，加赠兵部尚书，谥号“文正”。钦宗时追封范仲淹为楚国公，后再追封魏国公。富弼为写《墓志铭》，称赞道：“人获一善，已谓其难；公实百之，如无有然！”[1] 欧阳修为写《神道碑铭》，士大夫作祭文者众多。其所任职过的许多州郡为其修建祠堂，徽宗时期特别下诏，建有范仲淹祠堂的州郡每年要按时祭祀。

---

1 （宋）范仲淹：《范仲淹全集》附录一《传记》，中华书局，2020年。

第二章

与士大夫共治天下：改革与王安石

仁宗在位42年，是宋朝在位时间最长的皇帝。仁宗治下，有范仲淹、韩琦、富弼等老将名臣协助，战乱平息，社会繁荣，政治清明，百姓安居，史称“仁宗盛治”。仁宗的人生遗憾是膝下无子，据记载，仁宗一生有十六个孩子，其中三个儿子、十三个女儿，却只有四个女儿长大成人，其他孩子都早年夭折。

仁宗因为无子，过继濮王赵允让之子赵宗实，后改名赵曙，是为英宗。濮王与仁宗为堂兄弟，他们有共同的祖父——宋太宗，这是仁宗所能找到的最近的男性血亲。仁宗十三岁即位，有大把的年华等着自己儿子出生。赵宗实四岁进宫“招弟”，八岁又出宫，嘉祐七年（1062）被仁宗正式过继为皇子，此时已经三十二岁。在赵宗实首次进宫到成为皇子这将近三十年的时间里，仁宗几次得子、丧子，嘉祐元年（1056），仁宗中风，满嘴疯话，赵宗实也曾被推到前台，可怜的“备胎”皇子，如行走于利刃之上，脚下是万丈深渊。仁宗心有不甘，不断地希望、失望，再孕育新的希望，到生命最后一刻也没有给赵宗实太子头衔。嘉祐八年（1063），仁宗去世，“备胎”皇子即位，是为英宗。积年累月的委屈和压抑一朝释放，英宗甫一即位就疯了，一疯就是四年。

英宗断续有好转，间歇执政，依靠老臣韩琦。韩琦迫使垂帘听政的曹太后让出权柄，英宗却未能对曹太后及仁宗的女儿表现出该有的善意，也许芥蒂太深，不能自已。英宗意图尊崇自己的生父濮王为父亲，韩琦、欧阳修等宰相、副宰相群体支持皇帝，而一部分大臣认为英宗已过继给仁宗，对自己的生父应称呼“皇伯”。如司马光、吕诲、范纯仁等台谏官不同意违背礼仪。为此，朝廷中央展开了旷日持久的论战。英宗不惜把司马光调离台谏，其他谏官悉数被贬出京。宋朝台谏独立于执政体系，其建议、弹劾可以“直达上听”，目的是为了百官“异论相搅”，皇帝拥有最终的决策权，台谏对于宰相为首的执政班子是监督、制约和纠偏。这场“濮议”之战，台谏与宰相集团针锋相对，互不相让。欧阳修被台谏官污蔑有个人作风问题，被迫离开朝廷中央，台谏官对大臣的攻击已毫无尊严可言，斯文扫地。英宗成功对其生父称亲，并为其上尊号，收获了御臣之术，却弄丢了大宋文官制度中最宝贵的东西。

一切棘手问题都已理顺，王朝就要进入正轨的时候，治平四年（1067），英宗去世，年仅三十六岁。其子赵顼刚被立为太子，尚未举行册封典礼便直接登基做了皇帝，是为宋神宗。

赵顼是个有想法、有魄力的年轻人，即位后，欲做“大有为之君”。

朝中大臣大换血。欧阳修被台谏攻击率先退出朝廷，韩琦被免去首相职务，张方平为参知政事，王安石入京任翰林学士，调御史中丞司马光为翰林学士。韩琦、欧阳修等老臣去职，新皇帝也许是为施展拳脚铺路，也许是在肃清“濮议”对中央政权带来的负面影响。司马光离开台谏，集中精力编修《资治通鉴》。司马光因为正直忠诚、敢言直言而任谏官，又因为太过正直而近迂腐，几次被调离台谏，最终专心著史，皇帝的信任仍在。神宗对张方平寄予厚望，张方平是难得的财政专家，仁宗称赞，英宗赏识，神宗欲委以重任，意图通过张方平解决财政问题。但历史的机会没有落到张方平身上，张方平甫一上任，父亲去世，只得丁忧离职，同时被司马光等攻击贪财、揽财等个人德行问题，此后再也没有回到朝廷。

属于王安石的时代就这样来了。

王安石的时代

> 自古功名亦苦辛，行藏终欲付何人？
> 当时黯黮犹承误，末俗纷纭更乱真。
> 糟粕所传非粹美，丹青难写是精神。

区区岂尽高贤意，独守千秋纸上尘。

——王安石《读史》[1]

横身一人推进历史变革的王安石从来不是佛系青年，而是开天辟地的政治家，孤注一掷的改革家。王安石身上集中了儒家士大夫所有最高贵的品质。逆历史长河看去，此时的宋朝，文官气象渐入佳境。上承范仲淹、欧阳修等士大夫的顶流，王安石、司马光、苏轼等不世出的大才集中涌现，蔚为大观，一时风流。“铁肩担道义”、“妙手著文章”，在此时体现得最彻底，传统文化的丰富养料滋养出了盛放的花海，在宋朝，儒家士大夫的一切美好品质如期绽放。与王安石同时代另一颗耀眼之星是苏轼，苏轼卓然超群的才华和在泥淖中微笑的人格魅力影响了一代又一代人。苏轼笑傲一切，王安石改变一切。

封建社会里改革家的下场都很惨，古有商鞅被车裂，近有范仲淹被贬官，后有张居正变法被死后挖坟、鞭尸。封闭的农耕社会里，在社会秩序没有发生根本变化的前提下，变法是对既有社会的一种撕裂。王安石的幸运是在宋朝，有一个崇文的政治环境，有皇帝“不杀士大夫”的承诺，没有遭遇极端待遇，而不幸也是在宋朝，党争剧烈的年代，口诛笔伐亦可将终生事业毁于一旦。

1　（宋）王安石著，王水照主编：《王安石全集》卷二十五，复旦大学出版社，2017年。

“糟粕所传非粹美，丹青难写是精神”，王安石对历史有深刻感悟，传世经典里也有糟粕，历史最难描绘的是人展现出来的精神。深夜掩卷，夜色阑珊，感悟的何尝不是自己。王安石一语成谶，后来的历史不仅没有记录下他的精神，甚至百般诋毁，掩盖歪曲他的成绩，认定他是北宋灭亡的千古罪人。文字写不出圣贤之意，历史尘埃也无法掩盖真正的光芒，从不向古人低头、不向现实低头、不向未来低头的王安石，自有精神传世间。真正伟大之人何曾在意这些，只是后人不甘心，不断地挖掘和探索真相，那究竟是一个怎样的时代，王安石如何成为北宋士大夫乃至整个中国文人群体的最好注脚。

司马光在《与王介甫书》中评价王安石，“必欲力战天下之人，与之一决胜负”。[1] 神宗说臣僚当中，真正能“横身为国家担当重大事业”（对太后语）的，只有王安石一人。

南宋人罗大经认为，国家由统一至分裂，是王安石之罪；分裂之后不复合，是秦桧之罪。将王安石与秦桧并列。靖康之难后，二程弟子杨时利用自己的影响力，极力反对王安石新学，反对变法，认为北宋灭亡虽然蔡京有责，但根本原因在于王安石，并建议追夺王安石的爵位，毁去配享孔庙之像，一时成为定论，南宋士人几乎无人敢提异议。北宋末年，一篇伪托苏洵所作，暗讽、诋毁王安石的《辨奸论》横空出世，被后来的古文选本采纳，恶意刻画的王安石的丑陋形象传播开来。屈

1　（宋）司马光：《司马温公文集》卷六十，（上海）商务印书馆，1936年。

辱的南宋人无处宣泄国耻家恨，便对王安石的讨伐异口同声，南宋人酷爱写笔记，在笔记中编派、放大各种关于王安石的传说、奇闻，极尽诋毁之能事。

野史笔记仅是消遣谈资，正史若不能客观记载史实，是一件可怕的事。

神宗去世后，范祖禹、黄庭坚修《神宗实录》，保守派对王安石的新法进行了全盘否定，竭力诋毁新法，欲恢复旧制。哲宗时续神宗之志，恢复对王安石及新法的肯定。南宋高宗时命范祖禹之子范冲重又加以修订，再次对王安石及新法进行了全面否定，如此几番反复，《神宗实录》早已无法再现史实真相，此前所依据的王安石著述《熙宁日录》等原始资料几乎无存。

元朝人编《宋史》主要依据北宋末期和南宋人的记载，对王安石进行了全面否定，泥沙混杂，早已偏离事实的原貌，乡野之谈堂而皇之地记入正史，以至于后人再也无法清楚地知道事实真相。清代学者蔡上翔用毕生精力于嘉庆九年（1804）撰成《王荆公年谱考略》，经缜密考证，以年系事，就王安石的人品、抱负和熙宁变法及措施进行辩诬，为重新评价王安石提供了许多有价值的新材料，其在《自序》中说，对王安石的肆意诋毁最初来自私人著述，后来这些文献被官修历史所采用，想再分辨难上加难。[1]

1 （清）蔡上翔：《王荆公年谱考略》，上海人民出版社，1973年。

直到近现代，新的时代呼唤新的精神，有学者对熙宁变法重新进行探索，“折戟沉沙铁未销，自将磨洗认前朝”，从大量芜杂的记述中还原历史真相，熙宁变法对历史的作用无法准确估量，王安石的真面目却终于可以得见世人。

变法令王安石遭遇众口烁金，但王安石的德行、学识、才华则无人不给予极高的评价，即便反对变法的人，也都肯定他的为人。苏轼因反对变法一生波折、历尽磨难，但他在王安石去世后撰写《王安石赠太傅制》中这样评论王安石：

> 将有非常之大事，必生希世之异人。使其名高一时，学贯千载。智足以达其道，辩足以行其言；瑰玮之文，足以藻饰万物；卓绝之行，足以风动四方。用能于期岁之间，靡然变天下之俗。[1]

从上面这段来看，如果用立德、立功、立言“三不朽”的标准衡量，王安石已达到人生最高境界。

保守派领袖、反对王安石变法最坚决的司马光，在致吕公著信中评价王安石，认为王安石的文章、节操远超常人。黄庭坚反对变法，但对王安石的为人也给予了极高评价，通过他对王安石的了解，王安石视富贵如浮云，不好财利酒色，是一

1 （宋）苏轼著，曾枣庄、舒大刚主编：《苏东坡全集·文集》卷三，中华书局，2021年。

世之伟人。近代梁启超称王安石为“三代以下之完人”。

儒家士大夫的终极目标是“内圣外王”，朱熹为首的理学家对王安石颇为羡慕，认为他是实现了“内圣外王”的典范。神宗对王安石变法给予了高度信任和支持，这种“君臣遇合”虽不是高山流水，神宗也可算是对王安石的主张“三顾茅庐”，堪称为人臣的最高荣誉也不为过。王安石的“得君行道”、“君臣遇合”在后世道学家的标准里成为士大夫的楷模和典范。

“三代以下之完人”王安石生前遇到的主要问题是“誓把王安石拉下马”。

少而有志

北宋真宗天禧五年（1021），王安石出生于江南西路抚州临川县。其父在地方上做了几任知县和知州，王安石幼年常随父亲居住其仕宦之地，宝元二年（1039），其父在建康府任上去世，王安石随家人居建康守丧，此时王安石正处于人生观、价值观形成时期。一贯重视教育的范仲淹在附近的润州、越州等地任职，邀请著名学者李觏赴润州任教，一时间文教风气盛行。王安石受欧阳修、范仲淹、李觏等大学者影响，在此期间逐渐形成了自己的学术主张，他认为在儒家思想的学习上，不能拘泥于前代儒家传注，而应通过自己的思考去理解。这是王安石的儒学主张，也是宋学对于前代学术的基本态度。

王安石少年时便已小有名气，结识好友曾巩。后来曾巩把王安石推荐给了欧阳修，欧阳修极为赏识，曾做诗《赠王介甫》，认为王安石的诗文会像李白和韩愈那样流传千古。王安石也作诗唱和《奉酬永叔见赠》：

> 欲传道义心犹在，强学文章力已穷。
> 他日若能窥孟子，终身何敢望韩公？
> 抠衣最出诸生后，倒屣常倾广坐中。
> 只恐虚名因此得，嘉篇为贶岂宜蒙。[1]

少年的内心往往注定了一生宿命，“他日若能窥孟子”，孟子是写文章的高手，也是儒家人臣典范，王安石的初心，要看齐先贤，弘传道义，“致君尧舜上”，天下太平，正如张载要“为往圣继绝学，为万世开太平”。

他在《送孙正之序》中曾经阐述了对于君子之道的看法：君子之道也是圣人之道，君子不仅要有“道”，更要有坚守的精神，学识与修养必须兼具。所学必须是正确的、经过长久验证的，如此学识深厚才能坚定自己的毅力，所以君子要学圣人之道，学尧、舜、孟、韩，圣人之道是根本之“道”，能转时

1　（宋）王安石著，王水照主编：《王安石全集》卷二十二，复旦大学出版社，2017年。

俗、正风气。不能随波逐流，即便穷困潦倒也不能屈从于世俗，那么他在遇到君主时才能发挥所学，扭转时俗。即便当下不能被君主赏识，在人群中仍能卓而不群。

王安石对于圣人之道的推崇从一而终，后来提出新学，重新阐释、发扬孔孟之道，在熙宁变法的科举考试变革中，考察经义，去除诗赋，为宋代思想学术的兴盛打下基础。

庆历二年（1042），王安石21岁，从江宁府赴开封参加进士考试，考试结果出来呈给皇帝审定，王安石本为第一，因个别字眼皇帝不高兴，把第一名与第四名互换，王安石错失状元。王安石自然知道，但从未向别人提起这件事。

王安石进士及第，赴扬州做签判，实际是地方长官的幕僚。庆历五年（1045），韩琦任扬州知州，邵伯温在《邵氏闻见录》里记录了这样一个故事，王安石任扬州签判时经常通宵达旦地读书，小睡一会便到了早晨，来不及洗漱急急忙忙赶去上班，韩琦见他年轻，以为晚上宴饮放纵，有一天对他说，安石啊，你年纪还小，要好好读书，不能自暴自弃啊。王安石没有回话，私下对人说“韩公非知我者”。后来韩琦知道了真相，十分赏识，想收到门下为徒，但被王安石拒绝，这也奠定了两个人日后并不十分友好的关系。[1]

王安石在扬州期间通宵达旦，完成了数万言的著作《杂

1　（宋）邵伯温、邵博：《邵氏闻见录　邵氏闻见后录》卷九，上海古籍出版社，2012年。

说》，这部书南宋以后失传，宋晁公武《郡斋读书后志》记载此书，当时人认为这本书与孟子的言论相似。以此书开始，天下士人开始了解道德和性命之学。这是一部对道统、学术、文风都有导向意义的著作。王安石学术思想初露锋芒。[1]

地方主政

庆历七年（1047），王安石任明州鄞县知县。治理鄞县是王安石实施政治理念的开始，他对当地农业生产情况做了详细调研，了解到当地最怕干旱，于是兴修水利，亲自跑了鄞县境内各个乡，劝督各乡居民疏浚川渠，效果显著。第二年，在青黄不接的春天，把政府仓中的粮食借贷给农民，秋收之后，加少量利息偿还，县府中的存粮也能新陈相易，算是"青苗法"的初步测试。

鄞县任满后，王安石返回家乡路过杭州，写下了《登飞来峰》：

飞来山上千寻塔，闻说鸡鸣见日升。
不畏浮云遮望眼，自缘身在最高层。

---

1 （宋）晁公武：《郡斋读书志》第十二章，上海古籍出版社，2011年。

宋诗受宋学影响，是理性的、思辨的、现实的，不似唐诗是感性的、文学的、浪漫的。王安石似乎对人生始终有着清醒的认知，这浮云不只是飞来峰上的浮云，也是现实里前进途中的浮云，是后来推行变法路上的浮云，而在王安石的眼里，一切的浮云都是世俗的，不足畏惧的。王安石不畏的前提，是他已经站上了学术、思想的最高峰，即便此刻没有，他也在攀登的路上，他等待着那个机会，不断地提升自己的能力。

王安石鄞县任满后回家"守阙"，也就是待业。北宋有个不成文的规定，凡在进士考试中取得甲科高第的，在外地任职满一年后，可以申请朝廷的"馆职"，类似于在京城的高级文职，是文官上升的重要通道。王安石以第四名及第，完全具备这个条件，但他始终没有申请。此后在地方任职时，朝中大臣多次召王安石入京，均被他拒绝，理由是京城太远，无法照顾母亲，家里人口众多，需要他养家糊口。但或许王安石的心里，宁愿做地方官而"少施其所学"，也不愿在朝廷舞文弄墨无所施展荒度时日。不能学以致用，那学而何用？王安石在地方上，即便做个小官，也要发挥出作用来。

皇祐三年（1051），王安石任舒州通判。在舒州期间可以考知的政绩不多。皇祐五年（1053）王安石任满，朝廷委派他做集贤校理，是可以免去例行考试就可以上任的悠闲的馆职，他竭力辞去，又委派他做群牧判官，仍是朝廷中有实职的岗位，为此朝廷一些馆职人员颇为不满，引起了不大不小的风波。后又调任提点开封府界诸县镇公事，仍然是身居京城的官职，然均非安石所愿。他在此时写了一封《上执政书》，尽述家中困难和自身愿望，希望朝廷给一个东南宽闲地区，能够把他的所学付诸实践。

嘉祐二年（1057），王安石知常州，第一次做州郡长官。主导开凿运河，运河对当地的农业生产极有好处，这一点他在鄞县已经证明过。但当他调集民兵时遇到官方阻拦，又逢雨季，工期拖延，最终半途而废。王安石对此甚为苦恼，在与友人的信中倾诉抱怨。在州郡之内修条运河实行起来都困难重重，在全国范围推行新法其难度可想而知。

嘉祐四年（1059），在朝廷的再三邀请下，王安石担任三司度支判官，负责财务相关工作，后来他推行改革时，设置了专门的机构叫制置三司条例司，专门负责经济体制改革。此时，他把自己多年来地方从政的见闻和思考，以及他自己的治世理念做了梳理，向仁宗皇帝呈献了长达万言的《上仁宗皇帝言事书》。[1] 首要阐释了理财思想，认为当今天下财力日渐穷困，风俗日见衰坏，是因为不知法度，没有遵循先王的政见，遵从先王的政见要遵从核心思想，这才是变革的宗旨。自古治世，没有因为财力不足而成为问题的，只是因为没有理财的方法。

---

1 上书时间据邓广铭《北宋政治改革家王安石》，三联书店，2007年，第29页。也有学者认为上书时间为嘉祐三年（1058），如（美）刘子健《宋代中国的改革》，上海人民出版社，2021年，第69页。

《言事书》对北宋当前的局势和造成这种局势的根源都做了分析，提出了变法主张，认为改革应该是系统、全方位的，而不是单一环节的变革。《言事书》集中于政治和吏治，社会经济方面略有涉及，未提出具体改革措施，彼时，仁宗皇帝在位三十余年，由范仲淹、富弼主导的“庆历新政”结束十余年，对变法似乎也已经提不起热情。《言事书》中理念和设想的成分多一些，实际执行条款不足，更类似王安石的变法理念和宣言，未引起皇帝及宰辅大臣的重视。

嘉祐五年（1060），朝廷下诏令，命司马光与王安石同修《起居注》，记录皇帝每日言行，司马光五辞之后无奈受命，王安石五辞之后仍不肯受命，仁宗皇帝命人直接把诏令送到三司，王安石躲到厕所里，小吏把诏书直接放到了他的办公桌上，王安石又遣人送还。但没过多久，朝廷又重申诏命，王安石仍然连续上奏章请辞，最后无奈接受了这个任命。于是有了王安石八上辞章最后还得接受同修《起居注》的事迹。

神宗皇帝曾问司马光对王安石的看法，司马光回复道，人们说王安石奸邪，我认为太过诋毁，但确实不通情理，又比较执拗。其实司马光的执拗不逊于王安石。王安石为了推行变法，不惜得罪天下，阻拦变法的一律罢免、贬官。司马光则要皇帝一定要支持他的主张，否则绝不接受朝廷的任命；王安石拒绝了妻子给自己找来的小妾，并赠送金钱把女子送回家。司马光也曾有同样的事迹。神宗认为，当今世上才华、学识、治世能力堪当大任的，只有此二人。但二人治国理念截然相反，司马光学识深厚，认为治国当遵前人之道，王安石学以致用，认为不破不立，应该变革以振兴帝国之业。二人尚且没有瑜亮之争的机会，思想根源上便已经分道扬镳。

嘉祐八年（1063），仁宗逝世，同年八月，王安石的母亲在开封逝世，王安石辞官，奉母灵柩归葬金陵。

王安石是至孝之人，母亲去世，王安石极度哀伤。守孝期间，悲伤过度，不愿意躺在床上，直接铺了秸秆坐在地上，被送信的足子误认为是看门的老兵。王安石是大儒，充分理解孝之于人的意义。人若不孝，与猪狗何异？再大功名也将蒙尘，再高学问也如粪土。父母是人生而为人之根本，父母去世，为人子者何谈舒适，何谈奢华，何谈体面，又何谈功名利禄。孝是儒家的核心思想，是传统文化中最为珍贵的美德。这是王安石的自我修养，也是宋朝文人士大夫的自我修养，是传统文化留给后人的宝藏。在德行上，王安石堪称时代楷模，从未有失。

除服之后，王安石未接受回汴京的任命，仍然留在江宁，一面收徒讲学，一面从事著作，由于时间久远，且宋人收录王安石著作颇有疏漏，他在此期间应著作颇丰，但大部分已不可考。据邓广铭《北宋政治改革家王安石》记载，可考证的重要文章有三篇，《虔州学记》中阐述“性命之理”，并重点论述选用官员的标准，认为经学造诣是选拔官员的重要标准；《风俗》论述的是节俭，是王安石理财思想的重要补充，人多见安石论述“开源”，在“节流”方面并非无所思考。他在文中写道，坏崖破岩的水来自涓涓细流，遮云蔽日的大树也从青葱苗木长起，在事物微小时容易禁止，已经起到破坏作用再去拯救则很困难，终究是要造就节俭的习惯和经济上的良好风气；并在此期间做《〈洪范〉传》，是阐述王安石思想的重要文章，对《尚书》中的《洪范》做了重新阐释。王安石认为，汉儒董仲舒、刘向等人在注释《洪范》时表达的"天人感应"思想是对原著的歪曲，"天人感应"是汉儒约束皇权的武器，在统治阶层和士大夫的心中深根蒂固，王安石此时提出了明确的反对，他认为天象就是天象，与人事无关，人事就是人事，亦无关天象。王安石对于传统的挑战，是他的"三不足论"中的"天变不足畏"的思想表达，也是王安石要进行开天辟地大变革的思想武器。

变法与对立

神宗是个具有优秀品质的皇帝,《宋史・神宗本纪》中记载，神宗天性孝顺友爱，对祖母、母亲都很恭敬，在她们身边侍奉时，垂手站立，寒暑不改。最难得的，他与祖母曹太后关系融洽，这是他父亲英宗一生都未能修炼好的功课。他和弟弟一起在东宫读书，毫无皇子的傲慢，向老师行大礼，朝野一致好评。勤奋好学，求直言，考察民间真相，体恤孤独耆老，不建宫室，不事游幸，励精图治，极力做个好皇帝。即位后，处处克制自己，力图要振兴宋朝、做个千古明君。

神宗接手的，是一个已经亏空的宋朝。真宗朝时奢靡浪费，财政之负已是不能承受之重，又斥巨资泰山封禅，财政负担加重。澶渊之盟后，王钦若力主真宗封禅，把澶渊之盟说成是千秋功业，封禅泰山，以示天下太平。真宗信以为真，穿上了皇帝的新衣，成了彻底的笑话，贻笑千年。后世再无皇帝封禅，王钦若也成了北宋初期儒家士大夫卑琐形象的典型。仁宗期间，每年向辽、西夏输送大量岁币、绢银。同时，军费开支巨大，文官集团的人数、俸禄也在增加。再繁荣的经济也承担不了超出能力的巨大开销。仁宗后期至英宗时，连年财政赤字。神宗即位时，负责财务的三司使韩绛、翰林学士承旨张方平给神宗皇帝上奏折汇报财政状况，里面赫然写了八个字："百年之积，惟存空簿。"[1]

年轻的神宗不甘心这样的局面，下决心要富国强兵。他深信，变法才是改变危局的根本。他仿效太祖，扩大封桩库的规模，并亲自做诗，以诗中的字为库名，力图积攒财力，收复燕云十六州。宋神宗之痛鲜为人知，但志向和决心已昭然若揭。

神宗尚居东宫时，府中幕僚韩维经常提及王安石，认为是个难得的人才。虽然长年在地方任职，王安石早已声名远播，世人对于王安石的才华无不赞赏。司马光在《与王介甫

---

1 （宋）李焘：《续资治通鉴长编》卷二百九"治平四年正月"，中华书局，1992年。

书》中也曾写道："窃见介甫独负天下大名三十余年，才高而学富，难进而易退。远近之士，识与不识，咸谓介甫不起则已，起则太平可立致，生民咸被其泽矣。"世人都认为王安石"不起则已"，只要出来则可"立致太平"，司马光是严谨之人，这是极高的评价。

治平四年（1067），朝廷任命王安石知江宁府，九月，授王安石为翰林学士，调回开封。

生于真宗末年的王安石此时已经历四任皇帝，仁宗、英宗时期都曾召王安石入京，均被王安石拒绝。做馆职、进京为官，是宋朝官场追捧的两大美事，人们求之不得。王安石从未主动追求，屡次推辞，将此事看得极淡，一心要留在地方，被人颂为美德。文彦博称赞王安石淡泊名利，是个"恬退"之人，应重用提拔。但面对神宗的召唤，未有任何托辞便欣然前往，为此还掀起了一场舆论波澜。王安石此前的推辞绝非为了虚名，此次的接受也十分有诚意。王安石一直在等待属于他的机会，此时的王安石，对北宋的政治、军事、经济、社会已十分熟悉，这是他能驾驭的时代，也是一个向他敞开了大门的时代。

熙宁元年（1068）春天，王安石抵达开封，四月，神宗召王安石"越次入对"，讨论治世之方、变法之道。王安石认为，方今治国应先"择术"，处事当以尧舜为法。面谈的结尾，神宗问安石，祖宗留下的家业，百年无大变局，粗致太平，是因为什么？王安石见讨论时间已久，便提出书面答复神宗，随后写了《本朝百年无事札子》，上奏神宗。历数本朝得失，涉及政治、军事、理财、税赋等各个方面，前半部分肯定宋朝百年业绩，后半部分直指问题，分析原因。王安石认为无处不在的因循守旧、苟且萎靡的气息是最大危害，所幸没有外敌侵扰，所以百年无事，可以侥幸一时，却不可以旷日持久，认为神宗应该提振士气，扭转消极颓势，鼓励神宗做“大有为之君”，并认为应当政令集中，本朝的制度要“异论相搅”，要让不同的声音存在于朝堂，却不利于政令统一，政令不能统一则变革措施难以推行。

神宗一遍遍地揣摩王安石的言论，认为鞭辟入里、入木三分，十分振奋，再召王安石入对，王安石一步一步阐述他对国家治理的观察、理解，以及他的方略、对策。神宗折服不已，对王安石说这些事以后要麻烦爱卿，王安石回复神宗说，我来为陛下做事，一定要帮助陛下您有所作为。通过这两场对话，君臣二人思想进行了充分交流，在变革理念上取得了共鸣。神宗是个想要有所作为的青年，是想要改变当下局势的君主，王安石带来的，与其说是王安石的经世韬略、治国之道，不如说是神宗对于自己思考的验证。

第二次入对之后，神宗要求王安石提出具体变革措施，王安石却放慢了节奏，认为这不是当务之急，神宗退而求其次，希望王安石把当天的谈话记录下来，王安石最终也没有提交。王安石对于变法是有长远理想的，他认为首先应“讲学”“择术”，要讨论清楚、思想统一，皇帝要从根本上认同并支持，才是变革开始的时机。

这两场历史性的对话，王安石取得了预想的效果，神宗开始信任并支持王安石，这是变法推行的先决条件。在这两场对话中，王安石并没有提出更新颖、更深刻的思想或措施，让神宗认同的，是二人对待国家的当前问题，具有相同的视角和态度。王安石从不是“因循守旧”之人，而神宗此刻需要的，正是有能力、有胆略打破现状、重振大宋之人。在与帝王交往中，王安石不动声色地掌握了谈话的主动权，这是策略的胜利，王安石不仅才智超群，在气度、韬略和手段上，同时代的其他人也难以望其项背。

熙宁二年（1069）三月，王安石被擢升为右谏议大夫、参知政事。次年，升任同中书门下平章事，以宰相的身份执掌大局。成立“制置三司条例司”，是为变革领导小组，陈升之、王安石任组长，直接听命于皇帝，这是一个高效的机构，新法将从这里产生，神宗与王安石的千年大业拉开了帷幕。

以王安石的才学有了神宗的加持，人们期待一场翻天覆地的变化，带来焕然一新的气息。熙宁二年春节，王安石写下了诗作《元日》：

爆竹声中一岁除，春风送暖入屠苏。

千门万户曈曈日，总把新桃换旧符。

他希望新的一年到来时，他能辅佐神宗一起，带来天地新气象。

王安石的心中有一整套全面的变法措施，包括政治、经济、军事、教育等方方面面。对内要增强国力，提高经济水平；对外要军事强大，“恢复汉唐旧境”。这一切最核心、最首要的，是理财。

王安石从在地方任职开始，便多次在不同场合表达过理财观点，在上仁宗皇帝《言事书》中也详细阐述了他的理财思想。王安石认为，应从天地要财富，向大自然要财富，要开发土地、提高效率，让财富总量增加，在此基础上，调整分配机制，增加中央政府的财政收入。

但并不是所有人都能理解并认同这种理财观点，传统儒家思想里没有理财这个命题。从立意、思想到举措上，都遭到了保守派的质疑和反对。

破旧才能立新，越深层的改革越要打破传统、颠覆旧制。“祖宗之法”在当时的很多人心里是金石一样的贵重，“天下大变”并不是祥瑞之事。上层社会想要金石永固，因循守旧的结果却往往适得其反，与其自下而上的政变，不如自上而下的改革。王安石的改革遭遇了重重挑战。

熙宁元年，正逢三年一次的南郊大礼，要祭祀天地，大礼之后应有大赏，彰显皇恩浩荡。此时财政困难，宰相曾公亮等人带头提出二府大臣不再赏赐，节约开支。针对这个提案，神宗召司马光、王安石、王珪等人讨论。司马光支持曾公亮，认为可以不赏，不仅减少开支，同时表明朝廷带头节俭的态度。王安石则认为不可不赏，赏赐只是小钱，省下来不足以补国家之费，却会平白损伤大宋官僚体面，如二府大臣连这点赏赐都承受不起，与唐朝常衮何异？

延和殿中，王安石的辩论像一把把锋利的刀子，一刀刀甩在对手的心上，对面是茫惑而执拗的司马光。王安石说，国用不足，不是当今急务。司马光说真宗末年，用度已经不足，至今尤甚。王安石答道，国用不足，是因为没有会理财的人，“善理财者，民不加赋而国用饶”。司马光认为这种说法不成立，认为“天地所生，货财百物，止有此数，不在民间，则在公家”。天下物质的总量是固定的，要么在民间，要么在公家，总数不可能增加。[1]

学识渊博的司马光因为几次著名言论被历史打上了“保守”的标签，此次便是其中之一。司马光的认知局限在他丰富的学识里，对于王安石，除了欣赏他可以与自己匹敌的学识和道德水准之外，几乎不能认同他的大部分观点，历史没有告诉他这样做是否可行，圣贤书也没有指引致富的方法，与其变革创新带来风险，不如遵守祖制不越雷池。司马光如是，其他许多臣僚亦如是。

1 （宋）司马光：《传家集》卷四十二《迩英奏对》，吉林出版集团有限公司，2005年。

这件事记载于司马光的《传家集》，辩论最后只记载“与介甫争论久之”，未能记录后续的辩论细节。事件的结果是神宗支持王安石，事情本身不如这场辩论影响久远，它暴露了王安石与司马光理财思想的尖锐对立。

大地主阶级是宋朝的统治基础，宋朝给予这个阶层种种特权，比如可以兼并土地，可以免除赋税、徭役和各种摊派，导致土地集中于少数人手中，大量农民失去土地破产失业。王安石认为，要“摧豪强，抑兼并”，把操纵物价、垄断居奇等权利收归政府掌握，避免豪强对百姓的盘剥，同时增加国库收入。青苗法、均输法、市易法都体现了这个思想。王安石在《兼并》诗中写道：“三代子百姓，公私无异财。人主擅操柄，如天持斗魁。赋予皆自我，兼并乃奸回。奸回法有诛，势亦无自来。”[1] 这些权力本就归属于皇帝所有，是皇帝替天管理天下，收归皇帝和政府，是理所应当。

司马光则认为，富人之所以富，穷人之所以穷，在于富人与穷人有本质差别。他在《乞罢条例司常平使者疏》中说道，人之所以有贫富，是因为智商、品性各方面都有不同，富人智商高、知识广，思想深远全面，宁可自己辛苦、吃穿稍差，也不会向别人借债，所以这些人家里经常有盈余。穷

1 （宋）王安石著，王水照主编：《王安石全集》卷四，复旦大学出版社，2017年。

人懒惰散漫，没有长远打算，贪图享乐，所以没有盈余，急用时就会向别人借债。积债无法偿还，则鬻妻卖子，冻死在沟壑里也不知道悔过。这样富人经常借给穷人而越来越富，穷人只能向富人借贷才能取得基本生存。

司马光认为富民是社会发展的基础，必须保护富民，只有保护富民，才能政治稳固，国库丰盈，遇到战乱才能粮草充足。这种想法自古以来多有人支持，尤见于一些大官僚。封建社会把地主阶级的利益放在首位，而不是广大平民百姓。但为政者在增加社会总体财富、利益的重新分配上所能做的更多。那个时代早已远去，社会肌理已然模糊，我们不能跨越社会的发展阶段去苛责古人的局限，但对曾经经历的那些时代，对那些打破常规的先锋者，也许可以多些认知、多些敬畏、多些悲悯。

司马光等保守派认为应当以儒治国，而王安石则认为应该加强法制。

熙宁元年（1068）夏，山东登州，年轻女子阿云嫌弃新婚丈夫丑陋，试图谋杀，其夫未死，身受重伤。阿云被带到县衙，被四周排列的各种刑具和凶神恶煞的衙役们吓破了胆，主动坦白自己就是凶手。按当时大宋律令，谋杀亲夫属大罪，无论是否致死，均应被处以极刑——斩首。法律专家、登州知州许遵判其流放2500里，此案引起波澜，几次反复，申诉至皇帝，王安石与司马光就此案进行了争论。司马光认为应按律法处理，王安石则赞同许遵，认为可适用自首情节。最终神宗与王安石意见一致，并因此案修改律法。[1]

一众官员不解，宰相曾公亮认为，宰相、副宰相不应干预司法，不可“以中书论刑名”。王安石则认为如果司法部门论刑不当，宰相、副宰相便可以参与审理，并以此案入手，对律法提出修改意见。

王安石认为，崇尚法治是变法的一部分，为此，在科举中设立“明法”新科，考试律令，凡不参加进士科考试的，均可参加“明法”新科，且名次列在及第进士之上。苏轼对此举颇不以为然，认为法律的学习不能取代尧舜之术，在《戏子由》中讽刺道：“读书万卷不读律，致君尧舜知无术。”此后，司马光执政时，首先废除“明法”新科，他认为律令敕式，是为官者所须，科举士子不需要学习。士人只要知道义，自然合乎法律，如果不知道义，诵读法律文书又有何用？程颐弟子杨时在后世攻击王安石时也曾说道，王安石只是以行政和刑法治理天下，道德礼仪之事全然不顾。

一心变法的王安石，所处的是一个嘈杂的人世间。但王安石绝不是佛系青年。

开封发生了阿云案类似案例，按新律法自首可减刑，开封府知府郑獬拒绝按新法判案，要面见皇帝，重启讨论。王安石认为他拒不执行法令，绕过了出差的宰相曾公亮、请病假的

1　邓广铭：《北宋政治改革家王安石》，三联书店，2007年，第89页。

富弼，直接签署调令，神宗御批，开封知府被贬至杭州。

按宋朝制度，重大人事任免须由皇帝和宰相共同商定，并由宰相、副宰相集体签署，防止皇帝、宰相、副宰相任何一方独断专权，且调令须经通进银台司审核才能下发。即便是皇帝也不能随便罢免一个人。王安石则要求效率，他要政令统一，不要“异论相搅”，他要最快速、最有效地把变法推行下去。为此，他不惜调离所有反对派，打破祖制，他不是要垄断个人权利，而是他认为唯有迅速扫清障碍，变法才能推行下去。王安石想要的结果也是神宗想要的，但过程中神宗依然会考虑祖制，一边听从王安石，一边不断地任命反对派进入中央政府，这是神宗作为皇帝要做的平衡。

但其他臣僚看到的跟神宗与王安石感受到的并不一致。

熙宁二年，御史中丞吕诲弹劾王安石。

司马光为吕诲做的墓志铭中写道，王安石就任副宰相，众人都为国家得到这样的人才而欣喜，只有吕诲不以为然，众人都感到很奇怪。

吕诲列举王安石十大罪状，极其尖锐。认为王安石是“大奸似忠，大诈似信”的奸臣，固执己见，不通人情，不接受先帝任命，坐着给当今圣上讲书，赖病不上朝，沽名钓誉，与唐介争吵，导致唐介背上生疮，不治而死，并认为对于一些人员的任命只有宰相可以，王安石身为副宰相不应越权参与，如此等等。连上两奏章。当年六月，吕诲被罢免，出知邓州。

统一言论，首先应统一思想，欲变天下之法，首先应变天下之心。熙宁二年至三年，开封官场流行着这样一种说法，传说王安石曾提过三句口号：天变不足畏、祖宗不足法、人言不足恤。神宗以此来询问王安石，王安石没有正面回答，却的确多次在不同场合表达过类似观点，这“三不足”是王安石用来改变人心的武器。

《宋史·富弼传》记载：熙宁二年，王安石曾说过，“灾异皆天数，非关人事得失所致”，富弼惊慌失措：“人君所畏惟天，若不畏天，何事不可为者！”[1]

富弼不是迷信，富弼遵守的是传统的儒家思想。孔子编写《春秋》，认为自然灾害、自然现象与人间政治有着必然联系。《中庸》也写道：“国家将兴，必有祯祥；国家将亡，必有妖孽。”西汉董仲舒把这概括为“天人感应”，西汉学者通过“天人感应”找到了儒家在政权里的话语权。君权天授，皇帝必须要敬畏上天，王朝统治者需要证明自己的合法性，就通过天象，天降灾异时，皇帝和执政者要反思，有不合适的政令必须更改，或者通过祈福、罪己诏等来取得上天的原谅。对于皇帝来说，这直接关系政权命运的神秘力量，不能忽视。“天人感应”在儒家思想里有不可动摇的地位，对整个社会的思想影响巨大。

王安石否认“天人感应”说，他在撰写《〈洪范〉传》中

1　（元）脱脱等：《宋史·富弼传》，中华书局，1985年。

便表达过类似观点，客观上，他认为天人不相干，主观上，他要打破反对派用来威胁变法的武器。

王安石也多次对神宗说，不要相信流俗之言，变法就是要对抗流俗，进而，他认为一切循规蹈矩、反对变法之人都是流俗。王安石曾对神宗说，变法就如运瓮，须人在瓮外才能运，人坐瓮中则不能运。今欲变法，则应超脱于流俗，才能驱动流俗，让人听到您的主张。王安石认为，如司马光这样反对变法的便是最大的流俗，认为富弼智慧谋略无过人之处，只是能合流俗赢得自己的声名。

熙宁二年（1069）八月，范仲淹之子——谏官范纯仁弹劾王安石，认为王安石鄙视老成的人为无用之人，把公论当成流俗。弹劾王安石改变祖宗法度，搜刮百姓钱财，要求废除新法，皇帝未采纳，出知河中府；御史连续上表弹劾王安石，被贬；苏辙因与吕惠卿讨论新法，意见不合，被贬为河南推官。

十月，富弼罢相，出判亳州。临行前向神宗说，王安石当权，尽用小人，推行变法，以致天降责罚，现在多处地震，便是警示，请皇帝停止变法。当司马光为富弼求情时，神宗说道，如果有所作为，离开值得惋惜，富弼为相，一无所为，只知道要离开，也不可惜。

熙宁三年，范镇上疏，认为天地有变，天鸣、地震为劳民之象，应停止变法。同年三月，御史程颢上疏表达同样观点，后请辞；张方平极言新法危害，出判应天府；四月，吕公著被贬，知颍州。同月，赵抃请辞，知杭州。十月，范镇弹劾王安石，辞职。熙宁四年四月，苏轼请求外放，出为杭州通判。

出京、外放不一定是真正的惩罚，有时只为躲避一时的风头。比如苏轼外放杭州，是神宗给他的美差，而后来被章惇流放海南，则真正是欲置其于死地。

新法渐次推行，王安石渐成孤身一人。

宋朝得在文脉磅礴，失在文人相轻。在这场变法大潮中，左右言论、影响时局的都是历史上赫赫有名的人物，真正的小人都还轮不上登场。

范纯仁做言谏部门的副长官，对于言官被贬殊不认同，认为皇帝不应破坏言官制度，人臣应以率职为忠，人君应以纳谏为美，他认为言谏制度是宋朝的优良传统，需要言官维护文官的平衡，被破坏之后无法保证王朝的长治久安。王安石则以强硬手段凌驾于言官之上。王安石之后，言官逐渐成了宰相的拥护者，没有言官的牵制，分权制被破坏，由此，权相迭出。但不是所有的权相都如王安石般一心为公，为己谋私者如秦桧之流为宋朝带来巨大危害。而变法之后，党争也成了宋朝官场无法消解的最强音。

熙宁二年（1069）冬，推行农田水利法，是为“民不加赋而国用饶”的手段。在全国范围内征集“知土地所宜、种植之法”的人，贡献智慧，并令各地开垦废田、兴修水利、修堤淤田。农田水利法在多地取得显著效果。同时下大力气治理黄河，实地调研、征集治理方法和工具，取得了显著成效。执行过程中反对派的声音依然存在，但举措的初衷和效果不容质疑。

北宋政府供养了大量皇族、贵戚、官僚士绅和军队，为了支付庞大的开支，北宋政府在两税之外，还向各地居民征收各种物资，一有所需，按户或按土地占有量强派，不分季节和地点，豪商富贾趁机盘剥，百姓有苦难言。王安石推出均输法。在各路设立一个总管税收物资的发运使，在管辖范围内通盘谋划，保证整体收入的前提下，在各地之间调配物资和货币。在物价高的地方采用货币形式征税，用征来的货币在物价低的地方购买需要上缴的物资，百姓和朝廷都得利，如果多地同时丰收物贱，就到距离近的地方购买，是为“徙贵就贱，用近易远”。这对于收回豪强手中的权力、发挥地区生产优势、方便百姓具有极大好处，利国利民。但因与后来推出的市易法有重合之处，没有真正施行。

熙宁五年（1072），市易法颁布，借鉴了桑弘羊的平准法，主要为平抑物价，掌握制定物价的权力，由官府办交易市场，把之前归于豪强的利益收归政府。百姓可以按平抑后的价格进行交易，买入、卖出均按行情定价，不能卖高价，并可以为小本生意者做抵押贷款。如果说青苗法类似于今天的农业银行，那么市易法就相当于商业银行。市易法取得了卓有成效的业绩，至熙宁十年，通过市易法所得收入已相当于当年两税收入的十分之三左右。

王安石新法的另一项主要措施是募役法。取代差役法，百姓可以交钱来代替服役，不必再去充人头。自古对百姓伤害最大的就是差役，大体上，壮丁多、家境好的都算上等户，上等户就要服役，为了逃避服役，有的求死，有的分家，有的改嫁，更有的不顾人伦，总之不敢变得更富裕，最终不免家破人亡。募役法推行后，百姓出钱可以免除服役，官府自行招募服役的人，更为便利、便民、可行。

法令推行中，不断有反对和质疑的声音存在，引起最大波澜的，是青苗法。

青苗法是王安石在鄞县试验过的。青黄不接的时候给百姓发放低息贷款，百姓自愿借贷，秋收时附加一部分利息返还。既能避免百姓被民间高利贷盘剥，同时增加政府收入。

法令推下去，照例反对声一片。王安石在《答曾公立书》中回复反对派，他写道，面对新法令，有人反对，便有一群人盲目附和，反对者的目的也许并不在于法令本身，附和者本身就是盲从。《周礼》的一半都在讲理财，周公难道也是为了利么？青苗法在执行过程中，也确有官员从中串通作弊，强迫百姓贷款，导致法令走样。新法颁布，应有奖惩措施作为辅助，才能正确推行。人们能忍受百姓青黄不接时向豪强借高利贷，却不能接受政府向百姓发放贷款。

其他人的质疑无足轻重，以王安石的论辩之才自可轻松回击，但如果有人能让皇帝产生动摇，便不可不重视。

熙宁三年（1070）二月，前任宰相韩琦上奏批判青苗法。韩琦在神宗及其父亲英宗朝的地位首屈一指，英宗及神宗顺利承接政权，韩琦功不可没，在神宗的心中，韩琦的地位无可撼动。此时已退出中央官居河北的韩琦，看到的青苗法是强制百姓贷款，利息不低，而且不能拖欠，在韩琦看来，这就是对百姓的强行搜刮。

面对韩琦的控诉，神宗动摇，指示条例司对青苗法进行检讨，反对派群情激昂，欲趁机废除青苗法。

王安石称病，递交辞呈。他不怕任何人的批评，凭辩论，没人能赢得了王安石，但如不能得到神宗百分之百、没有退路的支持，变法只能是美丽的幻影，绝不可能贯彻推行。对于王安石来说，做事必须彻底，没有或可或不可的中间状态。当他看到反对派在此期间趁机煽动皇帝而意图推翻自己，这种决心更加坚定。

在王安石告病期间，神宗任命司马光为枢密副使，进入中央领导集团，司马光连上六道奏章，坚辞不就，如皇帝不能取消制置三司条例司，废除青苗法，司马光不做枢密副使。神宗任命司马光只为“异论相搅”，与王安石互相牵制，并不想废除新法。执拗的司马光面对皇帝采取了与王安石同样的策略，却是不同的时点和立场，王安石会赢，而司马光必输。

神宗收回任命，命司马光重回翰林院任职，保守派痛失进入中央集体发声的机会，文彦博给韩琦的信中告知此事，说君实（司马光字）做事，让人捉摸不透，只能理解成追求古人之风吧。而这一切，耿直而近迂的司马光不会理解。

神宗对王安石百般劝慰，二月二十一日，王安石病假结束上朝，再次回到朝廷后，愈发干劲十足，所有涉及青苗法的奏疏，皇帝均转给王安石处理。二十三日，王安石将韩琦批评青苗法的奏疏下发制置三司条例司，逐条研究、批判。三月四日，神宗发布指示支持青苗法，同时，条例司下发由王安石亲自执笔的《驳韩琦疏》，再次申明青苗法必须严格执行，如有执行不力，严惩不怠。王安石这一回击反对派的战书，由政府部门雕版印刷，经国家的邮政系统下发至全国各地，雕版印刷术首次用于论战文章，王安石对于新技术的掌握和灵活运用是一流的。反对派百口莫辩，青苗法迅速而强有力地推行至全国。

三月五日，台谏官反对王安石对待韩琦的作法，谏官李常被贬，因维护李常，朝中重臣范镇被贬。四月八日，御史中丞吕公著被贬，十九日，御史程颢被贬，几位台谏被贬，参知政事赵抃出知杭州。对待反对变法者，王安石的手段果断而坚决，务必要清理变法途中的拦路虎。

如此推行又遇百般阻挠，政令本身便不能统一贯彻，始终有不同的声音存在，变法效果自然大打折扣。后来的朱熹、程颢、苏轼都曾在不同场合表达了青苗法的有效之处，而当年对王安石的那些反驳和打击，后来无不带着悔意。

熙宁三年（1070）二三月间，司马光连写三封信对王安石发出拷问，指责王安石侵官、生事、征利、拒谏，对新法进行了全面否定，劝诫王安石不要再推行新法。王安石认为司马光的指责都不为实，他受命于天子，振兴先王的政业，为天下理财，没有任何不妥。士大夫最大的不忠是不以国事为重，一味从俗谄媚，只求自身发达，不能帮助皇帝有所作为，只是因循守旧，才是真正的罪过。王安石在《答司马谏议书》，是推行变法的重要文件，其中阐述道：

盖儒者所争，尤在于名实，名实已明，而天下之理得矣。今君实所以见教者，以为侵官、生事、征利、拒谏，以致天下怨谤也。某则以谓受命于人主，议法度而修之于朝廷，以授之于有司，不为侵官；举先王之政，以兴利除弊，不为生事；为天下理财，不为征利；辟邪说，难壬人，不为拒谏。至于怨诽之多，则固前知其如此也。

人习于苟且非一日，士大夫多以不恤国事、同俗自媚于众为善，上乃欲变此，而某不量敌之众寡，欲出力助上以抗之，则众何为而不汹汹然？盘庚之迁，胥怨者民也，非特朝廷士大夫而已。盘庚不为怨者故改其度，度义而后动，是而不见可悔故也。如君实责我以在位久，未能助上大有为，以膏泽斯民，则某知罪矣；如曰今日当一切不事事，守前所为而已，则非某之所敢知。

无由会晤，不任区区向往之至。[1]

坚持古制不能变的人很多，要变法一定不能从众、从俗，认为古制不能变的想法就是流俗。

如何反对王安石，司马光似乎已无计可施。他抓住为馆职考试命题的机会，以王安石的“三不足”为题，意图引发思想大讨论。但神宗没有让这道题目出现，命人用纸贴上，更换了题目。

神宗爱学习，设置“经筵”，由重要学者轮流讲课。司马光为神宗讲了一次课——汉初典故“萧规曹随”，这次课上，司马光讲道，汉武帝听信张汤，变更高祖法度，盗贼遍天下。汉元帝改变宣帝做法，汉朝走向衰落，由此“祖宗之法不可变”。为此，司马光在历史书上成了顽固守旧的代言人。并因为这次经筵侍讲，遭到吕惠卿反驳，吕惠卿认为，祖宗之法有不可变、可变之分，有一年一变、三十年一变、百年不变，并在言语上挤兑司马光。在司马光的心里，吕惠卿自与王安石天差地别，王安石是君子，而吕惠卿是小人。

熙宁三年九月，司马光离京，出知永兴军（今西安）。

王安石最重教育，把锡庆院、朝集院作为大学校舍，学

1 （宋）王安石著，王水照主编：《王安石全集》卷七十三，复旦大学出版社，2017年。

生分为上、中、下三班不同程度进行教学，太学生成绩优异者不经过科举考试可直接为官，成为中国最早的大学。学校教授经学为主，熙宁八年（1075），王安石把他自己的著述《三经新义》发给学官，要求在学校里讲授。设置武学、医学、律学专科学校，培养专门人才；惟才用人，重视对中下级官员的提拔和任用，使许多低级官员和下层士大夫得到发挥才干的机会，在王安石主持的考试中多有体现。

同时改革科举考试，废除诗赋而考“经义”，学生要从五经中任选一经研读，并兼顾《论语》和《孟子》。对于选拔人才的导向从诗赋转向了儒家经学，王安石认为，诗赋固然能选拔出人才，但选拔出的人才未必完全适合于治理国家。专门创作诗词歌赋而脱离社会，做了官之后如何能治理国家呢？文学是精神的、个人的，而为官则是社会的、治世的，适合于治世的是儒家经典，而不是诗词歌赋。

王安石对于儒家经典的提倡，挟裹于宋初学者对于儒学新体系探索的洪流，时有二程、周敦颐、张载等人从不同角度探索新儒学体系，王安石创立“新学”，王安石及其子王雱著《三经新义》，重新阐释了《诗义》《书义》《周礼义》，其中《周礼义》对《周礼》重新阐释，为变法寻求依据，也由王安石亲自拟写。《三经新义》修撰完成后，作为科举考试的专属教材，由官方在全国正式颁布，成为官学。王安石又称“荆国公”，他的学说被称为“荆公新学”。后人有很多从新学上攻击王安石，新学固然不如程朱理学的体系化，但王安石新学出现时，二程的学术尚且不完备，朱熹的集大成还要再晚一百年，新学当之无愧占据学术垄断地位。学子们学习汉唐经学的历史结束了，宋朝有了自己的学说，这是新学的意义。一时间，新学统治了思想界，直到南宋，程朱理学成为学术界的主流，王安石的新学遭到贬低和否定。元明清时尊程朱理学为官方学说，新学遂被抛弃。

人们对《三经新义》的否定，连带王雱一起受到了攻击，并且编排了他的许多劣迹。王雱资质甚佳，早年致力于经学，未成年时便已有数万字的著作，也许行为有失，却不至于罪恶之极，王雱早逝，已无从分辩。

去相与回归

神宗对王安石的支持、信任和依赖早已超越了君臣，如朋友，如战友，如知己。曾公亮曾说："上与介甫如一人，此乃天也。"[1] 天意不可违，神宗与王安石的关系亦不可撼动。朱熹曾十分钦佩王安石与神宗的君臣遇合，朱熹在《跋王荆公进邺侯遗事奏稿》中写道："独爱其纸尾三行语气凌厉，笔势低昂，尚有以见其跨越古今，斡旋宇宙之意。疑此非小故也。后读熙宁奏对日录，乃得其说如此。甚矣神宗之有志，

1 （元）脱脱等：《宋史·曾公亮传》，中华书局，1985年。

而公之得君也。”[1]

宣德门事件中，王安石因为没有在宣德门外下马，被宦官拦截，惹起非议，打到神宗那里，王安石提出辞职，神宗挽留王安石，近乎低声下气：爱卿每次请辞，朕都寝食难安，一定是有对不起你的地方，你还在为宣德门的事耿耿于怀吗？

但变法关系社稷江山，变法的效果及影响、国家面临的变化，都是神宗需要面对的问题。

熙宁五年，华山山体崩塌。

熙宁六年冬到七年春，持续干旱不雨，皇帝朝臣心焦异常，天怒人怨的说法甚嚣尘上。神宗心急如焚，问王安石该怎么办，王安石回答说，天变不足畏，自然灾害时有发生，不足为怪。保守派力劝神宗下罪己诏，承认变法之失，以此来恳求上天饶恕。《续资治通鉴长编》中记载：

> 上以久旱，忧见容色，每辅臣进见，未尝不叹息恳恻，欲尽罢保甲，方田等事。
>
> 王安石曰：“水旱常数，尧、汤所不免。陛下即位以来，累年丰稔；今旱暵虽逢，但当益修人事，以应天灾，不足贻圣虑耳。”

---

1 （宋）朱熹：《朱子全书》（修订本）第24册，上海古籍出版社、安徽教育出版社，2010年，第3904页。

上曰："此岂细故？朕今所以恐惧如此者，正为人事有所未修也。"[1]

"天人感应"在中国有巨大的影响力，王安石经常讲天变不足畏、天人不相干，似乎也未能完全打消神宗的顾虑。天降灾异，他必须要给世人一个交代。

保守派多次陈请，神宗终于在熙宁七年发布诏书，提到青苗法害民，财货不应花费在征讨西蕃上，等等。神宗动摇了，王安石不能容忍，坚决辞职，虽然神宗百般挽留，亦坚决辞去。面对保守派对于变法的攻击他可以直面而上，但面对神宗的质疑，他万万不能接受，即便去相，即便放弃。

让神宗妥协的，不仅仅是严重的旱情。在王安石的指挥下，对西北用兵取得了胜利，一切都在王安石设定的路线上顺利推进，但花费甚巨，远超神宗的想象，新法施行下财政虽有改善，亦不足以支撑巨额的战争开支，这都让神宗对变法产生了动摇。曹太后、高皇后屡次听到对新法的抱怨，也劝神宗废除新法，面对太后和皇后的质问，神宗说出了能真正"横身为国家担当重大事业的"，只有王安石一人。然而仍然抵挡不住来自各方的压力。

熙宁七年（1074）四月，王安石罢相，出知江宁府，神宗给了王安石最优厚的待遇，继任首相韩绛是王安石推荐的，

---

1 （宋）李焘：《续资治通鉴长编》卷二五二"熙宁七年四月"，中华书局，1992年。

并由王安石的追随者吕惠卿任参知政事，所有新法法令保持不变，这一切表明神宗仍然在坚守与王安石的共同事业。

回归江宁。这是王安石可以退守之地，是他的现实和精神的家园，自幼长于斯，父母葬于斯，其子葬于斯。离开了神宗、忘却了变法，还有江宁可以守候。

此时王安石在江宁，写了著名的《桂枝香·金陵怀古》：

> 登临送目。正故国晚秋，天气初肃。千里澄江似练，翠峰如簇。归帆去棹残阳里，背西风、酒旗斜矗。彩舟云淡，星河鹭起，画图难足。　念往昔、繁华竞逐。叹门外楼头，悲恨相续。千古凭高对此，谩嗟荣辱。六朝旧事随流水，但寒烟、芳草凝绿。至今商女，时时犹唱，后庭遗曲。

神宗对于王安石最终还是牵挂和依赖，王安石不在相位，法令依然在执行。熙宁八年二月，去相不满一年，王安石被神宗召回，再任宰相。北上赴京途经瓜洲小憩，王安石眺望自己在钟山的居所，写了《泊船瓜舟》：

> 京口瓜洲一水间，钟山只隔数重山。
> 春风又绿江南岸，明月何时照我还。

再赴前程，还没离开便已经开始思归。此去何如，尚且未知。变法是责任，也是使命，既然是使命，便要义无反顾，哪怕身败名裂。

在接近扬州时，回忆起第一次在扬州做官，写了《入瓜步望扬州》：

落日平林一水边，芜城掩映只苍然。
白头追想当时事，幕府青衫最少年。

幕府青衫，正是少年时，而今已是五十多岁的白头老人，事业未竟，人已知天命，世事苍茫。

接到神宗诏命后，王安石以最快的速度回到开封，满怀期望。但此时的神宗早已不是9年前那个踌躇满志的年轻帝王，前有祖制，后有继承，神宗要的是如何把军国大计的决策之权集中在自己身上，要政由己出，不使大权旁落，这不能归罪于皇帝的私心，这是王朝立朝之根本。

二人再次相见时，气氛有些微妙。神宗不再对王安石言听计从，而开始有了自己不同的想法。

第一次罢相时，王安石任用王韶，取得了河湟战役的胜利，“断西夏右臂”的军事战略取得重大进展，正应乘胜征服西夏。

复相后，正值契丹派使前来，之前宋朝已取得的北三州，契丹要求重新划分地界。王安石坚决反对，认为绝不能对契丹的挑衅有所屈服。而神宗却顾虑重重，置王安石多次提议于不顾，最终再一次听从了保守派，契丹的要求以北宋屈服而告终。王安石真正感到了疲惫，消极情绪由此而起。但他仍然没有放弃，还在等待着神宗的悔意，等着按他原来的战略设想，乘胜征讨西夏，继而收复北方失地。正如《孟子·公孙丑》里记载，孟子游说齐宣王而不成，在原地等待多日才离开，别人认为他只是想得到君主的恩惠，而孟子说，如果劝谏不成就生气地离开，不是成了目光短浅的小人？把振兴宋朝视为使命的王安石，岂能因神宗稍有顾虑而放弃？正如他年轻时所说的那样，君子有坚定的信仰，并且不为时势所动。

当商鞅劝说秦孝公变法时，认为做事一定要坚决，疑行无名，疑事无功，他要秦孝公坚定地把变法进行下去，秦孝公也这样做了，取得了变法胜利。王安石也多次向神宗强调，如果心存怀疑，则必然有人进谗言来诋毁。但神宗未能像秦孝公那样坚定，对政权稳固的渴望、对战争的恐惧是赵宋一族无法跨越的心理障碍。神宗固然要振兴宋朝家业，在经济、政治、文化教育等各方面听从、执行王安石的意见，但对于军事，他仍然不敢跳出先祖划定的圈圈而去冒险。

王安石没有等到神宗的转变，等来的是吕惠卿对他的背叛。王安石于熙宁七年罢相时，力荐吕惠卿为参知政事。但吕惠卿想要登上相位，并通过各种手段阻止王安石复职。王安石复相后，反对派趁机挑拨，神宗为解决矛盾，命吕惠卿出知陈州，吕把这件事归因于王安石，连写几道控诉状给神宗对王安石进行污蔑。神宗将吕惠卿的前后诉状悉数告诉王安石，很多事情神宗清楚，无须王安石解释，又故作如此，王安石已经感觉到神宗态度上的微妙变化。王安石称病不到中书供职，神宗派专人向他解释：我没有想要离间你，天日可鉴，为什么要这么做呢？让王安石伤心并萌生退意的，不是吕惠卿的反目，也不是这一阶段发生的其他与神宗意见不合之事。王安石复相，是因为他仍然怀揣着复兴大业的宏伟梦想，他和神宗共同谋划的战略蓝图一定要实现，他认为这也是神宗召唤的动因。但复相以来的事实告诉他，神宗对于军事的复兴心存顾虑，对于他们在军事上的共同梦想，神宗似乎不想坚守了。既然如此，王安石必去无疑。

此时，王安石的儿子王雱重病，不久去世，王安石悲痛不已，十月，王安石辞去相位，回到江宁。回到江宁立即请求退休，此后再也没有回到开封。从上殿对策到最后一次离开朝廷，王安石执政9年，宰相5年，其间两度辞去相职。

王安石曾写过这样的诗："谁似浮云知进退，才成霖雨便归山。"王安石便如大宋朝的浮云，时代需要他的时候，他挺身而出，敢想、敢做、敢担当，霖雨既下，无论是否已经滋润了田地，这个时代结束了，他便要回归故里，不留眷恋。

王安石离开政坛后，神宗独掌朝纲九年，除了军事上的行动，这九年依旧坚定执行王安石的变法政策，王安石人不在其位，开封政坛上却处处留有他的身影。

王安石与神宗这场君臣相遇，从一而终，王安石不曾辜负神宗，神宗亦未曾负王安石。

晚年的王安石，徜徉于江宁，著《字说》，醉心于佛道，过起诗人和学者的生活。写下了《梅花》：

墙角数枝梅，凌寒独自开。

遥知不是雪，为有暗香来。

苏轼曾去探望，对于政治是非，王安石不想重提。晚年的王安石经常独自骑驴行走于乡下，贴近泥土气息，为自己波澜壮阔的一生寻找最终的归宿。

黄庭坚称赞王安石晚年作的小诗典雅清丽、精美绝伦，脱去流俗。

南浦

南浦随花去，回舟路已迷。

暗香无觅处，日落画桥西。

北山

北山输绿涨横陂，直堑回塘滟滟时。

细数落花因坐久，缓寻芳草得归迟。

叶梦得认为，“细数落花因坐久，缓寻芳草得归迟”真正感受到了王安石的闲适。

浣溪纱

百亩中庭半是苔，门前白道水萦回，爱闲能有几人来。　　小院回廊春寂寂，山桃溪杏两三栽，为谁零落为谁开?

南乡子·自古帝王州

自古帝王州，郁郁葱葱佳气浮。四百年来成一梦，堪愁，晋代衣冠成古丘。　　绕水恣行游，上尽层城更上楼。往事悠悠君莫问，回头，槛外长江空自流。

1085年，神宗因病去世，得年三十八岁。其子赵煦即位，是为哲宗。

1086年，王安石去世，时年六十六岁。哲宗追赠其为太傅，葬于江宁半山园，绍圣元年（1094），得以配享神宗庙，谥号“文”。政和三年（1113），宋徽宗追封王安石为舒王，配享孔庙。

身后事

神宗去世以后，小皇帝哲宗即位，太后摄政，太后历来对变法有微词，重新请出司马光执政，保守派卷土重来。

在司马光的主持下，新法全部废除。这种做法不能被一些人接受。曾经反对变法的范纯仁、苏轼，都认为一部分新法可以保留，不应尽废。司马光没有听取任何劝谏，正如他曾经形容王安石的那样，此刻的他，刚愎自用、一意孤行，比王安石有过之而无不及。王安石执政时期，政见相反的大臣们执意出京，他不曾流放过任何人，而司马光将支持变法的蔡确流放于岭南海岛，范祖禹说，这条路上的荆棘已经长了七十年。

若论王安石新法有失激进，那么在新法已经实施、开始取得效果、应适时改进的时候，尽废新法，是否有失武断。

宋钦宗即位后，讨论北宋得失，杨时等人给钦宗上书，说王安石变法、学术皆为谬论，未列出任何事实证据，仅列出当时司马光对变法的预言“其为害当见于数十年之后”以为佐证，便将罪责推到王安石身上。被追夺王爵，毁去配享的画像，降王安石从祀于庙廷。

此后千余年间，为王安石鸣不平的大多是江西同乡，陆九渊是第一人，著《荆国王文公祠堂记》，专为王安石正名。宋元之际又有吴澄及门生虞集，清朝的李绂、蔡上翔、杨希闵等一批乡党考证历史，为王安石正名。后来人们把这种情谊叫“乡梓情深”，这种情谊一直延续到今天。曾国藩曾说，宋代读书人对小人很宽容，不加责备，对君子却总是很严格，动辄得咎，这在王安石身上体现得淋漓尽致。

得君行道

王安石自熙宁初年与神宗相遇，得君之专、当政之久，是北宋此前的宰辅所不能相比的。神宗对王安石的支持力度巨大，自古君臣遇合，会成就一段佳话。如商朝成汤对伊尹，春秋齐桓公对管仲，刘备对诸葛亮，首先是互相欣赏的知己，然后才是君臣，神宗与王安石何尝不是。

王安石在《虔州学记》中写道，那些学识精深、道德高尚的人，即便是皇帝，也应虚心请教。在探讨问题时，与天子迭为宾主，王安石作为士大夫的政治主体意识跃然纸上。士大夫代表着道德、真理与学识，无论朝代更替，这些人间秩序不变，真理不变。此前张载，对于士大夫精神的定义"为天地立心，为生民立命，为往圣继绝学，为万世开太平"，为天地、为生民，却没有看到半点皇权的影子。

熙宁四年（1071），宰相文彦博为表明皇权与士大夫的关系，曾说："为与士大夫治天下。"[1] 类似言论记载甚多，宋朝皇帝对此是基本认可的。王安石之后，北宋政治上出现了一个新的原则，国家战略方针不能由皇帝一个人决定，必须与士大夫共同制定。这是士大夫权利的扩大。

王安石变法，从历史看，是士大夫作为政治主体在权力世界发挥作用，王安石代表的不是他自己，是士大夫阶层，

1　（宋）李焘：《续资治通鉴长编》卷二二一"熙宁四年"，中华书局，1992年。

是皇权对于士大夫阶层的认可。

王安石之于神宗，士大夫阶层之于皇权，在宋朝，在神宗朝堂，在改革进行之时，乃至在保守派反对变法之时，从未屈从顺意，从未卑躬屈膝，士大夫阶层拥有了独立的话语权。这是汉朝董仲舒等大儒毕生的追求，在此时的宋朝，变成了真切的现实。

王安石的“得君行道”深刻影响了宋朝士大夫的思想，二程、朱熹、张栻、陆九渊等人极为欣赏和赞同，后世士大夫无不把“得君行道”作为“外王”的最高理想，并以为动力和目标，创立、深化并发扬理论，终生追求实践。乃至于能争取到面圣的机会都十分难得可贵。朱熹登对，陆九渊轮对，二人对此均极为重视，抱有极大希望，面圣陈词是争取“得君行道”的关键，渴望自己的理论学说也能被皇帝采纳。对于他们来说，“行道”不重要，因为道已在手中，“得君”却是可遇而不可求，关涉是否能“行道”的关键。

神宗与王安石合作，是为了理想，利害得失不是他们考虑的重点。神宗从未吝啬过对王安石的支持，甚至可以说是顺从和庇护，不惜遣散群臣，不惜低声下气，为了扫清变法的阻碍，打破祖制，扩大了宰相的权力。王安石虽有大权在握，却从未以此谋私。

后世“权相”频出，如蔡京、秦桧，皆开私欲之门，无一人似王安石一心为公。

宋朝给予了文人最大的自由和空间，虽然聒噪，未免互相倾轧，然而儒家士大夫却把“士不可以不弘毅”的精神推向了高峰。王安石与司马光，就变法问题争论一世，所践行和依照的依然都是儒家思想，只不过王安石重《周礼》，图变；司马光尊《春秋》，尚守。但二人在学术、道德上所达到的高度，已是儒家士大夫的典范。

北宋之后无王安石，熙宁之后无神宗。

理

第三章

智出东方：理学与朱熹

前夜

信仰是大问题。

中国始终没有发展出全民信仰的本土宗教，这是思想发展上缺失的一环。没有宗教，不代表没有权威思想，儒家、道家都对国人思想产生了重大影响，儒家思想在封建社会建立不久之后成为统治阶级的思想，成为教化人民的工具。儒家思想强调理性、入世，要人在现世活得充分。而人终究需要一些现世之外的东西，想知道人之所来、人将何去，苦难何时终结，富贵是否能永远存续。人们需要找到心灵依托，以度过漫长的苦难人生。

东汉末年，佛教传入中国，企图为中国人带来新的宗教信仰。佛教认为现世虚无，彼岸的极乐世界才是终点。人们通过现世修行到达和平、安祥、欢乐的世界，在那个战乱频繁的年代里，为人们提供了超脱苦难的希望。佛教取得迅猛发展，并获得历代诸多帝王支持，在相当长的时间里占据了本土民众的精神世界。

佛教的发展毫无疑问地挤占了儒家思想发展的空间，儒家思想的地位岌岌可危。唐朝皇帝追溯老子为李氏先祖，信奉道教，武则天等诸多皇帝信奉佛教，于是将儒、释、道三教并列，佛、道传播尤盛，发展迅猛。中唐后社会风气奢靡，经济尚未日薄西山，人们已开始末日前的狂欢，学人不思勤奋上进，纷尚奢侈享乐之风。此时的儒家思想正如这个时代，丧失了蓬勃向上的生命力，信奉儒家思想的人越来越少，眼见大厦将倾，却不能生发出新的动力，儒学逐渐衰落下去。此时的佛教野蛮生长，寺院林立，僧人剧增，占据大量土地，侵噬国家收入。此时，以韩愈为首的儒家学者们，率先喊出“排佛”口号，要求朝廷“人其人，火其书，庐其居”。同时以恢复“古文”为旗帜，提倡文以载道，意图恢复儒学正统，夺回被佛教占领的思想阵地，这就是由唐末延至宋朝的“古文运动”。

社会过度沉迷于佛教，对本土文化是一种侵害，韩愈公开反对佛教，并提出了恢复儒家正统的号召，这为宋朝寻找学术方向，提供了路径和依据。韩愈成为唐宋学术承上启下的重要人物。为恢复儒学，韩愈梳理了儒家的道统传承谱系，认为儒家正统按尧、舜、禹、汤、文、武、周公、孔子、孟子的道统传承，而孟子去世之后，道统失传；提倡古文运动，力图找到一种适合表达思想的简洁、有力的文风，而摆脱掉六朝隋唐以来盛行，逐渐走向靡艳繁缛、内容空洞的骈文。“文以载道”正是韩愈所做之事的概述，苏轼评价韩愈“文起八代之衰，而道济天下之溺”，[1] 甚是精准。

受韩愈影响，宋朝学者们致力于复兴儒学，抵抗佛教。但韩愈对于佛教的排斥，着重于对物质形象实体的毁灭，毁坏寺院、减少僧众，未能建立起对抗佛教的新思想。

北宋时期，文学、思想、政治，各个领域里，士大夫都在谋求秩序重建，力图建立一个超越汉唐、比肩上古三代的盛世。欧阳修提出“回向三代”的号召，追溯源头，恢复正统，承继韩愈，继续开展古文运动，但宋朝士大夫们并没有像韩愈那样，与佛教在实体上生死博杀，而致力于从思想实质上打击佛教，成为宋学的开端。

佛教进入中国后，从未停止扩张的脚步，并逐渐发展出落地生长的智慧，逐渐本土化、高层化。至宋朝，佛教为进入统治阶层，积极拥抱儒家思想，与儒家士大夫交往、为儒家经典做注。北宋初期，一些高僧大德充分肯定儒学，不断加强儒释之间的共同联系，迅速扩大影响力，士大夫几乎“无人不谈禅”。佛教思想也深入渗透到士大夫思想中，北宋前期的儒家思想中，佛教的影子到处可见。宋朝皇帝大部分信仰佛教，赵普恭维太宗“以尧、舜之道治世，以如来之行修心”，[2] 孝宗于淳熙八年著《原道辩》，反对韩愈的《原道

---

1 （宋）苏轼著，曾枣庄、舒大刚主编：《苏东坡全集·文集》卷一百四十五，中华书局，2021年。

2 （宋）李焘：《续资治通鉴长编》卷二四，中华书局，1992年。

论》，认为三教应合一，各有侧重，却不偏废，以佛修心，以道养生，以儒治世。

佛教在思想领域的传播引起儒家学者的恐慌，二程语录中讲到一次聚会，大家都在谈禅，让人很不痛快，回来之后痛恨许久，此前的佛教，盛时也只是拜拜佛像，危害较小。如今已经深入天下士子心中，谈禅已经成了普遍风气，想要挽救似乎已无可奈何了。

在重新建立儒学传统上，学者们回溯儒家原典，论述宇宙、人类、社会存在的实体性，寻找世界运行的规律，对抗佛教宣扬的“虚空”；建立儒家的道德性命之学，形成儒家思想的精神境界，重建儒家生活方式，以取代佛教。成体系的理论包括王安石的新学、张载的关学、二程的洛学、苏轼兄弟的蜀学等。其中，王安石新学在北宋中后期独领风骚，并连同新法推行，作为科举考试的官方教材，是为显学。此后，以二程为主的道学影响力逐渐增强，在南宋时由朱熹发扬光大，集大成并超越所有学说，形成“理学”，成为儒家思想的新高峰。

道学是11世纪儒家学者整体行为的必然归宿，在继承儒学道统、建立儒学新体系、清除佛教影响上，各家学说保持了目标一致，经历了几代人的探索之后，终于由朱熹取得成功。在这个过程中，有宋一代学者逐渐摆脱汉唐对经典的注疏模式，跳出对原典本身词句的字面追溯，而从思想实质出发，重新定义和完善儒家思想内涵，开创了儒学的新局面。

先贤

宋初道学有“北宋五子”：周敦颐、邵雍、程颢、程颐、张载。北宋五子对新儒学的开拓贡献巨大，在北宋五子的努力下，儒学重回士大夫的精神主流，对儒家思想的研究再次成为士大夫的日常。周敦颐（1007—1073）是宋代大儒，以《爱莲说》为世人熟知，“予独爱莲之出淤泥而不染，濯清涟而不妖，中通外直，不蔓不枝，香远益清，亭亭净植，可远观而不可亵玩焉”。周敦颐人如其文，品格高尚，美名远播，黄庭坚曾经称赞他“舂陵周茂叔，人品甚高，胸中洒落，如光风霁月……茂叔短于取名而专于求志，薄于徼福而厚于得民，菲于奉身而燕及茕嫠，陋于希世而尚友”。[1]

周敦颐通过论证宇宙运行的规律推导出人间社会秩序，建立内在心性修养，为儒家学者构筑精神境界。周敦颐的思想启发了他的两个学生，程颢（大程）和程颐（小程），史称“二程”，二程创立了洛学，建立道学的理论框架。二程与周敦颐、张载不同，不从宇宙论着眼，而更关注人心性情，从而体悟天理、天道，不追求洋洋洒洒的宏篇巨制，要让人们从日常生活中体悟、传播义理。

二程治学宗旨和理论源流一致，但方法、境界、风格各有不同。

---

1 （宋）黄庭坚：《黄庭坚全集》卷二十《濂溪诗并序》，中华书局，2021年。

“大程”程颢（1032—1085）主张从内心出发，仁与天理合一，理在人心中，人应该发明本心，与万物浑然一体。“小程”程颐（1033—1107）更偏向理论、思辨，从逻辑上论证仁与天理的内在联系，主张“存天理灭人欲”，要人注重自我修养。后人用“如沐春风”和“程门立雪”来概括二程的不同风格。《伊洛渊源录》中记载，朱掞去汝州见程颢，与程颢度过了一个多月的时光，回来后对人说，我就像在春风中坐了一个月。大程为人谦和，待人宽厚，如春风般温暖，由是衍生出成语“如沐春风”；而当游酢、杨时两位弟子去见其师程颐时，正值他静坐，二人立侍左右不敢动，过了好一会，程颐回过头来说：你们还在这里啊，天不早了，你们回去休息吧。二人出门后，门外雪已一尺深。因此诞生成语“程门立雪”，正是小程的严毅之风。[1]

与二程同时，王安石创立并推行“新学”。道学家们欣赏王安石在“外王”方面的构想和实践，但在“内圣”方面，道学家对于“新学”并不认同，认为“新学”的理论基础是“道德性命”，本质上仍然是佛教思想，并未能真正构建新的儒家思想体系。

此时的北宋，以洛阳为中心，二程著书讲学，司马光潜心修史。在此期间，司马光完成了他的鸿篇巨制《资治通

1 （宋）朱熹：《朱子全书》（修订本）第12册，上海古籍出版社、安徽教育出版社，2010年，第971页。

鉴》，而周敦颐、邵雍、张载、二程等，被朱熹尊为新儒学的五位先贤，也在洛阳完成了他们的主要学术，洛阳的学术精魂由此集聚，成为宋朝的学术圣地。在这华夏民族的故土，从远古的正宗教义里，生发出新的力量。宋廷南渡之后，洛阳成为了宋人追思的精神故里。

徽宗、钦宗被囚禁之时，高宗临危受禅，辗转到南方重建朝廷。高宗在位35年，是南宋在位时间最长的皇帝，在北方民族的侵扰之下，不断流亡。赵氏皇帝畏惧北方的少数民族，同时顾虑内部此起彼伏抗击金军的各地忠义，与金军议和成为南宋朝廷的首要目标。

朝廷内部党争持续扩大，从北宋末到南宋，原本与士大夫分享的皇权逐渐被皇帝和权相集中起来，“与士大夫共治天下”，对于南宋君臣来说已经近似于远古神话，天下治乱不系于士大夫，而只系于皇帝一人。参政的空间缩小，官场里士大夫阶层充斥着消极情绪。

学术界也不似北宋时期遍地开花、蒸蒸日上。党争左右着士大夫们的生死命运，学派的升降沉浮影响着个人的思想言论，学者们的理想被现实纠缠，变得无比沉重。在沉闷的气氛中，许多知识分子转向内省和回顾，更专注于自我修养，潜心学术，追求形而上学、追求学以致用。期待于用“内圣”的深化，建立道德社会，给国家注入新的动力。

在官学以外，二程的学问有人在继续发扬，深化理论、著书立说、创办书院、开学授徒，使道学的影响从民间开始扩大，弟子不断增多，理论逐渐深化，并形成一个完整的学派。此后，以理学的名义远播海内外，在相当长的时间内影响了整个东亚的思想和价值观，这个像改革家一样的理论创立者就是朱熹。

正统

山环水绕、钟灵毓秀的武夷山自古就是人杰地灵的神圣之地，文人雅士、名臣政要在此游历、隐居、著述、讲学，儒、释、道在此发扬，被称为“三教名山”。巍峨的崇山峻岭，高耸的悬崖峭壁，绵延如盖的浓绿，蜿蜒回绕的碧水，正是适合人们摒除杂念、潜心修行的理想去处。那些历史的痕迹，记录着前人所达到的高峰，以及他们成就自我的道路上所经历的点点滴滴。

1130年，高宗即位后的第四年，朱熹出生于福建尤溪。朱熹幼年时父亲早逝，把他托付给友人胡原仲、刘致中、刘彦冲三人为学。朱熹十四至十八岁，直接受学于三位先生，学习颇为刻苦。刘彦冲对朱熹思想影响较大，他对朱熹甚是看重，认为朱熹从小异于常人，将来必有一番作为，为其取字元晦，“木晦于根，春容晔敷，人晦于身，神明内腴”，以此来训诫朱熹，要立定根本，静养于根，才能成长为大观。

刘彦冲此番训诫，人称为“木晦之训”。朱熹一生受教，对恩师十分感激，为自己的书房命名为“韦斋”“晦堂”，前者纪念父亲，后者纪念恩师。[1]

朱熹少时努力学习，读书十分辛苦。十七八岁时，每天晨起，读《中庸》《大学》，诵读十遍。十六岁好理学，十七岁便有如同学者般的见识。

宋朝的士大夫们，一方面排斥佛、道，另一方面又跟佛、道有着扯不断的联系，他们以儒学安身立命，在面临彷徨困惑时又在佛道的世界里寻找精神安慰。比如朱熹所受学的三先生，都深入佛老，超世隐遁的思想很深。朱熹早年接触佛、道极多，在十九岁赴考时，用禅宗的思想去答题，考官被他说动，最后中了举，此传说还有其他版本，足以看出朱熹早年受禅宗影响之深。

但佛道终不是正统，如何处理儒、释、道的关系，对年轻的学子来说，时常感到迷茫彷徨。直到二十四岁，朱熹遇到了李侗，在歧路徘徊之际找到了方向。师从李侗，是一件大事。李侗（1093—1163）人称延平先生，是二程的三传弟子。据说，李侗早年是个个性豪迈、性情急迫之人，饮酒必十数杯，夜醉，狂奔二三十里方归。学习儒学之后，磨练静养，逐渐收敛性情，心性变得平淡如水。据称走路无论走多远，都能像在室内一样从容，平常人叫别人三声不应则必定

1　高全喜:《理心之间》，三联书店，1992年，第45页。

不耐烦，他却能平常如初地叫上数声，内心不受影响。朱熹后来曾说，古人云终日无疾言遽色，李侗真是如此。

李侗为朱熹拨云去雾，教给朱熹儒学要旨，将朱熹引回了儒学的轨道。在李侗的启发下，朱熹深刻理解了儒家经典，渐渐觉得佛道的说法漏洞百出，从而彻底归于儒家思想。在遇到李侗前，朱熹的诗句中经常感到虚无，独居无事之时，随手翻看佛家之书，感到人生疲惫，生出超然出尘的感叹，遁世、逃避似乎是唯一的出路，人生无解，读来充满惆怅。遇李侗之后，诗人的思想回归了正途，用真诚的心去体验事物，感悟道理。澹泊名利而从容自处，修炼身心而使道德高尚。此时的朱熹认清了释、道与儒家的根本区别，对自己的志向坚定不移，手书“鸢飞鱼跃”概括他这段时间的思想转变。可惜朱熹的思想尚未臻于化境，恩师李侗就病逝了。李侗逝世后，朱熹再遇良友张栻，深入讨论了理学的一些重大问题，对朱熹亦有重要影响。

宋室南渡后，二程洛学分两派传承：一派为二程弟子杨时南传入闽，并经由李侗再传朱熹而发扬光大；一派为胡安国传播于湖湘，后经胡宏传张栻。彼时，张栻、朱熹、吕祖谦被称为“东南三贤”。

朱熹对张栻颇为称道和倾心，遇到张栻时，朱熹已经形成了一部分理学观念，与张栻的学术探讨使朱熹获益匪浅。朱熹和张栻在岳麓书院进行了一次中国学术史、教育史上最著名的会讲——朱张会讲，开创了会讲之先河，从各地赶来听者达数千人。结遇良师挚友，是朱熹一生之幸，并影响、成就了朱熹。

大成

孝宗时期，广开言路，朱熹上书，倡导圣学，深得孝宗赏识。1169年，朱熹之母祝氏夫人去世，朱熹以守母孝为由，回到家乡，此后孝宗几次召他入朝，朱熹出仕之心比较淡泊，专心于学术的思考和建树，都没有接受。据考证，朱熹一生出仕的时间大概只有7年。

寒泉坞，位于福建省建阳市马伏天湖之阳，武夷山脚下，是朱熹之母祝氏墓之所在，朱熹在此建寒泉精舍，守孝治学。祝氏之墓，紧邻长年不涸的天湖水。天湖之外，莒口云谷山云雾缭绕，古木苍翠，涧水飞流，宛若人间仙境，是安享之地，也是静心修养、为学著述的圣地。

友人蔡元定帮他修建了系列亭舍，晦庵草堂、鸣玉亭、怀仙台、云舍等。朱熹在此求学问道、讲学著述、登山抒怀、观云听风。朱熹四十岁起居住于此，五十岁知南康军赴江西，在寒泉精舍度过学术上最宝贵的十年光阴，这十年也是朱熹的学术突飞猛进、臻于成熟的十年，理学的主要学问也成型于这段时间。寒泉精舍造就了朱熹，也见证了他一生的风风雨雨。

宋初先贤各自提出了自己的理论，但仍然留下了很多不能解决的问题，朱熹把前人的理论集大成，并解决了前人没有解决的问题。理，是朱熹理学的基本范畴，也是他学术的基点。

1. 理

理学首先要解决“理”是什么，“理”主要指事物的规律和原则。朱熹认为，宇宙中先有理，后有阴阳，然后有万物，理先于天地而存在，涵盖了天地、万物和人事。一切事物都有自己的规律，规律就是理，包含了事物的本质和事物发展的可能性。理先于事物存在，决定了事物出现的必然性。换个角度说，一切事物的法则，包括人类社会的各种原则都囊括在理之内，而理永恒存在、不会改变。

宇宙的原则一致，体现在具体事物上则千差万别，人的实践也必须依从不同对象的固有之理，就是“理一分殊”。宋朝学者对于宇宙规律的研究不是天文学，也不是物理学，更偏向于哲学。

2. 格物致知

世间万物的本质是理，是理性、客观的，作为人应首先认识客观实际，去把握“理”，这要通过行动和实践来实现，而非来自感悟和禅思。

《礼记》中有一篇题为《大学》，宋代理学家把这一篇抽出来，加以特别宣扬，将其放在与《论语》《孟子》相同的地位。“格物、致知、诚意、正心、齐家、治国、平天下”，对于《大学》里这个著名的条目，朱熹进行了重新阐释，认为最首要的是“格物致知”。北宋以来的众多学者出佛入道，引禅入理，从修炼内心入手去认识世界，朱熹对此并不认同，认为为学之道须先格物，才能致知，才能诚意正心，才能明明德于天下。

如何“格物”？朱熹讲到三个方面，一要接触事物，即为“即物”，从一点一滴的小事开始认识世界，包括自然、人际关系、人的心理活动等。二要研究事物的理，即为“穷理”。格物是为了穷理，万事万物莫不有理，要穷达事物的真理，把握事物的规律。如此一步一步认识事物，最终要达到“至极”，从个别事物的认识上升到一般规律的认知，便是朱熹所谓的“贯通”。

格物致知是要对万事万物知其所以然，但这不是终点，只是具备了成为圣贤的条件，还要对外去践行，知与行都要做到，才能成为圣贤。

在朱熹看来，天下的事物都有理，而人心都能去认知它，人的主观意识不能脱离事物发展的客观规律，人要达乎圣道，必须格物致知，要真正达到穷理，必须是内与外、心与物的统一。以天下之理印证人心之明，以人心之明来穷达天下之理，便是所谓天人合一。天理与人心豁然贯通，呈现出宇宙人心最内在的幽秘，那是天理的光辉，亦是人心的灵明。

格物致知是朱熹晚年所着重阐述的义理。

3. 理与道德

朱熹是理性的认知主义者，但不同于近代科学。近代科学是纯粹的客观认知，与政治、社会、道德无关。而朱熹的理学，最后指向的核心是道德，其他一切内容都是围绕道德和伦理来展开。

如何看待宇宙之理和人类的道德原则？如果单纯地把人当作天地万物中的一种，则关系比较容易界定，天理是本质，人与万物一样，只是现象；天理是大道，人只是刍狗。但人不是物，人是万物之灵，是天地之灵秀，日月之精华，是一切事物的主宰。人与物的区别，在于人具有内在的道德本性。这个道德本性是人的形而上的本质，对人的情欲具有统筹的作用。

朱熹的哲学是以人为主体的心性学，格物致知并非单纯为了明白事物的道理，目的是使人了解道德本质，认识到天理和人欲的关系，从而把仁义礼智信等道德标准作为言行的尺度和行动的指南，人不应被内在的情欲统领。人可以有欲望，但不应有过度的欲望，要把个人欲望尽可能减低以服务社会的道德要求。以理节欲是儒家的固有思想，宋儒要培养理想人格，要求提高道德自觉，用道德意识支配人的行为。

格物致知与道德践履紧密联系起来，朱熹认为应先知后行，先了解什么是道德，在心中自觉建立道德本性，再去进行实践，否则就是盲目的。

4. 认知与道德

知识是不是一定导向道德？这个问题存在了几千年，而今在更大程度上困扰着现代的人们。对现代人来说，道德约束越来越少，违背道德的成本越来越低，知识越多，可能破坏力就越大。知识与道德之间，在现有的知识体系下，没有人架设桥梁。

朱熹认为，知识和善良没有必然的联系，知识使人具备了为善的条件，但单纯的格物致知不能达成道德行善。因此，在致知与力行之间，朱熹设定了另一个更高的准则，那就是“持敬”，修炼身心，建立道德意识，才能使知识为人服务，并提出了具体的修养方法：

一要收敛，把身心收向内，不使身心放纵散逸或四处游走，叫作收拾精神；二要敬畏，使内心常处于一种敬畏的状态，但不是对某一对象的恐惧；三要惺惺，就是使内心总处于一种警觉、警醒、不昏倦的状态；四要专注；五要整齐严肃。前四条是内之敬，第五条是外之敬，最基本的要求是内无妄思，外无妄动。平时努力保持收敛、敬畏和警觉，平静自己的思想和情绪，集中注意力于内心，心境清明而不昏乱，使内心达到一种宁静清醒的状态。这种内在的修炼不仅可以涵养精神，还可以为穷理致知做好充分的准备。

修炼身心的首要方法是“静坐”，朱熹认为学功夫先要静坐，静坐则本原定，当思绪不免游走时，及时收回来，也有个安顿处。静坐不是坐禅入定、断绝思虑，只需要内心收敛，湛然无事，自然专一。

在一千年后的今天，随着自然科学的发展，格物致知为更多的人所接受，但懂得“持敬”的人却越来越少。修炼身心、让人回归心灵、找到并能坚持自我、散发出人性的光辉，已是一件十分久远几乎快被遗忘的事。物质的丰饶富丽让人耳眩目迷，快节奏的社会引导着人的行为，正是“心为形役”，让人们时常感到迷茫。身心的修炼和提升早已逃出人们的视野，浅层次的身心享受被人们假饰成修行。如果能见到这古老的良方，让内心回归平静，摆脱机械化、社会化的设置，人生也许将从此不一样。

朱熹整套理学思想的形成，来源于二程，却最终开悟于儒家原典。朱熹师从李侗，后结交张栻，这两个对朱熹影响重大的人从属于不同的学派，学术观点有重大区别。最主要的不同表现在如何看待心的活动，进而如何去修炼自身。朱熹先是接受李侗，后转而认可张栻，却发现二者的主张都有不通之处。朱熹四十岁时，与友人蔡元定问辩，突觉旧说不通，程门之学不会有错，应是自己理解有误，于是重读《中庸》。朱熹意识到，心是一个整体，包含了两种状态，没有展现出来的内心思虑，叫作“未发”，展现在外的情绪和行为，叫作“已发”，合起来是心的全体。表现出来的要察识、辨别，没有表现出来的内心则应该注重涵养、磨练。在这二者之间，内在涵养更重要，内在的心性是一切的根本。

小程说“涵养须用敬，进学则在致知”，[1] 此刻的朱熹才真正通晓了其中的道理。如何做到涵养？要禀持“敬畏”之心。对于外在的行为也不只是与自己的良心去比照，而是要“致知”，只有致知才能真正辨明自己的行为。敬是根本，穷理才能致知。

由此，朱熹确立了他一生学问的宗旨，即“主敬致知”，把涵养与察识统一起来，把主敬与致知统一起来，此前的学术观点支离分散，散落于沙滩，朱熹找到要点，梳理脉络，层次清晰，形成了宋代理学，儒家思想文化进入了新天地。

四十岁的朱熹，透彻领悟了湖湘之学和道南之学这两个不同的学派，由二者的矛盾而重回经典，把二者统一起来，形成了自己的理论体系，史称“己丑之悟”。这不是朱熹个人的学术感悟，而是理学内部的思想贯通。1169年己丑开悟后，对于这一新的学术发现，朱熹不敢擅自定论，他不断地向人讲述、与人论辩，对论辩之中出现的各种问题进行深入思考。直到1173年，写成《伊洛渊源录》，基本奠定了朱熹的理学思想，为时四年的困学求道告一段落。这是他一生中论辩最多的时期，在一系列问辩讨论中，思想日渐深厚，逐渐蔚然大观。后人用“致广大，尽精微”来形容朱熹理学风貌。

一种举世震惊的理论，学术本身的高深是一个层面，另一个层面是学术过程所展现出来的人文风范，朱熹在新时代

1 （宋）程颢、程颐：《二程集·二程遗书》卷十八，中华书局，2019年。

的开创性，不逊于孔子的开天辟地。

理心之辩

南宋淳熙二年（1175），四月的武夷山区还有一些微凉，寒泉精舍掩映在林木之中，周围已是郁郁葱葱，在朝阳和晨露中散发着新鲜泥土的气息。

朱熹的老朋友吕祖谦，在这里已经住了一个月，朱吕二人朝夕相处，探讨学问，一起读了周敦颐、二程和张载的著述，这些先贤的思想广大宏博，无边无际，一个月以来的精心研读，逐渐理清了头绪，但对于初学者来说仍显高深和庞杂，一时间恐难找到恰当的途径登堂入室，应该整理一些提纲挈领的文字，将四子著作中有关根本问题并切合实际日用的论述集结成编，为初学者理清脉络，索性就叫《近思录》。

朱吕二人有许多共同点，吕祖谦对朱熹十分敬仰。南宋几位大学者，大都生活于宋孝宗乾道、淳熙年间，包括朱熹、张栻、吕祖谦、陆九渊等，与北宋学者大多出仕为官不同，他们著书立说，设堂讲学，后人称为“乾淳诸老”。

理学和心学的渊源可追溯到孔孟，也体现于二程思想的不同，在朱熹、陆九渊时期越发明显，朱陆二人却同为当时天下英杰。早几年陆九渊应考进士时，吕祖谦是考官之一，当他读到陆九渊论述《易经》的试卷时，不禁拍案叫绝，不仅对儒家伦理有深刻理解，并能与佛道相区别，欣然感叹，对陆九渊倍加赞赏。吕祖谦认为，如若撮合朱陆二人见面，进行一次学术研讨，也许会达成某些共识，于是便向陆氏兄弟发出了邀请。

江西信州是闽浙两地进入江西的交通要道，是朱陆吕等人居住地方的居中点。铅山自唐以来便是天下名山，铅山上鹅湖寺曲径通幽，是理想的会面之地。陆氏兄弟九龄、九渊早慕朱熹大名，接到邀请后欣然前往。陆氏兄弟从金溪赶来，朱熹、吕祖谦从福建赶到鹅湖。消息传开，附近的一众学子闻讯而至，各路学人要一睹这场千年不遇的盛会。

出发前，陆氏兄弟在家里展开了一场应该如何为学的讨论。陆氏兄弟认为，为学应该先在心里想明白，如果心里不能明了，认识世界再多，对自己的人生也没有丝毫助益。第二天早上，陆九龄作了一首诗：

> 孩提知爱长知钦，古圣相传只此心。
> 大抵有基方筑室，未闻无址忽成岑。
> 留情传注翻榛塞，着意精微转陆沉。
> 珍重友朋相切琢，须知至乐在于今。[1]

陆九龄接受了弟弟九渊的观点，人的内心是根本，清透的内心是一切的根基，人心是本，内心不明就开始学习，必

---

1 （宋）陆九渊：《陆九渊集》卷三十四，中华书局，2020年。

定会走向歧途。

陆九渊在去赴会的船上吟了一首诗为兄长做补充《鹅湖和教授兄韵》：

墟墓兴哀宗庙钦，斯人千古不磨心。
涓流滴到沧溟水，拳石崇成泰华岑。
易简工夫终久大，支离事业竟浮沉。
欲知自下升高处，真伪先须辨只今。[1]

简单、质朴、直达内心的为学之道才是永恒事业，是从低向高的真正通道，真假只在于辨别今天眼下那个立志明心的一瞬。陆九渊认为，“此心”并非依靠读书知物而获得，直达本心，是人生具有的千古不灭的仁心。人若求得内心的宝藏，着意发明，便可成就圣贤，与天地合一。真正的学问乃是立乎其大，确立本心，在灵魂深处映照出那个先验的道德良心。所谓得要领，便要首先明晰自己的本心。否则，读书破万卷，对于外物也颇有见识，却不知道自己一生的目的是什么，不知道为什么而生，不知道自己的内在良知，便是不着要领，是“支离”的人生。

与朱熹见面后，陆氏兄弟意气风发，九龄先发制人，奉上了自己的诗，朱熹已是有些不快，陆九渊再吟出自己的

1　（宋）陆九渊：《陆九渊集》卷二十五，中华书局，2020年。

和诗，指向性已经非常明显。朱熹苦思冥想将天理接引到人心，陆九渊却以简捷明快的风格，直接识见本心，开辟了一条新的途径。这次辩论持续了整整三天，辩论的详细内容也已无具体记载，这次盛大的辩论，却是理学与心学两个中国古代站在顶峰的学派的第一次正面交锋。

鹅湖之会，朱陆两派展现出了完全不同的治学方法。陆九渊看来，双方争论的焦点，是孰为主、孰为次的问题，心学认为应以自己的内心为宗旨，认为宇宙便是自己的心，认识的根本在于直达内心，整体明了，内心认为是的就是了，内心明朗了一切也就明朗了。不是经过局部到整体、个别到一般的渐进认识，而是心中内在的直觉瞬间透悟，直达全部本质，而修习的重点在于启发，也叫“易简工夫”。

洞悟之外，还需要“剥落”，是针对人心有蔽提出来的修养方法。陆九渊认为，人皆有闪光明亮的本心，明心见性是每个人的要务。对于许多人来说，本心可能因为各种原因蒙蔽于幽暗，所以必须有一种剥落工夫，去掉人心之害，呈现出清明之心。

鹅湖会后，张栻来函询问，朱熹回复说，陆氏兄弟气象甚好，他认为心性固然重要，但若一味求诸本心，不向外界找寻，不体察天地之理，难免太过简易，落于空疏，堕入佛禅窠臼。朱熹所言也正是陆氏心学的一大弊端，陆九渊去世后，他的学说别人无法准确把握，无法传承，后人再传时已十分接近禅学，心学几乎断送。直到明朝王阳明，贯通理、心，整理出心学方法论，心学才再一次展现出了勃勃生机。

三年后，陆氏兄弟逢母丧，再次造访铅山，向朱熹询问葬礼礼仪，朱熹作一首诗追和陆九龄的鹅湖之诗：

> 德业流风夙所钦，别离三载更关心。
> 偶携藜杖出寒谷，又枉篮舆度远岑。
> 旧学商量加邃密，新知培养转深沉。
> 只愁说到无言处，不信人间有古今。[1]

诗中除了问候的语句，还声明自己好好消化鹅湖会上的各种意见，但仍然不认可对方只重视本心而不相信古今人世有差异的说法。

淳熙八年，陆九渊赴南康访朱熹，其兄陆九龄已逝。此时的白鹿洞书院，四周绿水环绕，苍松翠竹满眼，许多学者门生在此深学苦读。朱熹请陆九渊在此讲席论道，陆九渊讲了《论语·里仁》的“君子喻于义，小人喻于利”一章。在义利之辩上，朱熹和陆九渊取得了一致。“义”必须放在首位，君子应以“义”为行为处世的准则。陆九渊对逐名追利的士风进行了深刻批判，朱熹极力赞赏。据记载，陆九渊的讲演酣畅淋漓，晓畅通达，讲到高潮时，听座下有人感动流泪。当时天气已微凉，朱熹也深为所动，身上出汗挥扇不止。演讲毕，朱熹

1 （宋）陆九渊：《陆九渊集》卷三十六，中华书局，2020年。

令人记下陆九渊的讲义，铭刻于石碑之上。

此次讲学之后，朱熹相约吕祖谦一起入浙访陆九渊，不幸吕祖谦病逝，朱熹与陆九渊再未见面，由于种种原因，此后二人争辩日趋尖锐，指责愈来愈烈，治学理念彻底分道扬镳。

政治漩涡

淳熙五年（1178），史浩任孝宗侍讲，推荐朱熹知南康军，朱熹推辞未成，赴南康，今江西九江庐山市。

朱熹赴任后，恰逢南康大旱，朱熹开仓赈灾，与百姓一起渡过难关。在任期间致力于安定民生、教化民心。在巡视陂塘时，寻访到白鹿洞书院的废址，并着力进行修缮。朱熹自兼洞主，延请名师，充实图书，向朝廷申请赐匾额、御书，并亲自订立学规《白鹿洞书院教规》，成为世界教育史上最早的教育规章制度之一，对当地的教育产生了广泛而深远的影响。

淳熙八年（1181），宰相王淮推荐朱熹提举两浙东路常平茶盐公事。当地闹饥荒，朱熹深入地方调研情况，发现台州知州唐仲友贪赃枉法，侵吞赈济钱米，并借助盘根错节的私人关系逃脱监管。朱熹立刻弹劾唐仲友，前后共上奏六章，揭露唐仲友残民、贪污、结党、淫恶等事实。唐仲友是宰相王淮的同乡，又是姻亲，王淮起初想化解此事，无奈朱熹奏状不停，后来干脆也连带上了王淮，因此结下了怨。最后在王淮的包庇下，唐仲友案不了了之，朱熹见证了官场的黑暗，无心留恋，辞官回乡。

不久，王淮的报复就来了。王淮提拔自己的同乡亲信陈贾为监察御史，监察御史是言官，可以弹劾文官，由陈贾举起了“反道学”的大旗。陈贾上任后，上书孝宗认为提倡道学的人无非是借道学之名，提高自己的身价，很多人假借道学之名做违反道德之事，并认为道学活动有“朋党”嫌疑，请求“禁伪学”。虽没有直指朱熹，但作为道学派的领袖人物，自是针对朱熹无疑。孝宗不喜朋党出现于朝廷，陈贾的弹劾有效地引起了孝宗的重视，虽然当时未对朱熹造成重大影响，却为日后庆元时期道学被定位为“伪学”埋下了祸根。

孝宗是南宋朝难得的有为之君，毕生怀抱着恢复河山的向往。在他统治的最后几年里，启用有魄力、能变革的人才，积极部署宏大的政治革新。而这个伟大的新局面是建立在扶植理学士大夫并激发官僚集团不满的基础上的。孝宗为光宗留下了三个辅助大臣，周必大、留正、赵汝愚，这三个人的共同点是积极推动孝宗“求治愈新”的构想，与理学家交好。同时孝宗在朝中部署了一批理学士大夫，召张栻入都，以备咨询；请朱熹入对，朱熹上书陈述自己的治世主张，包括改革内政、重用人才等。此时的理学家也给予了积极回应，在朱熹看来，孝宗就是第二个神宗，而他对王安石“得君行道”的憧憬也有希望成为现实。

孝宗任用周必大为宰相，罢免王淮，激起了保守派官僚不满，对理学士大夫发起攻击，周必大上任后，陈贾上书称周必大接受了一份推荐任命官员的名单，这份名单上全是理学士大夫，点燃了官僚集团与理学士大夫集团的战火。

孝宗在世时内禅传位给光宗，内禅之事，孝宗谋划深远，但他的儿子光宗却并不是他想象中的完美接班人，光宗先是做了几年恭王，后成为太子，当了十八年太子后受孝宗禅位登基，当皇帝时已是等得有些不耐烦。

光宗的皇后李皇后是个爱嫉妒又十分彪悍、心狠手辣之人。因为光宗宠爱一个妃子而醋意大发，在光宗外出祭祖之时剁了妃子的双手送给光宗，光宗一时间受了惊吓，本来就有些精神问题因此加重，得了失心疯。随时间推移，光宗病情越来越重，在李皇后的挑拨之下，光宗与父亲孝宗逐渐疏远，对孝宗充满畏惧，看望孝宗的次数越来越少，逢到重要节日也不出现，最后几年在孝宗生日也不去探望，甚至孝宗过世时也没有出现。作为皇帝，孝道是基本伦常，每逢节日，百官、百姓都在沿途守候，等着皇帝去往重华宫看望父亲的仪仗队出行，而光宗一次又一次让人们失望。大臣们反复上奏、劝谏，这种反常行为也引起了太学生和百姓们的抗议，引发了持续多年的“过宫风波”。理学士大夫上书极多，太学生群起发言，数百人集体请愿，或上书皇帝，或移书大臣，皇帝的人伦行为演变成了政治危机。

南宋这辆原本就破败的马车在一个精神病患者手中摇摇晃晃，后来光宗已无法正常处理朝政。经由大臣们操作，光宗被迫内禅给自己的儿子，是为宁宗。

南宋的日暮途穷，由此始。

光宗执政前期，尚且想要有一番作为，凡事都想有自己的安排，孝宗为光宗做的人才部署，光宗不敢公然违抗，却暗地通过自己的亲信与保守派官僚集团亲近，培养自己的力量。光宗即位3个月，周必大便被罢免，留正接任，而留正为宰相期间，理学士大夫逐渐打入台谏系统，权力的重心开始转移。

由于种种原因，朱熹在周必大、留正执政期间都没有进入权力中枢。自光宗即位后，朱熹便一直密切关注朝廷动向，与朝中人士往来密切。他想看到政治发展的变化，想抓住实现“外王”的宝贵时机。

宁宗在即位之前，黄裳任太子侍讲，时常为宁宗讲起朱子理论，宁宗对朱熹颇为倾慕，凡事必问朱子怎么说。宁宗即位后，绍熙五年（1194）八月，就请来了偶像朱熹为自己侍讲。赴京途中，门人问朱熹，此行怎么办，朱熹回答道，此行必须要有大更改，否则不能符合天意、顺应人心。在朱熹看来，此时对于理学的推广，对于儒家“外王”理想的实现，可谓是天时地利人和，朝廷之内，经过了孝宗、光宗两朝的努力和部署，理学士大夫已经掌握了朝中大局，宁宗新登帝业，对于理学有一定的基础和了解，此时就应有“大更改”，实现几代人的抱负。也要像王安石一样，实现“内圣外王”。朱熹行至六和塔，入都之前的最后一站，理学士大夫们齐聚一堂，为他接风庆贺，各自陈述自己想要施行的措施。

不仅仅是朋友之间的欢迎，更是他们对于未来如何施策的构想，他们的时代就要来了，朱熹无疑会是为他们实现这一切的领袖和中枢。

但是，一腔热血想要实现大宋中兴的人们显然再一次高估了宁宗的决心和毅力。朱熹的政治思想是正君心，立纲纪，亲忠贤，远小人，移风易俗，改变社会不良风气。朱熹为皇帝讲理学的理论，要宁宗诚意正心、穷理读经，希望能够正君德，认为这是富国安民、恢复中原的根本。

但年轻的宁宗很快就受不了朱熹的严辞督责，一个内批将朱熹赶回了家，距离朱熹的到来不过四十天。抱着伟大理想和整个学派希望的朱熹没想到给他的舞台时间竟是如此短暂。离开京城，在出京的第一站北关与众人辞别，心情想必亦如秋风落叶，一叶落，天下尽知秋。他在《与刘德修》的书中写道“北关之集风流云散，甚可叹也”。[1] 而他不知道，对于接下来理学学派的命运，这“风流云散”可谓一语成谶。

庆元党禁

朱熹再次回到建阳，大势已去，留给他的不会再有好消

---

1 （宋）朱熹：《朱子全书》（修订本）第25册，上海古籍出版社、安徽教育出版社，2010年，第4847页。

息。庆元二年（1196），韩侂胄为打击政敌，将目标对准了朱熹为首的理学派，弹劾朱熹“十大罪状”，效法元祐党籍，开列了一份59人的伪逆党籍名单，朱熹被斥为“伪学魁首”，朝廷正式下诏禁止道学，史称“庆元党禁”。

韩侂胄为首的官僚集团对理学士大夫们的打击不遗余力，一时间关于朱熹的谣言四起，斥责他是假道学，伪君子。热衷于写笔记的南宋人将这一切记录下来，并广泛传播。这段历史在野史笔记里甚多，却找不出可以称得上是事实的记录，唯成了那些不明就里、捕风捉影的人们茶余饭后的谈资。

此时的朱熹，犹如经历多年风吹雨打的老树，早已看透四季炎凉、人间冷暖。而在他的心里，理是真实的、永恒存在的，不因人世而改变，亦不会因自己的遭遇而蒙尘。

从政治上看，朱熹晚年苍凉，庆元党禁使他东奔西走，性命不保。但从精神上，理学思想已臻化境，如高山流水，水到渠成。朱熹为各种疾病所困扰，感到大限将至，抓紧著述。庆元党禁后，朱熹著述颇丰，编成《书集传》等，境界又上一层。朱熹一生著作，以《四书章句集注》最为珍贵，言简意赅，深邃幽远，是所谓微言大义的典范，是朱熹思想的精华，也是传统儒家文化的结晶，在明清的地位一度高不可及。不仅成为教科书，而且也是整个社会道德意识和伦理行为的终极准则。

晚年的朱熹甚爱陶渊明，他爱的是陶渊明的有为而不为。

庆元六年（1120），朱熹病情恶化，三月初九，去世。

十一月，葬于建阳黄坑大林谷，送葬者近千人。

嘉定十七年（1224），理宗即位，掀起了对庆元党人的翻案，理宗追赠朱熹为“朱文公”，赐太师名号、追封信国公。

开禧二年（1206），北方的成吉思汗统一蒙古各部，建立蒙古帝国，成为与南宋分庭抗礼的一大力量。蒙古为实现更大的统一局面，学习汉文化，同时奉孔子、朱熹为正统。南宋理宗绍定六年、蒙古国太宗五年（1233），蒙古国在燕京修建孔庙，南宋理宗嘉熙元年（1237），蒙古开科取士。次年，建立太极书院，并在书院里祭祀周敦颐、程颐、程颢、张载、杨时和朱熹这些儒家学者，并要求科考学子必学朱熹《四书集注》。对于文化正统的争夺，也催化着儒家思想在中原正统地位的确立。南宋朝要在不利的战争局势中迅速建立起民族自信，其最核心的便是文化自信，深入人心的朱子学显然是最有利的工具。南宋理宗淳祐元年（1241），南宋朝举行盛大仪式，正式宣布道学为国家正统，称为理学。朱熹与北宋五位理学先贤共同入祀孔庙，科举和预备参试的举人必须学习《四书章句》，理学正式成为官学，朱熹在死后站上了学术巅峰。

南宋皇帝对于理学的态度的急速转变，党争是直接因素，而蒙古国对于正统文化的重视又何尝不是外在动因。

明永乐年间，朝廷组织编撰朱熹、二程等理学家著述，理学正式成为官方意识形态。庆元党禁至此二百年间，朱子学浮浮沉沉，在此时如日中天，并在此后数百年间唯我独尊。

康熙年间，皇帝下令编《朱子全书》《性理精义》，称朱熹为："集大成而绪千百年绝传之学，开愚蒙而立亿万世一定之规，穷理以致其知，反躬以践其实。释大学则有次第，由致知而平天下，自明德而止于至善，无不开发后人而教来者也。"[1] 尊祀在十哲之列。

一千年以前的理论，尤其在以道德伦理为纲的时代，思想受时代局限难免。反观当时理学家们所展现出来对于学术和真理的追求、对于人格和修养的磨练，以及追根问底的思辩精神，他们所建立的体系和理论，不仅照耀了那个时代，同时鼓舞了东西方的无数哲人。

东方智慧

韩愈认为，儒家有道统，传承儒学正宗，尧传舜，舜传禹，禹传汤，汤传文、武、周公，文、武、周公传孔子，孔子传孟子。孟子死后，道统无人传承。韩愈自是有心无力，传承需要建立在相当一段时间里一群人的积累之上。韩愈的呼声唤起了宋朝学人的觉醒，宋朝学者拼搏进取、前赴后继，要"为往圣继绝学"，终于至南宋朱熹达成所愿。黄榦

---

1 （清）李光地、熊赐履等奉敕编：《御纂朱子全书·序言》，《四库全书》本。

《朱子行状》中评论朱熹“继往圣将微之绪，启前贤未发之机”，认为秦汉学者迂腐，而近代能继承孔、孟、周、程之学的，只有朱熹，至朱熹，大道得以相传。[1]

理学“致广大”“尽精微”，蔚为大观，终成大家。在理性的思辨中，佛教、道教对于精神依托、生命彼岸的魅惑，不攻自破。理学告诉世人，一切都是客观的，包括人的内心、性情。修炼自己才能人格升华，何必寄托于一个渺茫而不可知的虚幻世界。

儒学的力量不仅在于治世安民，更在于建立人的自我修养。黄榦《朱子行状》中对于朱熹日常生活的描写：

> 其闲居也，未明而起，深衣幅巾方履，拜于家庙以及先圣。退坐书室，几案必正，书籍器用必整。其饮食也，羹食行列有定位，匙箸举措有定所。倦而休也，瞑目端坐。休而起也，整步徐行。中夜而寝，既寝则寤，则拥衾而坐，或至达旦。威仪容止之则，自少至老，祁寒盛暑，造次颠沛，未尝有须臾之离也。[2]

1　（宋）朱熹：《朱子全书·附录》（修订本）第27册，上海古籍出版社、安徽教育出版社，2010年，第564页。

2　（宋）朱熹：《朱子全书·附录》（修订本）第27册，上海古籍出版社、安徽教育出版社，2010年，第561页。

朱熹有《敬斋箴》，书于斋壁以自警：

> 正其衣冠，尊其瞻视。潜心以居，对越上帝。
> 足容必重，手容必恭。择地而蹈，折旋蚁封。
> 出门如宾，承事如祭。战战兢兢，罔敢或易。
> 守口如瓶，防意如城。洞洞属属，罔敢或轻。
> 不东以西，不南以北。当事而存，靡他其适。
> 弗贰以二，弗参以三。惟精惟一，万变是监。
> 从事于斯，是曰持敬。动静无违，表里交正。
> 须臾有间，私欲万端。不火而热，不冰而寒。
> 毫厘有差，天壤易处。三纲既沦，九法亦斁。
> 于乎小子，念哉敬哉。墨卿司戒，敢告灵台。[1]

朱熹的儒者风范，在于他所提倡的两种心境的和谐统一：敬、静，今人多只识“静”，而不识“敬”，朱熹恰恰认为，“敬”是修养之首。敬是什么？敬是畏，又不等同于畏，敬不是呆坐，只是谨慎，不能放纵，身心收敛，就像有所畏惧。敬畏，不是对敌对势力的恐惧，而是对人性的那个绝对本质的敬畏。人是有限的，有七情六欲，又是无限的，在无形中有着那么一两点的灵明。这种无限超越于人，又对人有

1 （宋）朱熹：《朱子全书》（修订本）第24册，上海古籍出版社、安徽教育出版社，2010年，第3996页。

所约束和限制，这无限可能是宿命论里所说的命运，可能是星相论里所说的星宿，也可能是因果。通过敬畏，把这些本质接引到人心，才能让那一点点灵明显现。朱熹《敬斋箴》所说“正其衣冠，尊其瞻视，潜心以居，对越上帝”。心如秋水，保持心中安宁，不为外动，达到宁静寂然的状态，在寂然不动中消除各种随时可能出现的欲望情愫，使人心面向一个终极本质。人在敬畏中发现自己原来是这样一个超越的存在，告诫自己应克制性情欲望，以免沉沦和堕落。要心常惺惺，如履薄冰。时常这样，气象自然不同于常人。心里一直这样，则身体不用刻意，自然就有规矩。只有这样，才能做成大学问。

敬和静构成了“涵养”，朱熹认为涵养、穷索二者不可缺一，就像车的两轮，也像鸟的两翼。通过涵养，使言行合乎理又止于情，以此谓谦谦君子。

“涵养”是人塑造自身的道德修养的努力，是有关身心性情的陶冶。儒家特别重视人的涵养，臧否一个人，不但在于他的功名成就，还在于他的道德修养。理想抱负，必须建立在严格的道德修养上，否则不足以成就大事业。《大学》八条目中讲道，“正心、诚意、修身”而后“齐家、治国、平天下”，这就是自我修炼的过程，涵养为理想和一切成功提供基础。

理学基于儒家思想，亦受到佛、禅思想影响，但理学根本来源于中华远古圣贤，未曾背离初衷。佛、禅的自度来自人的内心，理学的智慧来自客观世界；佛、禅以修行度人，理学不仅要让人修身、明智，还要服务于社会。立足于中华、发源于本土，这是儒家学者对自我价值、人生价值的界定，是受到恩泽的宋代士大夫对社会和历史的全部回馈。

神秘、智慧的儒者风范，是东方古老民族的画像，看似繁琐的规矩，正是严格的自我修行，记录于文字，体现于日常。孔孟树立儒学典范，朱熹的儒者风范亦可垂范千古。在他身上，可以感悟到一个东方智者所呈现出来的精神力量和高远的情怀，所谓“万世师表”，正是东方精神的写照。

道不远人，道其实就在身边，朱熹认为万物有理，不在人心，但人应该首先自我修养，有了一颗纯粹的心才能看清世间的理，才能实现理想、有所作为。

东方圣贤，人类智者，他们的言行如同光束，激发潜能，照亮人性的那点灵明，引领人们不入歧途，不堕深渊，黑暗时理清方向，迷路时不忘自我，身处艰难险阻而能镇定自处。人类如在茫茫渊静的黑夜里摸索前行，先人的智慧如同宝石，即便没入尘埃，也会永远闪光。

以理论之名

宋人孜孜不倦地对儒家思想体系进行探讨并不断有新的突破，朱熹集前人思想于大成，吸收儒、释、道各家思想精髓，形成理学。理学一出，佛、道黯然失色。

宋明时期是朱子之学的鼎盛时期，成为官学，并被极力推崇。成为官学的另一面是，学术逐渐成为一种符号，成为统治者实施统治的工具，也便失去了生命力，走向僵化和教条。道德的最高褒奖变成了最低要求，义理变了味，走了样，任有百口也难辩。

清朝前期朱子之学在持续发展，康熙帝尤爱朱熹，彼时，清廷尤其需要对汉族学者的思想进行控制。乾隆时期，考据学逐渐兴盛，考据学又称汉学，与宋学对峙，反对宋学，同时朱熹理学渐不受重视，以戴震为首的考据学者开始公开批判朱子学。戴震说："人死于法，犹有怜之者；死于理，其谁怜之！"[1] 激起了知识阶层的强烈愤慨，对宋明理学发起了猛烈攻击。近代以来满怀理想的启蒙运动，带动了人们的热情，"存天理，灭人欲"成了封建糟粕的符号，受到全社会的清洗和批判。义士守节理当肯定，妇女守节惨无人道，激起强烈的公众情绪。朱熹被一再否定之后几乎成了封建思想的代名词，此后朱子学再少有人问津，只有那些扑朔迷离的传闻依然鲜活。

朱子讲"存天理，灭人欲"，需要摒弃的是过度的欲望，而非指人的正常欲望。程颐说"饿死事小，失节事大"，并非对现实的约束，程颐所处的时代，妇女改嫁是正常而常见的事情。

人们更容易受到各种"运动"的情绪煽动，在那些表面

1 （清）戴震：《孟子字义疏证》卷上《理》，中华书局，1961年。

看起来的合理上达成共识。

时代的悲剧，从来没有人能够逃离。最大的宽恕，是人们努力推动社会进步、思想进化，不再有人被误读，无论生前，还是死后。

快节奏的现代社会，对于遥远而庞大的内容，人们无暇去辨别真伪、了解真相，野史八卦是最为吸引人的话题，人云亦云能引起普遍意义上的认同，传统学问的戏说、新解更是市场广阔，快餐式的文化带来快感的同时，也正在消解着文化本来的意义。人们不再认同深邃、不想直面痛苦。

“当过去不再照亮未来，人心将在黑暗中徘徊”，法国思想家托克维尔如是说。那些古老的思想和文字，对于一个民族而言，不是在灰尘里堆积的故纸残篇，那些伟大的哲人对于人生、社会的深邃思考，是人类的财富；也不是一枚硬币，只有正、反两面。在我们走向现代化的过程中，思想启蒙与精神重塑不可分割，对于传统的正确认知、辨别，是我们立足长远必做的功课。

11世纪以后，理学成为中国主导思想的同时，也流入东亚各国，在朝鲜、日本等国成为占主导地位或有影响力的思想体系，推动了这些国家文化性格的塑造。至今日本朱子学的研究仍是大宗，日本人吸收朱子学的精华，结合本土人文，在日本的变革和文化发展中起了重要作用。

梁漱溟在《东西文化及其哲学》中探讨了东西文化，以及未来我们的文化应持何种态度，他认为宋明人推崇“孔颜乐处”的精神是不差的，《论语》中讲颜回“一箪食，一瓢饮，在陋巷，人不堪其忧，回也不改其乐”，这是颜回的快乐，“孔颜乐处”也是宋朝先哲周敦颐等人所提倡的精神，一切物质都只是身外之物，内心的追求得到满足才是真正的幸福。如今要再创讲学之风，如宋明人那样，以孔子、颜回的人生解决青年烦闷的问题，只有坚定人生态度，才是真的中国的文艺复兴，而非西洋化的兴起。[1]

无论走多远，都不能忘了从哪里出发，认真探寻前人的闪光思想，将真正指引人心走向光明。

1 梁漱溟：《东西文化及其哲学》，商务印书馆，2021年，第235页。

禪

第四章

应无所住生其心：禅之花

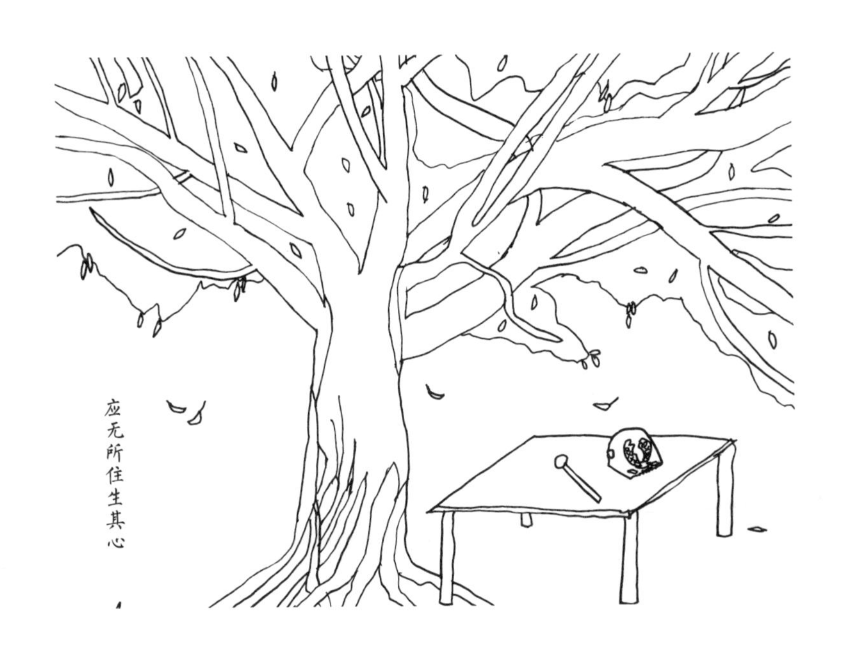

佛教入华

东汉永平七年（64），汉明帝夜梦一金人飞至殿庭，问诸群臣，告知为天竺佛神。明帝遂遣使18人西行求法。至西域，请得天竺僧佛，由白马负经而来，至洛阳，建白马寺。自此，佛教传入中国。

这是关于佛教传入中国的最早传说，佛教不重视历史记载，何时、何地、通过何种方式传入中国，是个十分复杂的问题。若切实考论史料，有记载的佛教在中国的活动历史，或可再往前追溯至西汉末期，早几十年。佛教最初被人们当作异域"神仙方术"，认为与道教类似，佛教最初为了在中国传播，也的确展示了许多神异法术，比拼技艺，博人眼球，以获得更多信众。"五胡乱华"时期，国土分崩，人民流离，佛教那些三世往生、六道轮回的说法给灾难中的人们带来心灵慰藉，逐渐地，那些玄妙义理、神奇故事和庄严的仪式感吸引了人们，由此发展大量信众，影响迅速扩大。

中国在政治、文化、宗教环境等各方面与印度差别巨大，彼时的中国，已形成完备的政治、思想和伦理体系。带着异域血统的宗教想在中国立足，必须获得统治阶级认可，想占领国人的思想，必须引起精英人群的重视，佛教不断遭遇各种挑战。

在古印度，佛教不受政权管辖，是独立于政权的存在。而在中国封建社会大一统的专制体制里，佛教必须服务于政权，要起到教化的作用，要群居于寺院，靠劳动谋生。佛教为了在中国生存，开始攀附政权，成为统治阶级的“御用”工具。

印度佛教教义与中国传统文化冲突巨大。流淌着原始宗教血液的小乘佛教主张出世、教义悲观、戒律严苛，认为人生根本为苦，并无幸福可言，人死后灵魂不灭，进入死后世界的轮回。人活于世便不能解脱，须皈佛出家，落发修行，遵守戒律，方能脱离业报轮回，实现涅槃，达到“彼岸”。不能占据资财，不能参与劳动，要行乞为生，受信众供养。小乘佛教认为人不能自度，不能成佛，只能通过不断修行，依靠佛祖的他力获得救赎。小乘佛教是面向个人的，不重孝道，修行是为了自己。[1] 而中国传统儒家思想是入世的，人是关系社会秩序的，人生在世，首先要符合现实伦理，要做到忠孝悌信礼义廉耻，抛家弃子、不顾人伦的自我修行，不被人们所接受。小乘佛教在中国传播有限。

---

1 汤用彤：《印度哲学史略》第五章《佛教之发展》，中华书局，2016年。

佛教传入中国时，印度已从小乘佛教发展出了大乘佛教，大乘佛教教义相对宽松，认为人有佛性，人无须通过繁琐严苛的修行便可到达彼岸，人不仅可以自度，还能度人。小乘佛教重苦修，大乘佛教重智慧。大乘佛教更容易被国人接受，所提倡的般若智慧也引起了精英阶层的注意。

魏晋时期，精英阶层主流思想是依道家思想而产生的玄学，玄学是魏晋士族追求的形而上的哲学思想，与佛教义理最为接近，启发智慧的般若学激发了精英阶层兴趣，佛教开始与精英阶层来往。但玄学发展时间较短，从深度和完备度上看，与佛教都相差甚远。[1]

人们很难理解认知其中原本并不存在的东西。比如佛教的核心概念“空”，道家的“无”似乎是最接近的说法，但佛教的“空”则是超越了“有”“无”境界，超越一切，被佛教认为是宇宙中的唯一、绝对和本原。这个宇宙的本原，是佛教关于人性和佛性讨论的终极依据，用任何语言去正面理解和解释都会违背它，只有不断否定和拆解，在人们心中重新建立起“空”的概念，这个过程艰难而复杂。佛教的心性论已经形成了完备、精细的理论，而中国传统儒家思想重在济世救困，较少探讨心性之学。精英人群对此不断研讨，并有后人不断去印度求取佛经原典，都说明精英人群对于佛教在思想性上的认可，佛教逐渐进入思想领域。

---

1 汤用彤：《魏晋玄学论稿》，上海古籍出版社，2005年。

但实际上，与其说是佛教征服了中国，不如说是佛教在不断地改变自己的过程中融入中国本土，而最终由印度佛教变成中国佛教。[1]

国人对于佛教的理解取决于所传入佛经的性质以及佛经的翻译水平。最早来华的著名译师安世高，东汉末年来华，所传主要为小乘佛教。

鸠摩罗什来华，是中国佛教发展史上的重大事件。在后秦朝廷开设译场译经，系统、全面地翻译佛经，在这一时期，鸠摩罗什与同时期的其他译师一起努力译经，印度佛教经典基本被翻译完毕，开创了中译佛经的新局面。[2]鸠摩罗什注重招募本土人才，培养弟子学僧，本土人士进入到佛教的传播中来，开始推动佛教中国化的历程，是鸠摩罗什的又一大贡献。四个著名弟子中，道生对中国佛教的思想形成影响重大。

道生，俗姓魏，出身于士族，熟读中国传统经典，用儒家、道家思想来解释佛经，实际上用中国本土思想修改了佛教教义。孟子讲人性本善，人人皆可成尧、舜，道生认为人皆有佛性，人人都可成佛。魏晋玄学主张“得意忘象”，道生认为，人们不必拘泥于佛经的文字，只要意义达到了，文字符号可以扔掉。他说：“夫象以尽意，得意则象忘，言以诠理，入

---

1 ［荷兰］许理和著，李四龙、裴勇等译：《佛教征服中国：佛教在中国中古早期的传播与适应》第一章《绪论》，江苏人民出版社，2003年。

2 任继愈主编：《中国佛教史》第2卷，第二章第五节《鸠摩罗什及其译经》，中国社会科学出版社，1985年，第280页。

理则言息，自经典东流，译人重阻，多守滞文，鲜见圆义，若忘筌取鱼，始可与言道矣。”[1] 由此可以“顿悟生佛”。

道生的说法受到当时僧众反对，一度被到处驱赶，他当众发誓，如果他的说法违背了佛教义理，他当场生恶疾，如果他不违背义理，那么他死时当据狮子座。不久《大涅槃经》传入中国，宣扬人人皆可成佛而得解脱，承认人的主观努力可以战胜自身原本的“业力”，可以顿悟成佛，印证了道生的说法，道生声名大振，获得人们认可。

道生对于佛教的阐释更多融合了中国本土文化和思维，肯定人的作用，人可以通过修行自度，人在现世也可以积极改变现状，这是佛教在中国本土上的嫁接。把佛教的纷繁复杂的经典、教义变得简洁明快，更易于理解、接受和传播。在这个过程中，佛教原本繁琐的仪轨、严苛的修行方法被消解了，印度佛教逐渐成为中国佛教，而佛教最原始的教义，正在悄然逝去。胡适说道：“印度佛教变成中国佛教，印度禅变成中国禅，非达摩，亦非慧能，乃是道生！”[2]

道生的“顿悟”成佛，不拘文字，也成为中国禅宗宗义的滥觞。

---

1 （南朝梁）释慧皎：《高僧传》卷七，汤用彤校注本，中华书局，1992年。

2 胡适：《禅学指归》，金城出版社，2013年，第18页。

禅意传心

两千五百年前，灵鹫山上，释迦牟尼开坛说法，大梵天王率众人献金婆罗花，佛祖拈起一枝花，示诸大众，沉默无言，众人不解，唯有摩诃迦叶破颜微笑，佛祖以心法传摩诃迦叶，命其持护此法，相续不断。摩诃迦叶成为禅宗初祖。“以心传心，教外别传”成为禅宗要义，后有北宋睦庵著《祖庭事苑》里写道：“不立文字，单传心印，直指人心，见性成佛。”[1]

北魏时期，印度禅宗第二十八代传人达摩来到中国，把禅宗带入中国。

达摩从印度航海，在广东登陆。广东不仅是陆上避难之地，也是海上交通要道。彼时，梁武帝好佛，南下迎请达摩祖师传授佛法，达摩北上。

> 武帝问：“如何是圣谛第一义？”
>
> 师曰：“廓然无圣。”
>
> 帝曰：“对朕者谁？”
>
> 师曰：“不识。”
>
> 又问：“朕自登九五已来，度人造寺，写经造像，有何功德？”

1 郑莉娟：《〈祖庭事苑〉校释》卷八，四川大学出版社，2021年，第295页。

师曰："无功德。"

帝曰："何以无功德？"

师曰："此是人天小果，有漏之因，如影随形。虽有善因，非是实相。"

武帝问："如何是实功德？"

师曰："净智妙圆，体自空寂。如是功德，不以世求。"[1]

梁武帝与达摩祖师三问三答，梁武帝倾力所为以求功德，在达摩看来这些外在的修为并不是功德。梁武帝不能参透达摩佛心，话不投机，达摩祖师"一苇渡江"而去，来到洛阳嵩山少林寺，面壁修行，九年，禅宗始成。

这是关于中国禅宗产生的传说。佛教与禅宗看起来扑朔迷离，正因为传说与历史的交相混杂，传说不是历史，却是宗教传播中必不可少的部分。

禅源自印度，最早是一种修行方式，静坐、调息，使身心专注于一处，称为"禅定"，是身体和心理的苦修。中国禅宗则是佛教中国化过程的产物。国人试图以更简捷、通透的方式理解佛教、到达彼岸，便为禅宗的出现提供了契机。禅宗不追求超越、绝对、神秘的涅槃，不依靠佛祖的他力救赎，而认为佛在心中，让人追求自己的内心，通过修行实现

1 （南唐）静、筠二禅师编撰：《祖堂集》卷二，中华书局，2007年。

自我超越。禅宗保留了佛教的智慧性，把佛教的坐禅修道变成参禅悟道，从而成为一种思想，一种哲学，一种追求内心世界、启迪人生智慧的方法。禅宗认为现实的人具有超越的、绝对的能力，肯定人的现世价值，不再是悲观、出世并让人苦修的印度佛教。

达摩一脉在早期仅是众多派系中的一支，达摩传慧可，慧可传僧璨，僧璨传道信，道信传弘忍，在道信和弘忍时期，禅宗出现重大转折。

隋末唐初，佛教受朝廷支持，规模迅速扩大，尤其研究教理的学僧，倍享尊荣，是为佛教中的精英阶层。游走于民间的众多"游僧"与精英阶层距离甚远，对高级沙门的学问不甚了解，为求简便，习禅者众多。道信在湖北黄梅设立禅室，黄梅是个偏僻之处，道信所据为无主荒山，周边人口亦不甚密集，道信归总了佛教各派思想，进行简化，形成了自己的学说。

大乘佛教讲佛性遍在，把佛性落到现实人生，道信进一步认为，佛性就在现实的人心中，他提出"心"与"佛"相一致，人的心性与佛性是一体的，把佛教各派所宣扬的绝对神圣的境界归结于一"心"。通过念经、坐禅等方式回归众生本来就有的"清静心"，修行就是自心的领悟，重在修炼内省功夫。

道信相对积极、简便并且系统的禅修方式吸引了周边的"游僧"，禅室初具规模，形成早期僧团。至弘忍时期，黄梅僧团声名远播，有僧徒慕名而来，僧团扩大，迁至东山，被称为“东山法门”，弘忍建立黄梅禅宗祖统，追奉达摩为初祖，明确达摩的传宗谱系，被认为是禅宗形成的标志。道信、弘忍对于佛教思想的发挥，成为新的禅宗教义。

不同于大兴佛寺、受朝廷供养的上层沙门，早期禅宗不立佛寺、不造佛像、自力更生，不限于场所，在家亦可修行，更能与朝廷政权及普通民众共生，更容易存续和传播。佛教伴随政权的变动上下浮沉，禅宗却在民间不断扩大影响力。道信及弘忍时期禅宗迅速扩张，逐渐形成压倒佛教其他宗派的优势。到中、晚唐，禅宗遍地开花，禅寺林立，特别是江南、两川、河北，成为众多禅师活跃的地方，禅宗几乎一家独盛。[1]

钱穆说道：

> 唐代禅宗之盛行，其开始在武则天时代，那时唐代，一切文学艺术正在含葩待放，而禅宗却如早春寒梅，一支绝娇艳的花朵，先在冰天雪地中开出。禅宗的精神，完全要在现实人生之日常生活中认取，他们一片天机，自由自在，正是从宗教束缚中解放而重新回到现实人生来的第一声。运水担

1　葛兆光：《中国禅思想史：从6世纪到10世纪》（再增订本），北京大学出版社，2022年。

柴，莫非神通。嬉笑怒骂，全成妙道。中国此后文学艺术一切活泼自然空灵洒脱的境界，论其意趣理致，几乎完全与禅宗的精神发生内在而很深微的关系。所以唐代的禅宗，是中国史上的一段“宗教革命”与“文艺复兴”。[1]

弘忍想要选定下一任接班人，让大家“以偈语传法位”，大和尚神秀说：“身是菩提树，心如明镜台。时时勤拂拭，莫使惹尘埃。”当时寺院里尚未正式出家的慧能在墙上写下了：“菩提本无树，明镜亦非台。本来无一物，何处惹尘埃。”神秀所依据为道信、弘忍思想，慧能则做了进一步发挥。《坛经》中记载此事，弘忍听闻之后惊叹，夜至三更，唤慧能入堂内，为慧能说《金刚经》。慧能听到“应无所住而生其心”，当下便悟。其夜受法，人尽不知，弘忍传顿悟之法及法衣：“汝为第六代祖，善自护念，广度有情，流布将来，无令断绝。”五祖担心惹起争端，怕慧能有性命之忧，让慧能迅速离去：“衣为争端，止汝勿传，若传此衣，命如悬丝，汝须速去，恐人害汝。”[2]

慧能携带法衣连夜逃回岭南，翻过大庾岭到达韶关。神秀弟子慧明追杀至此，慧能把衣钵放在石头上，他却怎么也

---

1 钱穆：《中国文化史导论》第八章《文艺美术与个性伸展》，商务印书馆，1994年，第149页。

2 （唐）慧能著，郭朋校释：《坛经校释·行由品第一》，中华书局，2011年。

拿不走，至此，知道六祖便是慧能，慧能便是六祖，佛祖之意，岂可拂逆。

慧能在南方创立南禅宗，同时，神秀在北方被称为北禅宗。自此，禅分南北。

北宗主要活动于北方，沿袭禅宗传统宗义，结交仕宦名流，游走于皇帝、士大夫等上层社会。久视元年（700），神秀年届九十，被武则天隆重请入长安，倍受尊崇，被称为“两京法主，三帝国师”。神秀死后，谥大通禅师，两个弟子义福和普寂，均被尊为国师，极受荣宠，位高一时。神秀在上层社会取得了广泛影响，禅宗作为一个新宗派被朝廷认可，并已然形成了新的势力。彼时南宗与北宗的势力不可同日而语。

神秀所传授的是道信、弘忍的传统思想，神秀带动了禅宗的影响力，但在思想上没有新的进步。禅宗早期，达摩所依据经典为四卷本《楞枷经》,《楞枷经》认为人有佛性，但被各种外在因素遮蔽，需要通过不断修行，需要“时时勤拂拭”，渐修从而达到渐悟。在弘忍时期，由宗主《楞枷经》转为宗主《金刚经》。依《坛经》说法，弘忍传与慧能的已为《金刚经》,《金刚经》主张心性本来清静，诸法皆空，拂拭没有对象，因此需要自我觉醒，即“见性”“顿悟”，顿悟即能成佛，无需渐修。这是慧能创立南禅宗的核心思想，在宗义上比道信、弘忍又前进一步。

开元廿二年（734），慧能的弟子神会和尚在河南滑台大云寺开无遮大会，宣讲南宗宗旨，他说五祖弘忍将达摩传法的袈裟传与慧能，慧能才是真正的六祖，神秀在世时未敢宣称自己为六祖，南宗才是禅宗正统。神会的雄辩之才颇具号召力，彼时，南禅宗已发展了大量的信众基础。安史之乱后，社会动荡，朝廷需要资金平叛动乱，神会以雄辩之才为朝廷筹措资金。德宗朝立神会为七祖，慧能成为六祖，至此，神会逆袭成功，南宗遂成禅宗正统。

佛教走向政治，成为统治阶级的工具，僵化之后走向末落，禅宗从民间兴起；神秀继承祖师衣钵，让禅宗走向上层社会，扩张势力的另一面同样是思想创新停滞，脱离大众，被神会逆袭，南禅宗成为禅宗正统。而南禅宗走近了政权后，却没有遇上隋唐盛世，而是唐朝社会日薄西山，政治、经济、文化迅速崩塌，四散各处，禅宗也因此扎根于民间，发展信众，遍地开花，终成大宗。

慧能禅法

弘忍深夜秉烛为慧能讲解《金刚经》，当讲到“应无所住而生其心”时，慧能大悟，“一切万法不离自性”，放下执念，重新生出纯粹的真心，清净心、慈悲心、平等心、利他无我心，也就是佛心。慧能一路向南，回到广东，翻过大庾岭，在樵夫猎民中隐匿了15年。公元676年，慧能走出大山，走进了法性寺（今广州光孝寺），也是达摩初到中国时落脚的地方。

当时印宗法师正在讲《涅槃经》，慧能在座下参听，有风吹过，幡迎风而摆，一僧说“风吹幡动”，一僧说“幡动而知风动”，慧能说“非风动，非幡动，仁者心动”。印宗欣喜，才知东山大法流传岭南的，就是这位慧能。印宗亲为慧能落发授戒。次年，慧能去曹溪宝林寺，也是今天的南华禅寺，曹溪正式成为六祖道场。

韶关是古代内地进出广东的必经关口，崇山峻岭本就是天堑，自古以来，人们为躲避战乱，多有从内地迁居于此，经过梅岭，走过“梅关古道”，到达韶关，也就进入了广东。在那些信息不发达的时代里，人们往往在韶关呼朋引伴、等候亲友，人口慢慢聚集，成为城市。苏轼被贬岭南，从梅关过大庾岭，再往惠州。登梅岭时，梅花盛放，漫山遍野，赋诗云：“梅花开尽杂花开，过尽行人君不来。不趁青梅尝煮酒，要看细雨熟黄梅。”人们进入广东开枝散叶，融入粤地文化，韶关成了他们的精神家园。

韶关也是慧能进入广东的落脚点，座落于韶关的南华寺是六祖慧能传法的最终道场。南华寺起首为曹溪门。“曹溪”本是当地的一条平常的小溪，因为六祖在此创立南禅宗而名扬天下，并成为南禅宗的代名词。大门第一块匾为“曹溪”，第二块牌匾为宋太祖赵匡胤亲笔赐名的“南华禅寺”。大门两边楹联写着“庾岭继东山法脉，曹溪开洙泗禅门”，庾岭、曹溪代指六祖，“东山”指六祖以前在东山黄梅寺求法。“洙泗”指洙水、泗水，在现今的山东省境内，春秋时孔子曾在此聚众讲学，用“洙泗”来代指孔子及儒家学派，喻示六祖开辟禅宗新天地，正如孔子创立了儒家学派。

进了曹溪门，穿过放生池、五香亭，进入第二道山门。第二道山门上书“宝林道场”，山门两侧楹联，一侧写“东粤第一宝刹”，一侧写“南宗不二法门”。宝林门两侧是圣旨碑，刻有唐至明代的皇帝圣旨。过了宝林门，规制与一般寺院相似，藏经阁两侧各有一株菩提树，相传为印度高僧到中国传教时所带来，是中国“菩提树之祖”。

南华寺曹溪门

最后是祖殿，供奉六祖慧能的真身，慧能于国恩寺坐化，为纪念他，其尸体被用特殊材料处理，制成真身，至今不腐。真身用玻璃罩保护起来，经过了多年风化，远远看去，比真人略小，颜色也已经发黑。但面容依旧淡定、平和，威仪至今不损。这具留存了一千三百多年的真身，见证了岁月的流逝、时代的变迁、人间的苦难辛酸，一切如流水，万古不息，唯有佛法不变，禅宗精髓不变，找到自己的真心，依然是当代人需要持续修炼的课题。

佛祖是一个虚拟形象，需要人们供养、信奉、朝拜，期待佛祖指引人们走向西方极乐。慧能则是推动了禅宗发展的具体可感的真实人物，希望启迪人们的智慧，在现世解脱苦难。

慧能的言论记录于《坛经》。慧能认为人本就有“菩提般若之智”，人只需识心见性，便可成佛。后人总结为“直指人心，见性成佛”。

主张顿悟，不用坐禅。他说，不用求净土，净土只在你心中，不用坐禅，见本性即是禅，不用修功德，见性是功，平等是德。一个人如果能见到本性，生出真心，就是真正的禅修。如何求得真心，“应无所住而生其心”，心无牵绊，不设边界，从中生出真心。神会沿慧能思想，认为持戒、禅修都可以不管，只要智慧。并且注重“知”，“知之一字，众妙之门”，所以中国禅宗重知解，求知识，都从此来；提倡自然、无为，与道家思想相互契合。

“应无所住而生其心”。《金刚经》有言：“应如是生清净心，不应住色生心，不应住声、香、味、触、法生心，应无所住而生其心。”慧能的思想由此而生发。要人心无所住，不受任何外物束缚，心不随境转，情无所牵，不被自身所限，不落有无边界，不执着任何事情，包括悟道本身。应从人的自身去探寻，去除杂念，生发出清净之心，是一切“悟”的道场。人心不被蒙蔽，世界的真实才会呈现。慧能说：“内外不住，来去自由，能除执心，通达无碍。”[1] 去除执念，不受任何牵绊，生出清净之心，获得心灵的自由，人心即可通达无碍。这清净之心便是人心的本源，是悟道、看到真实世界的根本。

心无执念，五蕴皆空，甚至连觉悟本身也要参破，不必执着，成就空空如也之境。慧能说：“此门坐禅，元不著心，亦不著净，亦不是不动。”[2] 早期禅宗通过断念让心性归于清净，慧能则要求人不用念佛、不必刻意净心，要人从自己的内心切入，心本来便是清净。只要心不散，坐卧住行都能悟道，不必拘泥于形式。宗教最重要的是仪式感，由仪式而产生庄严，由庄严而心生崇拜，禅宗摒弃了仪式感，转而追求内心悟道的真实，从而进一步走向日常。

不为佛经文辞所限。慧能偈：“心迷《法华》转，心悟转《法华》。诵经久不明，与义作仇家。”[3] 对经典的真正参透

---

1 （唐）慧能著，郭朋校释：《坛经校释·般若品第二》，中华书局，2011年。

2 （唐）慧能著，郭朋校释：《坛经校释·坐禅品第五》，中华书局，2011年。

3 （唐）慧能著，郭朋校释：《坛经校释·机缘品第七》，中华书局，2011年。

南华寺石刻《坛经》

不在于文字，而在于启发自己的真心。慧能在《金刚般若波罗蜜经序》里写道，《金刚经》于众人心中本有，只是人们多被尘俗所迷，导致真义不见。读诵文字，而不悟本心，终是枉然。《金刚经》的宗旨在于，不向身外觅佛，不向外求经，发明内心，彰显自性，清静之心自现。使人回归性灵的真源，复归本然真实的境界。

悟是一种自我实现和精神超越。《坛经》讲觉悟，不是来自他者的救赎，而是各人“于自身自性自度”，以智慧观照本心，内外明澈，如能识得本心，即是解脱。南禅宗将自觉自悟的精神推向了极致。唐代吉州青原惟信禅师曾有一段著名的“见山见水”言论，是最有影响的禅宗的觉悟境界理论之一：

> 老僧三十年前未参禅时，见山是山，见水是水。及至后来，亲见知识，有个入处，见山不是山，见水不是水。而今得个休歇处，依前见山只是山，见水只是水。[1]

最初见山是山，见水是水，是人生初见，鸿蒙未开，是最初始的天人合一，淳朴自然。后来的见山是山，见水是水，则是学习知识并超越知识、拥有人生经验并已穿过看透，再看这世界，山只是山，水只是水，不再有任何附着色彩。已将人生的林林总总与万事万物剥离，一切分得清、看得透，这是人生的智慧。

南禅宗成为禅宗正统后，诸家禅宗派系都声称自己本自曹溪。六祖之后，教义发展不大，各家在教学方法上进行发挥。比如后世有马祖道一，主张一切都是道，扬眉、动目都是佛，开创了打骂的教学方法，别人问一句，不回复，只是

1 （宋）释普济：《五灯会元》卷十七，中华书局，1984年。

打过去，留下一个迷，让对方去悟。这种方法发展到后来，即成为禅机。历史上留下了许多抖机锋的禅宗公案，大体类此。总之，禅走上了不说法、不用语言文字而由动作、行为去点拨、悟道的不归路，再后来发展到呵佛骂祖，已是无边界了，也由此引发了后人对禅宗的诟病。

南华寺祖庭出来，转向后山，山下是高高耸立的水松，被称为植物活化石，共有9株，树龄大约400—500年，是寺中著名风景。这中间有一株已经枯了，或许是死了，斑白的树干，干枯的树枝，依然笔直挺立，与旁边茂密、浓绿相伴而立，产生了强烈对比，这枯与荣彼此共生，也许正是禅宗千年以来想要告诉世人的道理。

入世与出世

身处红尘之内，又超然于世俗之外，处境而忘境，自在又自得，中国人向往的精神境界，在禅宗的世界里体现无余。向内自省，复归真实的生命体验，参悟生命而不执着，在物质迁流不息、得失反复无常、人生千变万化之间，维护超然物外的自由之心，而是生命本体在当下存在的体验，是一种身心的自由。这种生命意识，有别于立功、立德、立言而追求不朽的圣人理想，也不同于以天下为己任的担当意识，但这两种境

南华寺水松

界，在宋朝士大夫的身上实现了完美融合，进有担当，退有归守，苏轼如是，司马光如是，王安石亦如是。

生命的意义在于当下，在此岸获得精彩。是中国，是东方。

人问百丈怀海禅师："如何得自由？"禅师说："如今得即得。或对五欲八风，情无取舍，悭疾贪爱，我所情尽，垢净俱亡，如日月在空，不缘而照，心心如木石，念念如救头。然亦如香象渡河，截流而过，更无疑滞。此人天堂地狱所不能摄也。"[1]

宋朝，禅宗走向本土化和世俗化，禅宗深入各个阶层，士大夫谈禅言道成为必备素养，文人儒者广交僧侣道士，僧人也在士大夫化，谈诗论艺，取得儒家士大夫的支持。禅释安顿人心，于生活中感悟智慧、追求生命真谛；道家逍遥自由、返璞归真，追求灵动的艺术和自然，三教合流的文化背景，深刻影响了宋人。宏大叙事视角消退，私人领域呈现，宋朝士大夫自觉追求一种私人化生命体验，与唐人的浪漫比起来，心态更加放松、更加走向生活，体现日常生趣。

钱穆认为：

> 北宋学术之兴起，一面承禅宗对于佛教教理之革新，一面又承魏晋以迄隋唐社会上士族门第之破坏，实为先秦以后，第二次平民社会学术思想自由

---

1 （宋）释普济：《五灯会元》卷三，中华书局，1984年。

活泼之一种新气象也。[1]

并且指出：

> 就宋儒思想来说，他们虽说要修身、齐家、治国、平天下，一贯用力，一贯做工，但到底他们的精神偏重在“修齐”方面的更胜于“治平”方面。他们的人生理论，认为日常人生即可到达神圣境界，这是他们从禅宗转手而来的。因此，他们依然不免过分看重平民社会的日常人生方面，虽则要想回复先秦儒家精神，但终不免减损了他们对大全体整个总局面之努力，与强力的向前要求之兴趣。[2]

禅宗的出现，对中国思想影响十分深远。中国历史文化在宋朝发生的转变，由宋朝而开始的平民化，禅宗提供了重要理论资源，起到了重要推动作用。

苏东坡三进南华寺，为南华寺所作诗文超过两百篇。佛教、禅宗点亮了苏轼那些流落外地的暗夜， 让他忘掉苦难，无论身处何地都能保持自己的真心，释放人生的光华，在不断地流放中找到生命不同的体验和乐趣，塑造了苏轼伟大的人格。

1　钱穆：《国史大纲》，《引论》九，商务印书馆，2010年，第19页。

2　钱穆：《中国文化史导论》第九章《宗教再澄清民族再融和与社会文化之再普及与再深入》，商务印书馆，1994年，第158页。

宋儒出入佛教，多是年轻时读书期间，被佛教的虚无、神秘吸引，而当他们在现实世界中，感受到佛教超脱现实的矛盾，只有弃佛崇儒，但他们的内心已非一张白纸，佛禅在他们的心灵和思想里留下了深刻的痕迹。禅学成为他们虚心悟理的心学工夫和提高精神境界的方法。

朱熹一生多次访禅，对佛教、禅宗有深刻理解。朱熹在体会三教过程中，意识到万物皆空的消极性，把心归于空寂是不对的，不能正确地认识事物，也就不能看到世界的真实。朱熹认为首先应看到心灵的作用，心主导一切，一切法在心里，有了这个前提，才有能囊括一切的大智慧。最终，要以“义理养心”，才能建立起正确的世道人心。

朱熹参透了禅，也超越了禅。南宋时期，理学兴起，佛教遂衰。元、明以后，禅宗逐渐衰落。宋朝积累下来的这一片繁花净水，移植到了日本重又欣欣向荣。明朝，王阳明继承心学、综合理学，重新创立阳明心学，今人奉如至宝，仔细看去，岂不是禅这枝花上飘落下来的一朵。

禅与艺

李煜有词云：“一棹春风一叶舟，一轮茧缕一轻钩。春满渚，酒盈瓯，万顷波中得自由。”

禅宗开启智慧，清神凝思，心境虚空，让灵思呈现，拆掉世俗的种种藩篱，连文字也是多余。这是禅，也是诗。“诗心何以传，所证自同禅”，唐朝诗僧齐己如是说。虚空营造出空间，唤醒艺术的灵动。生命是一种流动的状态，保持自我的虚空，激发出艺术的流动之趣，呈现出中国文化里本有的无住之心，创造力才能源源不断地流出，这创造力是生命力的释放，也是献给生命的赞歌。

唐人浪漫，禅意的灵动活泼遭遇人间烟火，产生不同风景。在“诗佛”王维眼里，自然界就是禅意世界，是空灵、幽远，于无声处听取禅音。随意摘录两首，各自内心体会：

一棹春风一叶舟，一轮茧缕一轻钩。
春满渚，酒盈瓯，万顷波中得自由。

终南别业

中岁颇好道，晚家南山陲。
兴来每独往，胜事空自知。
行到水穷处，坐看云起时。
偶然值林叟，谈笑无还期。

“行到水穷处，坐看云起时”，就像是一幅电影画面，自然意境体现的是人的心境，干净利落，不拖泥带水，无粘滞胶着。这种拎得清，是景色的灵动、纯洁，也是禅意和哲思。再如：

鸟鸣涧

人闲桂花落，夜静春山空。
月出惊山鸟，时鸣春涧中。

禅宗偈语有如诗一般的语言，在刹那中看到永恒，于天地自然中悟到生命真谛。唐人李翱上药山拜访惟俨禅师，问惟俨禅师什么是道，惟俨禅师用手上下指了指，说道“云在青天水在瓶”，李翱顿如醍醐灌顶，心中那盏明灯在黑夜中骤然亮起，寒冰顿时消解，于是写下《赠药山高僧惟俨二首》，其一道：

炼得身形似鹤形，千株松下两函经。
我来问道无余说，云在青天水在瓶。

道本自然、纯真，道只是道，就像云在天上、水在瓶里那样无任何冗余。

用自然之心感受大千世界的物色流转，不为外物所迁，心灵空净，不被眼前迷乱纷呈干扰，清净之心再现。而这时，妙词丽句也自然从心间流出。

有僧问："如何是学人着力处？"禅师答："春来草自青，月上已天明。"又问："如何是不着力处？"禅师答："崩山石头落，平川烧火行。"[1] 春天来了，草木青绿，月亮升起，黑夜被照亮，万物运转的自然规律，正如生命存在于人世间，不能违背，却需要一颗清净之心让真实的美感呈现。这是参禅应该着力的地方。而那些人力不可阻挡之事，以及已经发生的事，不必纠结，随它去吧。心无取舍，坦荡自如，浑然天成。

南禅宗以心传心，不立文字、心无执念，这种觉悟意识被文人阶层充分吸收。

苏轼写"黑云翻墨未遮山，白雨跳珠乱入船。卷地风来忽吹散，望湖楼下水如天"，一黑一白，如一幅水墨画，又如阴阳之道，禅机之变。这种空灵的境界，正是苏轼的创造，苏轼论诗"欲令诗语妙，无厌空且静。静故了群动，空故纳万境。"空灵是一种自然的状态，也是艺术创作的展现手段，只不过，这种状态需要深刻的自我修行，真正达到禅宗的境界才能实现。

1　（宋）释普济：《五灯会元》卷十一，中华书局，1984年。

宋朝士大夫们转向理性，宋诗更多吸收了禅意的哲理，更多了些思辨。苏轼写：“横看成岭侧成峰，远近高低各不同。不识庐山真面目，只缘身在此山中。”朱熹写：“问渠那得清如许，为有源头活水来。”重哲理胜于意趣。禅宗不把道理说破，让人去悟，让人在各自的人生体验中悟到生命的真谛。所以禅宗的语言也就带了一些高旷、辽远，禅意若有若无，想去把握，却遥不可触，又不是空无一物，这个过程对于人们来说是探究、追寻，等到悟到了，收获的不仅是道理，还有悟道过程中对自己、对生命的认知。

问渠那得清如许，为有源头活水来。

宋元交替之际，战乱频仍，逃难到日本的文人增多，也把宋朝文化带到了日本。日本禅宗迅速发展，一时间，禅风大盛，几乎压倒佛教的所有其他宗派。与日本武士道精神取得了共鸣，相互渗透，逐渐成为了独立、完整的日本禅宗。

禅宗美学与日本文化相结合，对日本文化产生了深远影响。比如极具特色的日本园林景观枯山水。白砂铺地，黑石叠放，简单又毫不含糊的造型，去掉一切植物、水系，放弃色彩和繁复。纯洁的沙子似乎包含、隐喻了一切，象征了人的精神，也似乎暗示了人间的一切道理。枯山水塑造了一个空间，这个空间不是供观赏、休憩的，而是用来修炼身心的。它让人身心安顿，思考人生更深层次的问题，从而抛却一切杂音，向自身寻找到答案，内心将会逐渐变得通透，回归自身本原。当答案到来的瞬间，心灵在刹那间闪光，何谓本质，何谓浮云，何谓坦途，何谓障碍，一切了然。如此通透，便是禅宗想要人达到的根本，这样的生命也不枉来过。

俳句是诗歌上的枯山水，是古诗与禅意的结晶。相比中国古诗来说，俳句更加简短，倾向于白描的风格，无任何多余，留下想象的空间，由读者去填充。与其说是诗句，更像是禅宗偈语。禅在日本的影响，深刻而广泛，在日本人生活的方方面面中留下痕迹，互相映照，极易追寻。

当我们因避免刻意而不再谈禅，尽量让生活就像一杯水，滴滴分明，不去命名，不去造型，那些没有了概念的意向在人们生活中的影响也将慢慢减淡，甚至最终连意向也将变得模糊。走过万水千山，最终归守绿水田园，只希望这田园不要消磨那跋山涉水的意志，胸中自有丘壑在，随时可再赴险峰、踏上征途。

南华寺的最里面，就是九龙照壁和卓锡泉了。据称六祖到达此地，到卓锡泉处洗手，因此，后人多在此洗手，以求获得智慧。一方小小的庭园，中间是九龙照壁，两侧一块接一块的石碑，密密挨挨地刻着《坛经》，赏过了风景，拜过了六祖真身，净手焚香，是时候，来认真读一部《坛经》了。

交

第五章

此心终别桃花源：苏轼的才与悲

雪斋清境，发于梦想。

苏轼站在广袤的历史中，一个人就可以灿若星河。

从眉州到京都

景祐三年十二月十九日（1037年1月8日），四川眉州，苏轼出生。川蜀盆地，有秦岭、大巴山、横断山脉、长江形成天然屏障，李白曾写道："蜀道难，难于上青天！……尔来四万八千岁，不与秦塞通人烟。"自古川蜀地区远避战祸，沃野千里、物产丰富，人们生活悠闲自在、和平喜乐。唐末战乱，中原文人多迁居蜀地，文化在此聚而成气，蜀地文学兴盛。后蜀王孟氏，雅好文词，结集一班文人填词作曲，遂有了中国第一本文人词总集《花间集》。

苏轼出生、成长于仁宗时期，恰逢北宋历史上较长时期的和平盛世。彼时，文官制度带来的文人精神，与社会变革的需求相互振荡。寒门出身、忧乐精神垂范千古的范仲淹位极人臣，开始推动北宋历史上第一次变革"庆历新政"，才高八斗、潇洒大气的欧阳修成为文坛盟主，继承韩愈衣钵掀起古文运动，同步推进科举改革。

苏轼、苏辙两兄弟在父亲苏洵的教导下习字作文。苏洵本人才气甚高，科举却屡试不中。时下文章续唐末遗风，以“骈文”为主，华丽奢靡、堆砌词藻、内容空洞，苏洵不喜，但在苏洵时代的科举，考的仍是“骈文”，不愿向流俗低头的苏洵，科举也未肯垂青于他。

骈文最早出现于魏晋时期，也称“四六文”，每句由四字或者六字构成，结构工整，对仗严格，用典丰富，读起来优美雅致。后期骈文对形式美的追求走向极端，堆砌华丽的词藻、生僻晦涩的用典，内容反而变得空洞。宋初延续唐朝旧制，对文章形式的追求更为极致。欧阳修为首的学者在“古文运动”余风之下，不主张骈文，强调回归古文，尊孟子为文章高手，孟子也在这一时期被提高到与孔子并列的高度。改革唐以来实行的进士科考试，主要考察经学典籍、历史评论、时政献策，诗赋成为次要。这一变革，给身在眉州的苏氏父子的命运带来了重大转机。

苏轼十九岁时，和弟弟苏辙一起，在父亲的带领下走出眉州，赴京赶考，主考官正是欧阳修。彼时，欧阳修意气风发，坚决推动科举改革，对于那些堆砌词藻与晦涩典故的举子，一律不予录取。苏轼文章清新洒脱，让他眼前一新。当时苏轼籍籍无名，欧阳修看到这样一纸试卷，认定是出自自己的学生曾巩，为了避嫌，仅给了第二名。苏轼兄弟同榜中举，欧阳修十分赏识，后来欧阳修逢人便说，苏轼“他日文章必独步天下”，“二十年后，无人再记得老夫”。

欧阳修大力推举，苏轼名动京师，每有新作，必定交相传阅。苏轼是个写作天才，写文章毫不费力，出口成章、浑然天成。诗文自然流畅，语言通俗平实，白居易写诗要老妪能解，苏轼也自称“吾上可陪玉皇大帝，下可以陪卑田院乞儿”，人品与文风均如此平易近人，在宋初的文学史上，开一代新风。

苏轼的诗文，给他带来了一生的庇祐。他被贬官在外地时，每有诗文传出，神宗便茶饭不思，揣摩数遍。让他在失意时保留性命，得意时平步青云。

苏洵父子在京城声名日盛，交友日广，仰慕者众多，世称“三苏”。苏洵为人冷漠高傲，但确有真才实学，得了史官的职位，为本朝皇帝写传记。苏轼出任凤翔府判官，凤翔位于陕西西部，离渭水不远，初入官场的苏轼，公务并不繁忙，经常外出游历，这也成了苏轼后来在各地为官的习惯，游历给了他眼界、经历，也给了他开阔而豁达的胸襟。此时苏轼与苏辙两兄弟才真正分开，兄弟二人终其一生都十分亲密，二人时常书信往来，弟弟苏辙给了他许多精神的慰藉，这时，苏轼写出了他一生的佳作《和子由渑池怀旧》：

人生到处知何似，应似飞鸿踏雪泥。

泥上偶然留指爪，鸿飞那复计东西。

老僧已死成新塔，坏壁无由见旧题。

往日崎岖还记否，路长人困蹇驴嘶。

和弟弟一同去过的寺院，当时壁上题的字已经消失不见，当时的老僧也已圆寂，世事无常，人生也是偶然来过，就像飞鸿踏过雪泥，不是归人，只是过客。与宋朝多数士大夫一样，年轻的苏轼受佛教影响，时常感慨人生无常，世事虚空，却也未曾料到，即将在他面前展开的人生是无常且多磨难的。

神宗即位，四海升平，政治稳定，但财政缺口甚大，变革一触即发。王安石才华横溢，政绩卓著，久负盛名，对社会经济颇有研究。年轻的神宗立志要振兴祖宗大业，早慕安石大名，一拍即合。

神宗熙宁二年（1069），经历了为母守孝三年后又为父守孝三年的苏轼兄弟回到朝廷，天下正酝酿着一场史无前例的大变革。神宗与王安石推动的变法正掀起惊涛骇浪。王安石推行新法十分坚决，手腕也十分强硬，凡有阻碍变法的一律撤职，不同声音一律压制，提出批评的一律外放，为变法扫清障碍，力求创造出改天换地的新气象。

朝廷一时间风云骤起，反对变法的官员大批离开，欧阳修、司马光等恩师故旧无法扭转局面，纷纷离开京城，一时间风雨飘零。司马光极力阻止新法，离开京都前，与王安石书信往来，力陈变法之失，却无法撼动王安石变法意志，无奈离去。此后司马光安居洛阳闭门不出，倾注全力完成了他的史学著作《资治通鉴》。

对于变法，苏轼也持批判态度，他不反对变法，但不同意如此激进。于是写了《上神宗皇帝书》《再上皇帝书》等，批评神宗变革太急，不分辨他人的言论，用人激进。其实在政坛上，司马光是学者型官员，治史是他的强项，为政却偏向保守；苏轼是文人型官员，写作不在话下。但二人与王安石相比，政治觉悟、治世眼光和治理手段都相差甚远。苏轼一次次地表达自己的看法，对“新法”进行批判，并在一次乡试的考题中，出题讽刺王安石，彻底激怒了王安石。

此时朝廷已是无法立足，苏轼外放杭州，任通判，大概是个州官的副手。杭州风景秀美，或泛舟西湖，或攀登山峰，或寻茶品茗，对于诗人苏轼来说，正是理想去处。苏轼两次出任杭州，对杭州感情极深，对于杭州的发展具有重要意义，时至今日，杭州城的人们仍然在怀念东坡。如果从生存环境和为官状态来衡量，在杭州大概是苏轼一生中最惬意的时光。在这里，他留下了苏堤，也留下了吟咏西湖的名篇《饮湖上初晴后雨二首·其二》：

水光潋滟晴方好，山色空蒙雨亦奇。
欲把西湖比西子，淡妆浓抹总相宜。

神宗熙宁七年，苏轼在杭州任期届满，彼时，弟弟子由在山东任职，他呈请调到山东去，于是，被调任密州太守。在密州时，苏轼经常思念弟弟，写出了名篇《水调歌头·中秋》，其中写道："我欲乘风归去，又恐琼楼玉宇，高处不胜寒。"此时的苏轼39岁，在不同政见之间犹豫，也还是一个敢写、敢说、敢于站在风口浪尖的无畏勇士。

乌台诗案

政局一直在变化，王安石罢相，吕惠卿上台，恶意打压保守派，对王安石落井下石。苏轼受到排挤，调往密州、徐州，再调湖州。迁知湖州后，他给神宗写了一封《湖州谢上表》，其中说到："知其愚不适时，难以追陪新进；察其老不生事，或能牧养小民。"[1] 说自己愚笨、老成不合时宜，所以外任地方官。例行公事的谢表，略微表达了一点情绪，以吕惠卿为首的新法党派眼中却容不得沙子。御史台的"新进"们大肆发挥，收集苏轼诗文中反对变法、讽刺朝廷的言论，弹劾苏轼包藏祸心、对皇帝不忠、有失人臣之节。七月二十八日，刚上任湖州知州三个月，苏轼在任上被捕，投入大牢。受苏轼牵连的师友、故旧、亲朋达数十人。

1 （宋）苏轼著，曾枣庄、舒大刚主编：《苏东坡全集·文集》卷十五，中华书局，2021年。

御史台周边种植柏树，树上常落乌鸦，又称“乌台”，此案便是史上著名的“乌台诗案”。新法党不断搜集苏轼攻击新法、污蔑圣上的罪状，欲求治苏轼死罪。

朝野震动。新晋文坛领袖，在声称“不杀士大夫及言事之人”的朝廷里因言获罪，一时间，无数臣僚文人为之呼吁请命。此时，王安石已退居金陵，上书神宗：“安有圣世而杀才士乎？”

苏轼在大牢里，一直在濒死的边缘。一度觉得自己命将休矣，写了两首诗给弟弟苏辙，《予以事系御史台狱，狱吏稍见侵，自度不能堪，死狱中，不得一别子由，故作二诗授狱卒梁成，以遗子由》：

> 圣主如天万物春，小臣愚暗自亡身。
> 百年未满先偿债，十口无归更累人。
> 是处青山可埋骨，他年夜雨独伤神。
> 与君世世为兄弟，又结来生未了因。[1]

曾经夜雨对床，此后将独剩子由黯然神伤，兄弟之情只能相约来生再叙。

乌台诗案是苏轼一生命运的转折点，众人瞩目的天之骄

1 （宋）苏轼著，曾枣庄、舒大刚主编：《苏东坡全集·诗集》卷十九，中华书局，2021年。

子堕入大牢，斯文扫地，颜面无存，对苏轼的心理影响是巨大的，给宋朝士大夫的心理也造成了巨大冲击。以文治国的宋朝，声称对文人的言论持鼓励和包容态度，议政、论政是常事，文人以天下苍生为己任，是远高于性命的人生使命。作为教育改革的主导者欧阳修就曾要求文人创作要切中时政要害，不能发表空洞言论，文字要能经世致用，而此刻，文字是一切祸首。此刻，士大夫们也才意识到，在宋朝这样一个文人的桃花源里，政治的泥泞也同样无处不在。而眼下，只是开始，还不是结束。

当初苏轼应考殿试，仁宗亲自考察，考完苏轼兄弟之后，高兴地说，我为大宋又物色了两个宰相之才。苏轼在两任皇帝中都颇有盛名。神宗本人对苏轼颇为欣赏，太后也从中力保，经历了魂飞汤火的四个月之后，苏轼被放了出来，连降两级，贬谪黄州，实为戴罪流放，已然是最好的结局。刚从监狱里出来，呼吸着外面的新鲜空气，苏轼连作两首诗《十二月二十八日，蒙恩责授检校水部员外郎黄州团练副使，复用前韵二首》表达心情：

其一

百日归期恰及春，余年乐事最关身。

出门便旋风吹面，走马联翩鹊啅人。

却对酒杯浑似梦，试拈诗笔已如神。

此灾何必深追咎，窃禄从来岂有因。

其二

平生文字为吾累，此去声名不厌低。

塞上纵归他日马，城东不斗少年鸡。”[1]

休官彭泽贫无酒，隐几维摩病有妻。

堪笑睢阳老从事，为余投檄向江西。

重获自由的喜悦之情表露无遗，塞翁失马，焉知非福，我再也不会像那些城东小人一样，通过斗鸡这种把戏取悦圣上。有大才者，必吐为快，思维敏锐、语言犀利的苏轼，岂有闭口不言之理。在弟弟子由及朋友的劝说下，苏轼对自己的言行有所反思，但在大义面前，他何曾想到过明哲保身，正如他所说：“猿吟鹤唳本无意，不知下有行人行。”

黄州蝶梦

元丰三年（1080），苏轼被贬黄州，即今湖北省黄冈市。在黄州，苏轼经历了人生的低谷，生活困顿、收入无着，他那一路高歌猛进的高傲连同这具肉身，在窘迫的物质生活里第一次感到如此无处安放。也是在黄州，苏轼遍访山水，寻

1　（宋）苏轼著，曾枣庄、舒大刚主编：《苏东坡全集·诗集》卷十九，中华书局，2021年。

佛问禅，思考人生，以天为盖，以地为席，与农夫为友，那些锋芒毕露、高高在上的姿态逐渐褪去，豁达乐观、包容宽厚、和蔼可亲的东坡先生于此时来到了世人面前。

元丰三年正月，苏轼到达黄州。刚过完年，被逐出京城，此刻的心情沉重而复杂。正月二十，苏轼路过麻城关山，看到败落的梅花，感慨万分，写了《梅花二首》：

其一

春来幽谷水潺潺，的皪梅花草棘间。

一夜东风吹石裂，半随飞雪度关山。

其二

何人把酒慰深幽，开自无聊落更愁。

幸有青溪三百曲，不辞相送到黄州。[1]

苏轼是个爱憎分明、感情表露于外、不肯隐匿自我的人，喜便是从心底里的喜，哀也是彻头彻尾的哀。“半随飞雪渡关山”，内心的力量从笔端爆发，梅花与漫天的飞雪扑面而来，正如垂落于他的命运之刃，和周遭无处不在的奸邪小人。诗人面对悲戚和迫害，从未复之以利剑，落脚之处，或

1 （宋）苏轼著，曾枣庄、舒大刚主编：《苏东坡全集·诗集》卷二十，中华书局，2021年。

笑傲尘世，或反思自我，或高渺虚空，是智慧，更是大爱。

苏轼初到黄州，寓居定惠院，心情苦闷，常常闭门不出，一个偶然的月夜出门游荡，发现夜色静美，黄州虽然偏僻，却也不是人间不得安歇之处，月夜清凉，江云、竹露各自安然，在遥远偏僻、远离京城的黄州，互相映衬着美好。想来也是欣喜。于是写下了《定惠院寓居月夜偶出》："清诗独吟还自和，白酒已尽谁能借。"诗人的内心依然凄凉，在人生地疏的黄州，这月夜给了他美好的希望。他在《寓居定惠院之东，杂花满山，有海棠一株，土人不知贵也》中以海棠自喻，写道：

天涯流落俱可念，为饮一樽歌此曲。

明朝酒醒还独来，雪落纷纷那忍触。

偏僻的黄州，怎会有如此高贵的海棠，一定是从自己的家乡西蜀飘过来的种子。同是天涯沦落人，饮一杯，歌一曲，明朝还再来。白居易的《琵琶行》是在讲述别人，苏轼的这首诗是在叙述自己。

五月，弟弟子由护送苏轼家人到达黄州，迁居临皋亭，此时苏轼一家过着"剑米有危炊，针毡无稳坐"[1]的生活，

---

1 （宋）苏轼著，曾枣庄、舒大刚主编：《苏东坡全集·诗集》卷二十，中华书局，2021年。

一家老小的生计是此刻的最大问题。“全家占江驿，绝境天为破”，[1] 临皋亭，就是当时官员往来临时歇脚的驿站，十分简陋，按规定，被贬的官员不能住驿站，苏轼一家人只能暂时违规居住此处。

苏轼当时生活的凄惨状况由此可见，人生之悲苦将人摧毁到底，生活的窘迫让举世闻名的文豪丧失了基本的体面。即便如此，他在给司马光的信《与司马温公》中写道：“寓居去江干无十步，风涛烟雨，晓夕百变，江南诸山，在几席下，此幸未始有也。虽有窘乏之忧，顾亦布褐藜藿而已。”[2] 驿站有何美景，景色之美，一半在景，一半在心。在《书临皋亭》里写道：“东坡居士酒醉饭饱，倚于几上，白云左绕，清江右洄，重门洞开，林峦坌入。当是时，若有思而无所思，以受万物之备。惭愧惭愧！”[3]对于一个乐天派来说，没有什么是真正的苦难，对苦难最大的胜利就是不去在意。

不久，他在城东的山坡上发现了几十亩废弃的营地，是来到黄州后最大的喜事，十分兴奋，申请下来自己开垦耕种，他对东坡充满了喜爱，在《东坡》中写道：

---

1 1 （宋）苏轼著，曾枣庄、舒大刚主编：《苏东坡全集·诗集》卷二十，中华书局，2021年。

2 （宋）苏轼著，曾枣庄、舒大刚主编：《苏东坡全集·文集》卷四十五，中华书局，2021年。

3 （宋）苏轼著，曾枣庄、舒大刚主编：《苏东坡全集·文集》卷一百二十八，中华书局，2021年。

雨洗东坡月色清，市人行尽野人行。

莫嫌荦确坡头路，自爱铿然曳杖声。[1]

在他的笔下，东坡有月色、有雨的味道，是一个何等诗意之地。种植的收成足够带来一家人的温饱，简直是上天赐予的礼物。有了东坡之后，他给自己起了一个号“东坡居士”，诗人变成农民，苏轼也成了“苏东坡”。很少再评说时政，转而关注百姓民生，关注柴米酒茶，关注雨雪、江水与海棠。“东坡”是他从庙堂到江湖的分水岭，不只是身份，更是人生境界的转换。

第三年，苏轼在东坡旁修筑房屋，在二月的雪中竣工，因此号称“雪堂”，自己油漆，画上雪中寒林和水上渔翁。苏轼在《与言上人》中写道：“雪斋清境，发于梦想，此间但有荒山大江，修竹古木。每饮村酒，醉后曳杖放脚，不知远近，亦旷然天真。”[2] 黄州虽苦，有东坡供温饱，有雪堂可以生发梦想，有修竹，村酒，醉后以天为盖、以地为席，何乐而不为。东坡和雪堂，给苏轼晦暗的黄州生涯带来欣喜，春雨过后，东坡上一片欣欣向荣，便有乌鹊来贺喜，报告晴天的到来。

从临皋亭经过一段小坡，就到了黄泥坂，横过黄泥坂就

1 （宋）苏轼著，曾枣庄、舒大刚主编：《苏东坡全集·诗集》卷二十二，中华书局，2021年。

2 （宋）苏轼著，曾枣庄、舒大刚主编：《苏东坡全集·文集》卷七十六，中华书局，2021年。

到了雪堂，约有一里多的路，苏轼每天往返。此时的东坡，脱去了官员的长袍，摘去了文人的方巾，换上短褂，宛如一个真正的农民。他在《黄泥坂词》中写道："出临皋而东骛兮，并丛祠而北转。走雪堂之陂陀兮，历黄泥之长坂。大江汹以左缭兮，渺云涛之舒卷。草木层累而右附兮，蔚柯丘之葱蒨。余旦往而夕还兮，步徙倚而盘桓。……时游步而远览兮，路穷尽而旋反。朝嬉黄泥之白云兮，暮宿雪堂之青烟。"[1] 往来于坎坷不平的山坡田野，拐杖拄在地上，发出铿锵有力的声音，是来自大自然的气息。耕作之暇，到城里喝点小酒，醉了在草地上倒头便睡，直到暮色沉沉会有好心的农人把他叫醒。这是一条何其浪漫的路，又是一条何其重要的路，它应该成为文学史上最值得纪念的一条路。它见证了大文豪苏轼回归质朴的过程，这条田间泥土小路，为苏轼的伟大文学和心灵提供了大自然的重要养分。高尚的审美情操与纯粹的泥土田间，粗犷的诗人与细腻的情感体验，在这里合而为一。这段平常的小路，因为诗人的脚步，而被历史铭记，承载了以苏轼为代表的中国古人的审美趣味。如今再访黄冈，早已不见了当年的黄泥小路，平直的地图上无法找寻到当年的痕迹，猛嗅着黄冈的空气中，希望还会有雨洗东坡的味道。

苏轼在黄州的日子里，每日"曳杖散步"，留下了大量诗

---

1 （宋）苏轼著，曾枣庄、舒大刚主编：《苏东坡全集·诗集》卷四十八，中华书局，2021年。

句，在《寓居定惠院之东，杂花满山，有海棠一株，土人不知贵也》中说：

先生食饱无一事，散步逍遥自扪腹。
不问人家与僧舍，拄杖敲门看修竹。[1]

看到人家院子里有美好的景色，不用问，直接拄杖敲门进去看就是了。这种散步不只在黄州，也在后来的惠州、儋州，散步已经成为了诗人生活中的一部分，散步过程中，人与自然相融合，达到无我的境界。精神的修炼和自由何须去僧院寺庙，日常茶酒就是境界，随意散步也是修行。

庄子说，以本心与天地精神相往来，天地与我共存于同一个空间，万物与我融为一体，至人无已，至乐之境。要达到这种境界，人应摆脱是非利害和自我欲念，回归本然之心，齐物我、忘生死、无差别，进入虚静境界。如此，才能无所牵绊，逍遥于无何有之乡与广漠之野。黄州这片“无何有之乡”“广漠之野”，让苏轼逐渐忘掉自我、摆脱是非，与天地共存，与万物合一，从庙堂走向江湖，告别皇帝、朝廷的苏轼，成为世间所有人的苏东坡。

苏轼一次与朋友深夜畅饮，酒醒回家，归来已是三更，

1　（宋）苏轼著，曾枣庄、舒大刚主编：《苏东坡全集·诗集》卷二十，中华书局，2021年。

提笔写了《临江仙·夜饮东坡醒复醉》：

夜饮东坡醒复醉，归来仿佛三更。家童鼻息已雷鸣。敲门都不应，倚杖听江声。　　长恨此身非我有，何时忘却营营。夜阑风静縠纹平。小舟从此逝，江海寄余生。

敲门无人应答，索性“倚仗听江声”。宋人笔记中记载此事，苏轼与几个客人在江上饮酒，夜归，看到水天相接，风露浩然，于是作词，“夜阑风静縠纹平，小舟从此逝，江海寄余生”，与客人大声连唱数遍而散。第二天，大家都说苏轼夜里作完这首词，就“挂冠服江边，拏舟长啸去矣”，太守徐猷听说之后非常担心，急忙派人去找，到了苏轼家看到苏轼正在呼呼大睡。

苏轼怎么会想不开，命运将坎坷与磨难加之于他，他回赠命运以诗歌和欢乐。

并在几乎同时，写了《江城子》：

梦中了了醉中醒。只渊明，是前生。走遍人间，依旧却躬耕。昨夜东坡春雨足，乌鹊喜，报新晴。　　雪堂西畔暗泉鸣。北山倾，小溪横。南望亭丘，孤秀耸曾城。都是斜川当日境，吾老矣，寄余龄。

在世俗的混沌中了悟此生，在醉酒中独立清醒，只有前世的渊明，走遍人间，还能回到田间躬耕。此时的苏轼，走遍了人间，走过了世俗，走过了醉酒，只有眼前的东坡、雪堂聊慰平生。

此时的苏轼，开始了对陶渊明的追随。寒门出身的苏轼，官场失意后，并没有可以退守的家园，陶渊明作为遥远的精神存在，是他最大的慰藉，陶渊明的桃花源亦生于笔端，苏轼的桃花源却向何处寻？此刻的苏轼还没有找到答案。苏轼也从此时开始和陶诗，到达儋州终于完成了所有和陶诗，他用此后的人生时光在与遥远的渊明对话。

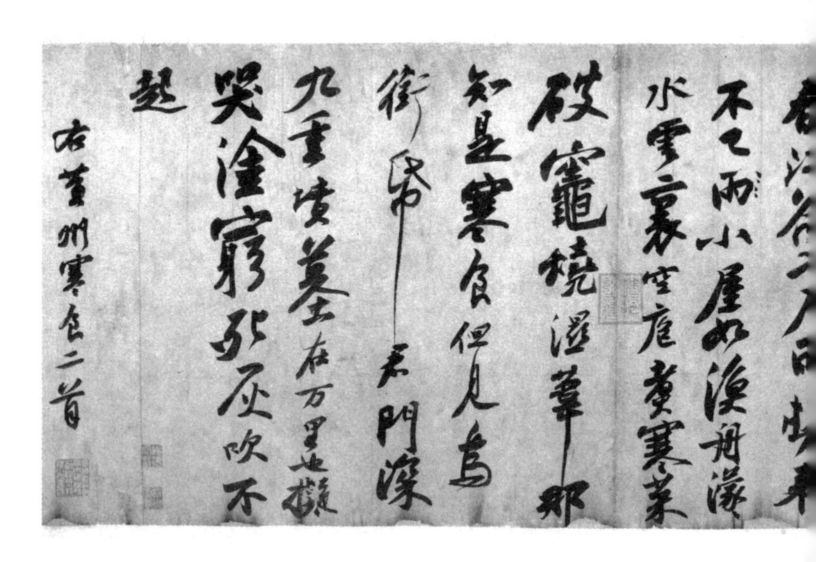

苏轼《寒食帖》

在黄州的第三年，苏轼写下了《寒食雨二首》，成为当今书法界最为著名的《寒食帖》。春秋时期，不想追名逐利的介子推与母归隐深山，晋文公为了迫使他出山共同治理国家，下令烧山，但介子推坚决不出，与母一起被烧死。人们为了纪念介子推，在他的死难之日禁绝烟火，只吃寒食，因此称为“寒食节”。这是一个哀伤的节日，也是苏轼在黄州凄苦岁月的谷底：

寒食雨二首·其一

自我来黄州，已过三寒食。

年年欲惜春，春去不容惜。

（图片来源：台北故宫博物院）

今年又苦雨，两月秋萧瑟。
卧闻海棠花，泥污燕脂雪。
暗中偷负去，夜半真有力，
何殊病少年，病起头已白。

寒食雨二首·其二

春江欲入户，雨势来不已。
小屋如渔舟，蒙蒙水云里。
空庖煮寒菜，破灶烧湿苇。
那知是寒食，但见乌衔纸。
君门深九重，坟墓在万里。
也拟哭途穷，死灰吹不起。[1]

该帖名满天下，与王羲之的《兰亭序》、颜真卿的《祭侄文稿》并称为“天下三大行书”，真迹藏于台北故宫博物院，曾于北京故宫博物院展出，笔力遒劲，力透纸背，与《寓居定惠院月夜偶出》的闲适全然不同，尤其那长长拉下来的“纸”字最后一笔，如同尖利的剑，刺破平淡和沉默，是无声的倾诉，是对命运的爆发。对苏轼来说，不只是生活的凄苦，更是命运对他的摧残，是否会毁灭，还是将重生，一切都是未知。

1 （宋）苏轼著，曾枣庄、舒大刚主编：《苏东坡全集·诗集》卷二十一，中华书局，2021年。

《寒食帖》是苏轼在黄州乃至整个人生的冰点时刻。

在《寒食帖》之后不久，苏轼与一众朋友出门，路遇大雨，大家落荒而逃，只有苏轼淡然自若，并写下了《定风波》:“竹杖芒鞋轻胜马，谁怕，一蓑烟雨任平生。”已在人生谷底的苏轼，已无可再失去，经历人生暴风雨的人，早已融入风雨，又何惧风雨。不久之后，苏轼与友人乘船夜游赤壁，写下了三篇咏赤壁的千古名篇，见证了苏轼心态的转折：

> 壬戌之秋，七月既望，苏子与客泛舟游于赤壁之下。清风徐来，水波不兴。举酒属客，诵明月之诗，歌窈窕之章。少焉，月出于东山之上，徘徊于斗牛之间。白露横江，水光接天。纵一苇之所如，凌万顷之茫然。浩浩乎如冯虚御风，而不知其所止；飘飘乎如遗世独立，羽化而登仙……

读这篇《前赤壁赋》感受到滂沱的气势，视野开阔，八面来风，“清风徐来，水波不兴”，心情也无比清凉，天高地远，薄雾萦绕，此刻最重要的是酒，是明月，是歌章，此刻在黄州，此刻在天地间，一切都可以放下，一切都不再重要，一切物质与虚名，与这接天的水光相比，轻如鸿毛，低至尘埃。此刻就应该歌唱，桂棹兮兰桨，击打着空明的水波，迎着光逆流而上，此刻就应该思念，那美人与我天各一方。

是美妙的自然塑造了伟大的人格，还是高贵的人格彰显了自然的美妙，或许二者相互成就。没有黄州的好山好水和赤壁的万顷碧波，苏轼成为苏东坡可能还需要更长的时日，没有苏轼，黄州的美景也只有兀自美妙着，不会为人们所铭记，也不会为后世贡献如此多的美感。

终了，苏轼感叹："且夫天地之间，物各有主，苟非吾之所有，虽一毫而莫取。惟江上之清风，与山间之明月，耳得之而为声，目遇之而成色，取之无禁，用之不竭，是造物者之无尽藏也，而吾与子之所共适。"苏轼本是淡泊之人，人生有清风明月，夫复何求。

流放黄州后，许多官场上的朋友都与他断绝了音信来往，怕因此得罪朝廷，反而过去结识的佛、道朋友，不远千里寄来音信。与僧人的交游唱和、论诗参禅，在宋代文人中是一种时尚，苏轼与佛教、禅师、道人的记载颇多。

苏轼与佛印禅师的故事几乎家喻户晓，在宋人的笔记和禅宗的传灯录里多有记载。传说，有一次，苏轼写了这样一首偈："稽首天中天，毫光照大千。八风吹不动，端坐紫金莲。"认为自己的禅定功夫已到达心具万法的境界，不能为世俗所动。写成后，派人送给住在江对面的佛印。佛印看后在上面批了两个字："放屁！"又让人送了回来，苏轼看到批语十分恼火，随即乘船过江，责问佛印为何这样不通情理。佛印哈哈大笑："汝已'八风吹不动'，何为一屁过江来？"苏轼无言以对，自愧弗如。

黄冈东坡像

苏轼在佛理的辩论上很少战胜过佛印，也不以此为恼，佛教并不是他的追求，只是取其有益于人生实际的粗浅假说以自我洗濯，难以做到心空一切。就像农夫除草，旋去旋生。他把论禅比作龙肉，自己习佛则是猪肉，龙肉吃不到嘴里，猪肉却可以饱腹。佛、禅给了苦难中的苏轼极大安慰。

禅宗讲“直指心源”“见性成佛”，佛自在人的内心。郁郁黄花，莫非般若，搬水运柴，皆为妙道，人人可修行，处处可修行，妇孺老妪皆能自悟，如此禅宗点化人间，使人在简单易得处悟道，在人间烟火里升华。无所住的清静心，于苏轼而言，是一种平淡自然、无所系念的生活态度和为人处世之道。

苏轼贬居黄州五年，安国寺是常去之地，每隔一两天便要去焚香默坐，自我反省。在《黄州安国寺记》中写道：

> 道不足以御气，性不足以胜习。不锄其本，而耘其末，今虽改之，后必复作。盍归诚佛僧，求一洗之？”得城南精舍曰安国寺，有茂林修竹，陂池亭榭。间一二日辄往，焚香默坐，深自省察，则物我相忘，身心皆空，求罪垢所以生而不可得。一念清净，染污自落，表里翛然，无所附丽，私窃乐之。旦往而暮还者，五年于此矣。[1]

---

1 （宋）苏轼著，曾枣庄、舒大刚主编：《苏东坡全集·文集》卷一百二十二，中华书局，2021年。

排除杂念，是非、荣辱渐渐消散，一股浑然之气留在人世间，这浑然之气，有儒家的正气，道家的仙气，佛家的大气，是宏大浑一、博爱亲切，人心复归自然，精神超脱高渺。在苏轼的眼中，一切都是自然的赠予，是自我的一部分，从没有眼前的苟且，一切日常都是诗，都是人性的道场。生活没有优劣，人也无所谓贵贱，在苏轼眼里，一切都是均等。能经历苦难，能享受欢乐，能与乞丐谈天，也能与皇帝太后交好，入得了雪堂，上得了雅集，这样的一个苏轼，人生有何限制?

他对自我的反思，也回归质朴，受到老庄哲学的影响，返璞归真，人是天然的，是幸福喜乐的。对人生经验进行反思，天才、努力和追求，不必然导向人生的平和幸福。人生没有终极，只在于过程。元丰六年，小妾朝云产子，苏轼起名叫作遁儿，并作《洗儿戏作》一首：

人皆养子望聪明，我被聪明误一生。
唯愿孩儿愚且鲁，无灾无难到公卿。

神宗晚年，对于变法有所反思，对保守派曾经的惩处多有悔意，陆续召回那些曾被流放的官员，受乌台诗案影响的官员也在其中。

元丰六年（1083），受乌台诗案牵连的王巩回到北方，带着随他流放的歌伎柔奴，与东坡相见。王巩是宰相之孙，此前出游经常自带一整车美酒，随身带着三个爱妾：英英、盼盼、卿卿之类。王巩是受乌台诗案牵连最重的一个，被贬岭南。柔弱的歌伎饱经磨难归来，依然笑意盈盈，苏轼大受感动，写下了《定风波·南海归赠王定国侍人寓娘》：

> 常羡人间琢玉郎，天应乞与点酥娘。尽道清歌传皓齿，风起，雪飞炎海变清凉。　　万里归来颜愈少，微笑，笑时犹带岭梅香。试问岭南应不好，却道，此心安处是吾乡。

苏轼对王巩颇感过意不去，连带另外一个无辜的女子被牵累，经受磨难最多的苏轼，此时早已看破世事沉浮。他说“此心安处是吾乡”，在欣赏柔奴的平和之外，何尝不是自己内心的流露，对于苏轼来说，一生流浪，哪里是故乡？杭州的西湖映月，黄州的黄泥小路，岭南的荔枝树林，儋州的黎民小岛，都是过客，也都是归途，“此心安处”就是故乡。

陶渊明的桃花源，也是此后所有文人向往的桃花源，王安石到达了他的桃花源，而苏轼，却在外界的迫使下一步步远离他的桃花源，唯独赞赏着柔奴的“此心安处是吾乡”，一切无可改变，无法左右，唯有守望自己的真心，不被外物所扰，好像一切忧患从不曾加之于他。

和光同尘

归去来兮。

对苏轼的召回如期而至。元丰七年，皇帝下旨，苏轼改调汝州，仍然是流放，离京城近了一点。据说皇帝曾想让他掌馆史馆，但被左右阻拦。

从京城到黄州，从云上跌入泥土，此后的荣辱悲欢，苏轼早已看淡。离开黄州，当地友人前来相送，宴席上苏轼作了《满庭芳·归去来兮》：

> 归去来兮，吾归何处，万里家在岷峨。百年强半，来日苦无多。坐见黄州再闰，儿童尽、楚语吴歌。山中友，鸡豚社酒，相劝老东坡。　　云何。当此去，人生底事，来往如梭。待闲看，秋风洛水清波。好在堂前细柳，应念我、莫翦柔柯。仍传语，江南父老，时与晒鱼蓑。[1]

北上途中路过南京，苏轼去看望王安石，此时的王安石已是颓唐老人，苏轼与他讨论佛学。王安石忌讳提及往事，但苏轼显然不会隐藏自己的观点，直接指出他以往的过失，

1　（宋）苏轼著，曾枣庄、舒大刚主编：《苏东坡全集·词集》卷一，中华书局，2021年。

最严重的就是党祸和战争，王安石不无激动地说，这两件事都是吕惠卿挑起，我已退休，无权干涉。王安石晚年经常独自骑驴在乡间独行，过往以及当下的一切，他无论在哪里，都无法摆脱干系，由他发起的轰轰烈烈的变革，最终的结局却似脱缰野马，变法如是，后人评价亦如是。他一手扶植起来的战友如吕惠卿等人，最终露出小人面目，更为这场变革的失败增添了谈资。这场变革影响之巨，无论最终是谁把船驶向了深渊，他都是最初掌舵的那个人。

苏轼尚未到达汝州，神宗皇帝驾崩，小皇帝哲宗即位，太后摄政，苏轼被召还朝中。此间，他曾申请居住常州太湖边上，刚刚到达便接到朝廷旨令，派他去山东登州做太守，到达登州后五天，再次应召进京。元丰八年十二月，苏轼回到京都。

太后急速请回司马光执政，旧法党上台，所有政令改弦更张，王安石的变法措施及相关政令全部中止，或者直接废除。到达京都的八个月里，苏轼被擢升三次，任命为“翰林学士知制诰”，是担任宰相的前一步，一般由地位最高的学者担任，可谓位极人臣，此时的苏轼四十九岁。

“翰林学士知制诰”的主要工作是为皇帝拟写圣旨，一般是太后口述，他在夜里拟写出来，第二天颁布。苏轼在任期间，共拟了八百道圣旨。苏轼之后继任的官员，对自己的才华颇感自负，问此前伺候东坡的老仆，自己比东坡如何？老仆回答说，“苏东坡写得并不见得比大人美，但他永远不用查书”。[1]

太后摄政期间，是苏轼一生中的高光时刻，司马光去世后，苏轼成为朝中地位最高的大臣，学识、地位均无人能及。此时大诗人黄庭坚拜在苏轼门下，与秦观、晁补之、张耒成为众多崇拜者中最受苏轼欣赏的四位，并称“苏门四学士”。苏轼交友广泛，颇受欢迎，地位尊贵，受人景仰。此时的重要学者、著名文人汇集于京都，苏轼与他们讨论书法、绘画、文学、收藏。也是在这一时间，诞生了历史上著名的“西园雅集”。

元祐二年（1087），动荡中离散的朋友们在王诜的西园举行了雅集，参加者有苏轼、苏辙、黄庭坚、秦观、米芾等。李公麟以他首创的白描手法，用写实的方式，描画了当时的情景，取名《西园雅集图》。尽管后人对这次雅集质疑颇多，李公麟的《西园雅集图》是仅存的证明，但这仍然是文学艺术史上的一次盛会。在《西园雅集图》里，我们也看到了宋朝地位最高的士大夫们的生活。在宋代，除了权力和财富之外，士大夫们始终在树立个人价值，创造着属于个人的精神空间。

此时的苏轼位极人臣，距离宰相只有一步之遥，但他的作派更像是名士学者，而不是政治官僚，坚决与不合适的法度作对。苏轼担任翰林期间，坚持推动清议，力劝太后广开

1 林语堂：《苏东坡传》，湖南人民出版社，2018年，第225页。

言路，文人一定要能独立思考，具备批评的勇气。王安石当政期间压制清议，朝廷已然暮气沉沉。这是宋朝党争带来的严重后果。

苏轼对于自身毫无保护意识。反对派对他的攻击变本加厉，他数次请求外放，太后屡次挽留，最终无奈放行，苏轼再赴杭州，担任太守。此次任职杭州，他用太后的特别拨款，修建了清洁供水系统和医院，疏浚盐道，整治西湖。在唐朝时，有人把西湖打开，引水入杭州城，使得杭州发展成了一个城市。苏轼到来时，西湖的一半已经被野草遮盖。苏轼与数千工人和船夫一起清理水草、淤泥，并用这些水草和淤泥筑起了长长的堤坝，人称“苏堤”。在此期间，秦观与苏轼同住，秦观说，苏轼一头扎在西湖整治上，一年半的时间里，没见苏轼打开过书。

此后苏轼再次被召回京都，任翰林学士，反对派认为他回来是要当宰相的，于是对他的攻击愈演愈烈。苏轼再次请求外放，外放颍州，后又外放扬州。

此身已别桃花源

元祐八年（1093）秋天，苏轼第二任妻子和太后相继逝世，这两个女人是他人生困顿时期的守护神。小皇帝哲宗当政，此时正十七八岁。哲宗是个有些叛逆的小皇帝，此前祖母管教颇为严厉。太后刚一去世，哲宗便改弦更张，宠幸刘美人，废掉祖母为自己选的孟皇后，将孟皇后打入冷宫。冷宫岁月枯寂，亦被皇族除名，孟皇后无处安身，迁出宫外。不想未来即将发生的靖康之难，赵氏皇族三千人悉被掳走，孟皇后与同样流落在外的赵构成了赵氏皇族仅有的幸存者，并在后来建立了南宋朝廷，保存了赵氏江山，被后人尊称“隆祐太后”。

哲宗朝开始清理旧党派。已经去世的司马光被没收财产，子孙俸禄官衔被取消，坟墓上皇帝赐建的荣耀牌坊被拆除。在位的苏轼兄弟等面临更残酷的命运，不断降级、流放，大部分官吏被贬到南方或西南，新法党力求把这些人斩草除根。为了迫害元祐大臣，成立了专门的机构，一一甄别，先后惩处官吏八百三十人。

哲宗绍圣元年（1094）十月二日，苏东坡被贬惠州，跋涉一千五百里，翻过大庾岭，到了岭南。一路上，官职一降再降，跨越大庾岭之前，第四道命令到来，官阶已不够坐船。此时正是半夜，距离到达南昌码头还有十二里，他与军官商量，可以住到次日中午。于是他祈祷着明天能有大风到来。第二天，刮起强风，船帆涨满，一会功夫便到了南昌码头，中午之前弃舟上岸，有如天助。

在惠州，寓居嘉祐寺，山顶有松风阁，苏轼经常流连忘返，在这南中国，几近陆地的尽头，与北国全然不同。黄州尚且有朋友可来往，到了惠州，真要跋涉千里，连给家里报个平安都是难题。

《宋稗类抄》记载，佛印在江浙，给苏轼的信中安慰苏轼说，苏轼中大科、登金门、上玉堂，被流放只是因为权臣忌惮您做宰相。人生在世如白驹过隙，二三十年的功名富贵转眼成空，都不是值得留恋的事物，何不一笔勾销，去寻找人生本来的面目？您胸中有万卷书，笔下无一点尘俗气，但到了如今的地位，如果不知道自己性命所在，一生要聪明又能做什么？[1]

佛家让人放得下，不执迷、不纠结，人生本如白驹过隙，应努力修行自己，自度度人，何必浪费生命去计较身外之物。鼓励苏轼放弃身外之物，认识自己。佛印禅师的书信无异于当头棒喝，令苏轼猛醒。

而这一天，苏轼在松风阁，看到高高的松风阁超出树顶，忽觉一阵疲倦，停下来歇着，望着亭子，忽然想到这里有什么不能留下的？如此忽然想明白，既来之，则安之，于

1　（清）潘永因编，刘卓英点校：《宋稗类钞》卷七《宗乘》，书目文献出版社，1985年。原文："东坡在惠州，佛印居江浙，以地远无人致书为忧。有道人卓契顺者，慨然叹曰：'惠州不在天上，行即到矣。'因请书以行。印即致书云：尝读退之《送李愿归盘谷序》，愿不遇知于主上者，犹能坐茂林以终日。子瞻中大科，登金门，上玉堂，远放寂寞之滨，权臣忌子瞻为宰相耳。人生一世间，如白驹之过隙，三二十年功名富贵，转盼成空，何不一笔勾断，寻取自家本来面目？万劫常住，永无堕落，纵未得到如来地，亦可以骖驾鸾鹤，翱翔三岛，为不死人。何乃胶柱守株，待入恶趣？昔有问师佛法在甚么处？师云：在行住坐卧处，着衣吃饭处，痾屎撒尿处，没理没会处，死活不得处。子瞻胸中有万卷书，笔下无一点尘，到这地位，不知性命所在，一生聪明要做甚么？三世诸佛，则是一个有血性的汉子。子瞻若能脚下承当，把一二十年富贵功名，贱如泥土，努力向前。珍重！珍重！"

是得了解脱。他又恢复到那个乐观的“苏东坡”，不久惠州便“鸡犬识东坡”。

虽至岭南，但与黄州时亦大不同，此时的苏轼正可谓“天下谁人不识君”，邻近的官员文人纷纷来结交，不断地送给他酒肉食物，还有人帮他千里报平安。他又发现了当地一种不寻常的酒“桂酒”，称桂酒不啻为仙露，仿佛在异乡遇到了知己。

他以为惠州就是终点，终于可以安定下来。盖了一所房子，新房子尚未竣工，朝云染病去世。朝云一生陪伴苏轼，去世前一直与苏轼研习佛经，朝云去世，苏轼倍受打击，在惠州安葬了朝云，人们为了纪念朝云，把他们新盖的房子叫做“朝云堂”。

在此间，苏轼曾作诗“报道先生春睡美，道人轻打五更钟”，此诗传到京城，政敌们没想到他如此快活，索性贬得再远一点，苏轼再贬海南儋州。

海南岛属热带气候，夏天炎热，冬天潮湿，身体的折磨加诸这位六十多岁的老人，此时才是真正的流放。苏轼在给友人的信《与程秀才》中说道：“此间食无肉，病无药，居无室，出无友，冬无炭，夏无寒泉，然亦未易悉数，大率皆无尔。唯有一幸，无甚瘴也。”[1] 苏轼对磨难和艰苦早已置之度

1　（宋）苏轼著，曾枣庄、舒大刚主编：《苏东坡全集·文集》卷五十八，中华书局，2021年。

外，无论何时，他都是自由、乐观、超脱的。人生除了满腹牢骚无甚所得，还有什么害怕失去。在海南，他又像黄州一样，与农人交谈，席地而坐，四处散步，看海南的椰林，听雨打芭蕉。可以穿着蓑衣戴着斗笠，像个真正的农民，也可以头顶西瓜，边走边唱。没有笔墨，便自己制墨，岛上看病无医生，患病时由术士看病。于是自己采药，为自己和他人治病。并在海南讲学育人，海南岛由此真正出现了文化人。他作诗《被酒独行，遍至子云、威、徽、先觉四黎之舍》三首，其一：

半醒半醉问诸黎，竹刺藤梢步步迷。
但寻牛矢觅归路，家在牛栏西复西。

散步走得太远，找不到回去的路，于是一路跟着牛粪走，家还在牛栏的更西边。在苏轼的笔下，看到了夕阳金色的光辉，照在这片原生态的土地上，人与万物共同生活在这天地间，连牛栏也有了诗意。这样随意的散步，是修心，也是审美。

反对派对他的迫害并没有停止，朝廷派董必来视察被贬大臣的情况，儋州太守张中把官舍借给苏轼住，而董必认为苏轼不应住在官舍，把苏轼赶了出去。苏轼只好搬到椰子林里搭了个陋室，张中也被革了职。苏轼于是写寓言讽刺董必为“鳖相公”。

苏轼再做《独觉》：

> 瘴雾三年恬不怪，反畏北风生体疥。
> 朝来缩颈似寒鸦，焰火生薪聊一快。
> 红波翻屋春风起，先生默坐春风里。
> 浮空眼缬散云霞，无数心花发桃李。
> 翛然独觉午窗明，欲觉犹闻醉鼾声。
> 回首向来萧瑟处，也无风雨也无晴。

独觉是佛教用语，有悟道之意。被贬海南，已是中国的最南端，这种流放已是流放中的极刑，但苏轼还是那个苏轼，在海南一样可以高傲地坐在春风里，心花发桃李，一样可以睥睨一切小人，横行人世间。被贬海南，是苏轼被贬的最后一站了，这位大人物颠沛流离的一生也走向了尽头。

在流放岭南和海南岛时，完成了一百多首和陶诗的创作，成为苏轼文学活动的又一高峰。《和陶饮酒二十首》中写道："醉中虽可乐，犹是生灭境。云何得此身，不醉亦不醒。"渊明的诗中有酒，苏轼的诗中也有酒，苏轼的酒与渊明的酒一样，满是孤独。而苏轼并不肯完全醉去，醉了虽然欢乐，但孤独和绝望仍会涌现，苏轼从渊明的酒中只取一杯，一半沉醉一半清醒，他能清楚地看透这人生，看透一切世间事。

元符三年（1100），哲宗去世，年仅二十四岁，他宠爱的刘美人也自尽身亡。哲宗风流短命，膝下无子，弟弟承继大统，是为徽宗。

徽宗即位后，向太后摄政，所有元祐老臣一律赦罪，苏轼结束流放，回到大陆，并可以随意选择居住地。离岛渡海时，苏轼写了《六月二十日夜渡海》：

> 参横斗转欲三更，苦雨终风也解晴。
> 云散月明谁点缀，天容海色本澄清。
> 空余鲁叟乘桴意，粗识轩辕奏乐声。
> 九死南荒吾不恨，兹游奇绝冠平生。

“云散月明谁点缀，天容海色本澄清”，化用典故讽刺朝中的小人也散了，天海终于回归澄清。这两句诗似乎也喻意了苏轼的一生，“云散月明谁点缀”，苏轼的一生都想在政治上拂云见日，使官场清明，却因此一再被迫害，一生落魄。乌云可能密布，但天空终究将回归晴明，是天与海的本色，是一个人的本色和胸襟。

万劫归来，所到之处，当地官员文人纷纷前来拜访，苏轼忙于聚会、题字，一路走走停停，走了半年多的时间，到达常州。终于回归的苏轼，却染上了热毒，身体逐渐削弱下去，一病不起。苏轼一生命运多舛，死牢逃生，敌人无数，没有被艰难的环境压垮，没有被激烈的党争打败，却最终败给了疾病。

1101年，苏轼去世，享年六十四岁。

大道在焉

那个曾经画过《西园雅集图》的李公麟，在金山寺为苏轼画了幅画像，苏轼渡海归来后看到，写了《自题金山画像》，似乎在总结自己的一生：

> 心似已灰之木，身如不系之舟。
> 问汝平生功业，黄州惠州儋州。

哀则哀，怨则怨，而此时也已然超脱，流放这个词，终于可以为苏轼的一生冠名。

苏轼被流放惠州、海南儋州，朝廷对他的文章下了禁毁令，却越禁越流行。徽宗时，太后摄政，保护元祐大臣，太后去世，徽宗受蔡京等蒙蔽，对于保守派进一步迫害，并把元祐老臣的名字刻于石碑之上，列于全国各县，碑上写着，奉圣旨此三百零九人及其子孙永远不得为官，此时，苏轼去世一年余。徽宗崇宁五年，天空出现彗星，并突然出现雷电将文德殿的元祐党人碑一劈为二，徽宗惧怕，连夜命人将碑毁掉，撤销一切惩罚，为元祐党人平反。又有道士说苏轼做了天上的文曲星，死后的苏轼名气越来越大。诗文被人争相收藏，金军掠夺北宋都城时，将苏轼的手稿成车地运往北方。

北宋覆亡，南宋建立，隅居江南的宋高宗读到苏轼的奏折文章，越来越钦佩苏轼的谋国之忠，钦佩他的至刚大勇，赐封苏轼之孙为高官。孝宗时期赐苏轼谥号文忠公，又赐太师官阶，并于《苏文正公全集》的卷首上，印有皇帝的圣旨和钦赐的序言：

> 敕。朕承绝学于百圣之后，探微言于六籍之中。将兴起于斯文，爰缅怀于故老。虽仪刑之莫觌，尚简策之可求。揭为儒者之宗，用锡帝师之宠。故礼部尚书端明殿学士赠资政殿学士谥文忠苏轼，养其气以刚大，尊所闻而高明；博观载籍之传，几海涵而地负；远追正始之作，殆玉振而金声；知言自况于孟轲，论事肯卑于陆贽……

苏轼在去世之后获得了远超生前的哀荣。

诗与佛道

传统儒家思想，是治世之学，成功之学，缺少对于人的心性、内在精神、死后世界的关注。宋朝士人们反求诸佛、道，寻求内心的平衡。道家回归质朴，天人合一，修炼精神，探索自然哲理；佛教求出世，人要以肉身的消灭而达涅槃之境，才能脱离人生痛苦，到达彼岸；禅宗要人直指人心，见性成佛。儒、释、道、禅加之于宋朝文人士大夫之上，塑造了独特的人文风范。

杜牧在《注孙子序》中曾有评论："丸之走盘，横斜圆直，计于临时，不可尽知。其必可知者，是知丸之不能出于盘也。"余英时在《朱熹的历史世界》中提到，18世纪以前，中国传统内部大大小小的变动，是丸之不出盘。19世纪晚期以后，中国传统在内外力量交攻之下，很快进入一个解体的过程，"丸已出盘"。在宋朝，丸虽未出盘，但文化和精神世界在重构，阶级秩序在颠覆，历史已改变了原始的行走逻辑。于苏轼而言，佛、道、禅不仅影响了人格，更进一步影响了他的文学作品。[1]

苏辙所作《亡兄子瞻端明墓志铭》，道出了苏轼一生的思想精髓，苏轼最初喜欢贾谊、陆贽的书，论古今治乱，不做空言。后来读了《庄子》，觉得《庄子》甚得其心。苏轼对于老庄，更倾向于心的一无所有和清净自在，保持本心，不为名利所动，不为贵富贫贱所扰，至人无碍，精神自由。

魏晋玄学之后，中国文人士大夫对老庄有一种特殊偏好，在老庄中保持人格的独立和完整，保持心灵的自由和个性的发挥。文论家认为虚静之心是为文之本，陆机《文赋》中说作家只有澄心凝思，才能"笼天地于形内，挫万物于笔端"。只有达到虚静的状态，心灵才能超越时空限制、脱离

1　参阅余英时：《朱熹的历史世界：宋代士大夫政治文化的研究》，生活·读书·新知三联书店，2004年，第7页。

日常思维，做到“神与物游”，万物才能灵动地呈现于笔端。虚静之心，是为人的最高境界，是为文的前提条件。物我合一，心灵超越了一切限制，便会拥有某种直观洞察力，产生自由想象，进入艺术创作的空间。

再后来苏轼又读佛教，遇到禅学，苏轼的文学思想因为遇到了禅学，在虚静的基础上又多了一些空灵，多了一些了无挂碍，多了一些禅趣、哲思，不再是玄而又玄，而变得清远空旷，也更加灵动、有趣。宋代文人多有诗禅相通之说，或以禅喻诗，或以禅论诗，肇始于苏轼。苏轼在杭州时，写《腊日游孤山访惠勤、惠思二僧》：

天欲雪，云满湖，楼台明灭山有无。
水清出石鱼可数，林深无人鸟相呼。
腊日不归对妻孥，名寻道人实自娱。
道人之居在何许？宝云山前路盘纡。
孤山孤绝谁肯庐？道人有道山不孤。
纸窗竹屋深自暖，拥褐坐睡依团蒲。
天寒路远愁仆夫，整驾催归及未晡。
出山回望云木合，但见野鹘盘浮图。
兹游淡薄欢有余，到家恍如梦蘧蘧。
作诗火急追亡逋，清景一失后难摹。

禅宗的顿悟让诗人在刹那间看到永恒，闪现那转瞬即逝的灵光。诗词里面的禅意，会让诗呈现出另一种不同的美感。雪窦禅师曾云：

三界无法，何处求心？
白云为盖，流水作琴。
一曲两曲无人会，雨过夜塘秋水深。[1]

不只是几句禅思，更是一首美丽的诗。内心的静默是起点，从中领悟人生的真谛。凝神静思中，产生自由的心灵和艺术想象，诗歌与禅思，审美和宗教，在本源上有相通之处。心灵空静，心与物冥，便能情思随物而转，物也有了灵性，气韵生动，在苏轼的诗里犹为突出。苏轼一生留下了大量这样的诗句，简录两首，随心感悟：

六月二十七日望湖楼醉书五绝·其一
黑云翻墨未遮山，白雨跳珠乱入船。
卷地风来忽吹散，望湖楼下水如天。

饮湖上初晴后雨二首·其二
水光潋滟晴方好，山色空蒙雨亦奇。
欲把西湖比西子，淡妆浓抹总相宜。

1 （宋）雪窦重显：《雪窦重显禅师集》，上海古籍出版社，2016年。

苏轼一生三进南华寺。渡海归来后，最后一次来到南华寺，见到六祖真身，他在祖师面前顶礼膜拜，不禁老泪纵横，写下《南华寺》：

云何见祖师，要识本来面。
亭亭塔中人，问我何所见？
可怜明上座，万法了一电。
饮水既自知，指月无复眩。
我本修行人，三世积精炼。
中间一念失，受此百年谴。
抠衣礼真相，感动泪雨霰。
借师锡端泉，洗我绮语砚。

东坡说自己前世也是佛道中人，却一念之差，落入凡尘，招致一生磨难。祖师何时度我，能够摆脱这尘世悲苦。一生笑傲天下，天才、豁达、乐观，但是骨子里的不甘、屡受打击带来的消极，在自己的内心中，其实无比明显。而他所经历的波澜壮阔、风雨飘摇的一生，却成就了那个千百年来人人都爱的苏东坡。

佛、道度了东坡，东坡度了世人。

第六章

江山帝业付诗心：天下一人宋徽宗

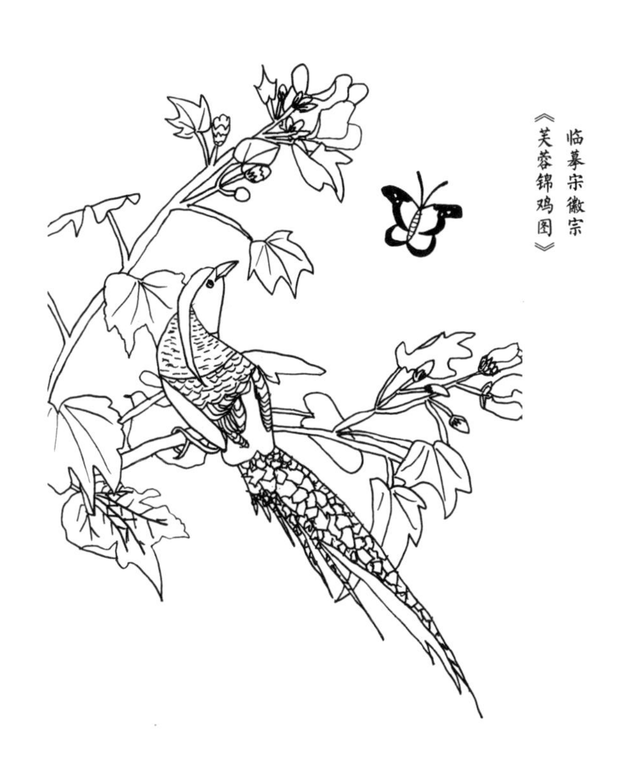

临摹宋徽宗《芙蓉锦鸡图》

做皇帝

岁月飘落尘埃，堆积成历史的厚重，渐远渐淡的墨迹，是前人的评判，拨开层层迷雾，接近事实的全貌，有时并不那么容易。

《水浒传》里演绎的徽宗朝政府腐败、皇帝昏庸、奸臣当道、党争祸国，满朝奸邪把好汉们逼上了梁山，蔡京、高俅、童贯这些反派排挤忠臣，迫害梁山兄弟，逼死了宋江。人们对梁山好汉的同情带来了对徽宗朝廷的不满。戏剧和脸谱为正史覆尘。在徽宗手里，北宋亡了，两代帝王上万宗室被掳走，堪称民族之大耻辱，以至于人们宁愿从情感上相信脸谱的设定，茶余饭后恨得咬牙切齿。

徽宗的确不是当皇帝的料，元人脱脱著《宋史·徽宗纪》，掷笔感慨，“宋徽宗诸事皆能，独不能为君耳”。“不能为君”的宋徽宗作为皇帝是不合格的，但在文化艺术上是个不能忽视的存在，陈寅恪评价，中华文化“造极于宋世”，徽宗本人作出了重要贡献。宋徽宗称自己为“天下一人”，这个艺术家皇帝绝非平庸之辈，值得拂去历史的尘埃，再顾往事，细批流年。

据说徽宗出生的时候，他的父亲神宗梦见了李煜，也许是后人杜撰，这个传说正是为了隐喻二人的命运有诸多相似，好似历史的又一个轮回。都出生于帝王之家，继承了前辈打下的丰厚江山，从小锦衣玉食，满腹才华，都成了不称职的皇帝，最后都亡了国、成了俘虏，客死他乡。李煜的国似乎亡了也就亡了，一个小小南唐，灭亡也仍然是在汉文化的统治之中，人们对此并不在意。相反，在人们的印象里，因为有了李煜，才让南唐更为知名，李煜诗词的光芒比南唐这个小国家更能流芳千古。

李煜年少时满是风花雪月，他前期的词作里尽是奢侈绮靡，是直白露骨的香艳。李煜才华卓越，情商堪忧。做了阶下囚仍然不知低人一等，把自己的不甘、思念、家国破碎都写在词里，却不知早已为自己埋下了祸根。

李煜是感性的，单纯的，脆弱的。被俘后的词作里，满是被人间辜负的无奈和凄凉。唱“流水落花春去也，天上人间”，唱“故国不堪回首月明中”，唱“梦里不知身是客，一晌贪欢”，凄凄惨惨，惨惨凄凄，人生几多悲凉，世事从来无常，享乐人间，盛世太平，最终只是一场空欢，却无可奈何地也要从头走一遭。对于“世事无常”的参透和书写，让他成了文学史上闪亮的存在。没有这些词作，南唐只是不知名的小国，李煜只是昏庸的亡国之君，因为亡国之声，他成了那个被千秋万代传诵的李煜。人们说他无能，却同时在他创造的文学世界里获得极度美的感受，那是现实与理想的冲突，是生命的悲歌。

徽宗很少有风花雪月、纸醉金迷的词句，也从不凄凉，即便在被掳走的极度悲惨、耻辱的岁月里，也少有如此凄怆的悲声，也许曾经有过，却为了生存不曾留下来。据说被俘的日子里，徽宗写了两千多首诗词，却被自己一手烧掉了，为了避免在金人面前留下把柄。

比较起来，徽宗是克制的，专注的。这是个性使然，也是文化在宋朝之后整体走向理性、思辨的体现。很少再看到李白那样的恣意挥洒，甚至于早一百多年的李煜的暖丽风格也不复存在。世事无常，也许早已看透、看淡，无常岂不是人生的必然和常态。历史越千年，早已无法看清任何一位帝王的表情，也看不到徽宗的情感流露，总是忙于各种细琐的事务，把艺术变成一件件具体而微的事项，再把每一件事情做好，似乎就是他的全部。

岳飞《满江红》里写“靖康耻，犹未雪，臣子恨，何时灭”，我们能看见岳飞的恨。但我们看不见徽宗的恨，他只是亡国之君，他的恨，人们不屑去看。或许这就是宋徽宗的命数。

徽宗从未想过自己能当皇帝，他是哲宗的弟弟，与哲宗同为神宗的儿子。哲宗在位时，徽宗被封为端王，只是亲王，不是皇位继承人。在哲宗后期，他和其他几个亲王一起，在宫外建了自己的居所，搬出宫城居住。对于一个亲王来说，表现得毫无野心，充分发展业余爱好，甚至不务正业似乎是生存的必备素养。徽宗对于艺术的兴趣也在此时得到了充分的发展。

宋朝有一些神奇的皇帝，哲宗算是其中之一，哲宗九岁即位，十七岁亲政，去世时年仅二十四岁。对于哲宗的死因有很多种说法，但综观宋朝皇帝的身体素质，精神问题似乎始终困扰着赵氏家族，哲宗死前也已经神智不清。哲宗二十四岁时因病去世，无子嗣，在太皇太后的力保下，徽宗即皇位。

徽宗对于帝业似乎是彻底没有野心，也没有成为帝王的才干。即位之后着手消灭党争，努力让两党平衡，从内心最朴素的理想出发，想建立一个公平、和谐的朝廷。当时朝廷内留下的大多是哲宗信任的改革派，于是重新梳理保守派大臣的名单，加以提拔重用。但此举却让改革派惶恐，不断地鼓动言官去弹劾保守派，从而进一步加剧了党争。随后为让改革派安心，又罗列“元祐党人”名单，把保守派的一部分列为元祐党人，刻上石碑、诏告天下，此名单上的人及后代永世不得重用。如此反复下来，朝廷的党争达到了白热化。

消灭党争的努力，最后变成了两股势力水火不容，在激化党争的路上越走越远。最终，徽宗还是不能接受保守派对于熙宁变法的攻击，在他看来，父亲神宗是天一样的存在，是最英明的君主，是他一辈子仰望的人，神宗推动的改革不可动摇、不可违抗。最终在谁可当宰相的名单里，他选中了被他贬谪的改革派蔡京。从此，蔡京逐步走向了政治舞台的中央。

为什么是蔡京？传说在给徽宗呈上的宰相备选名单里，写了蔡京的名字，却被人用纸条粘住了，徽宗撕开纸条，看到了这个名字，于是决定就是他。办事得力的蔡京成全了有心无力的徽宗，蔡京专权，帮徽宗处理一切，徽宗便彻底腾出手来专注于自己擅长的艺术领域了。

徽宗在位26年，对文化艺术从专注到痴迷，在北宋汴京的皇宫里，引领了文化的新风尚，从装饰、建筑、仪礼到书法、绘画、收藏，都建立了独树一帜的审美标准，形成了新的审美风范。这种审美不是魏晋的空灵虚无，也不是唐朝的丰满有力，它代表了宋朝，走向理性、意象，重在表达人的内心，艺术脱离主流价值观导向，成为表达自我的手段。新生的寒门士大夫阶层，使精英文化走向民间，艺术不再是贵族的狂欢。宋朝对中国艺术文化特质的形成影响深远。如果不是发生了靖康之难，徽宗的一生应该是安定和乐、完美辉煌的。徽宗一生很少走出京城，不像清朝的皇帝喜欢南巡，被金人掳走的时候，他才真正走出了都城。这个高级宅男，宅在自己的宫里，构造了一个丰富宏大并且影响深远的精神世界。

书法

徽宗传递到今天的声音不多，他的绘画大部分早覆尘埃，他的宫殿、园林都已覆没黄土之下，唯一被人广泛知晓的是他的书法“瘦金体”。只有这一字体传递着他的信息，倔强地展示着徽宗在皇帝之外不同寻常的一面。

瘦金体颠覆了以往中国传统书法的规矩。蔡邕论述书法的著述《九势》中曾讲书法的精髓，认为书法应始于自然，有了自然，才有阴阳，才能出形势。书法藏头护尾，力在字中，下笔要用力，“势来不可止，势去不可遏”，书法要自然圆润，锋芒包藏，运笔流畅。这也分明是儒家、道家思想下的审美，不露锋芒，圆润饱满。

瘦金体锋芒毕露，笔锋凌厉，笔迹劲瘦，顿挫明显，是骨感、个性张扬，笔锋、笔势把书写者的意图展现得十分明显。笔画不再是传统书法中追求的健硕、饱满，而是长直、纤细，却十分有力。用重笔容易，细笔写字却很难，粗壮容易让人觉得有力，纤细却一定要刚健才能看到风骨，况且要写出韵味，非有深厚的书法功底无法做到。瘦金体之难也正在于此。通篇看去，如一丛竹林，清新、挺拔，气质瘦劲，却极富生命力。这种力量，不是雄壮、粗犷，而是内在的刚健、不屈，像是在传达着某种信仰、某种精神、某种超越人类现实的神灵，它们在诉说着徽宗以及宋朝的独特审美，处处言说着不一样的声音。这种审美不是正统的、大众的，也不一定是持久的，在漫长的历史长河中宛如昙花一现，却美得极致、耀眼。

徽宗二十一岁时创造出了“瘦金体”，终其一生都在使用这种字体，透着作为帝王的尊贵和傲气。与他的工笔花鸟画用笔契合，笔法一以贯之。用这种字体，写出“秾芳依翠”就是如此和谐，而如果换成“厚德载物”，看起来似乎就没那么匹配。

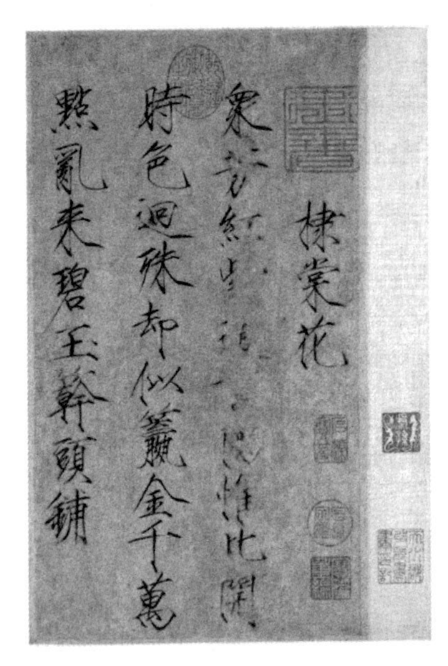

徽宗赵佶书法

（图片来源：故宫博物院数字文物库网站）

无论怎样，瘦金体是美的，徽宗十分得意，把自己的墨宝当成礼物广送各位臣僚。在一次庆祝新建秘书省时，徽宗把自己的书法作品赐予了56位大臣，宰相王黼因负责事务较多，一个人就得到了23幅作品。朝中为官多年的大臣，都积攒了很多皇帝的作品，有的还专门修建阁楼来存放。最著名的作品《二诗帖》现藏于台北故宫博物院中，苏轼最著名的书法作品《寒食帖》也同存于此，两幅作品前几年曾在北京故宫博物院同时展出，引起巨大轰动。将苏轼列为元祐党派、元祐学术，对“三苏集”进行彻底清缴的时候，徽宗必定不会想到，此后的一千年也许是几千年间，所有人都仰望苏轼，而他则早已被盖棺定论，成为历史罪人，无从申辩。

绘画

意境是一种神秘的东西，是东方艺术特有的标签，是一种氛围、一种感觉，有一种只可意会、不可言传的东西。这种东西有多种形态，甚至于对不同的人，也会传达出不同的含义。意境和画面感，似乎在某个层面存在不可调和的冲突。过分繁复、描摹仔细的画面与虚幻飘渺的意境相互排斥，所以，西方的写实主义我们经常审美无能，世界名画蒙娜丽莎，即便排着队、挤破头，看到了真容，依然要回来再去翻阅别人的评论，才知道她美在哪里。中国人善于去感受绘画的意境，在画面的空白处听见作者的画外之音，看到自然的天籁，看到人生的意趣，看到生命的礼赞，内心受到启发和震动，最后由衷地一声赞叹：哦，原来是这样！这是我们在潜意识里对艺术的认知。

意境这种东西，已融入我们的文化和血液。道家回归自然，天真纯朴，不带任何装饰，“清水出芙蓉，天然去雕饰”，要清静无为，简单不繁复。道教里面所描绘的仙界不食人间烟火，是灵动的、飘逸的、广阔的、自然的，带给中国文人的思想是回归质朴、天然的，是灵活的。

徽宗是个虔诚的道教徒。

徽宗对于意境的追求甚至动用了自己作为皇帝的权力。

徽宗以皇弟身份即位，一切沿袭古制，不改变前朝成规。唯独对宫廷建筑、装饰、图画等颇为不屑，认为装饰过于富丽堂皇，绘画质量也一般，仪礼的音乐更是破败。

于是在宫廷里建立画院，学生进行三年系统培训，把学生分成两类：一类为士流，既要有绘画技艺，又要有文学功底，画里要有意境；另一个为杂流，但求绘画技艺，不求文学素养。两类学生的发展前途自然不同。评判学生分为三等，笔意简全，不模仿古人而能十分自然地描摹出物的情态形色，并且有高古的意韵，则为上等；如果模仿前人并且能描画出古意，运色巧，用心细，为中等；只能做到模仿、不失真的是下等。对绘画层次的评判标准，代表了当时朝廷及徽宗的审美，意韵高古的为上等，仅能画得逼真的是最下等。

士流学生的画里必须有意境，以此区分于杂流。画院考试所出之题，经常给出一句诗，命学生画出它的意象。比如有“野水无人渡，孤舟尽日横”，众人所画大多是空舟靠岸，或是篷背栖鸦，画出野水、孤舟而已。而中魁首者则不然，画一个船夫，卧于舟尾，横一孤笛，并非画面无人，而是无渡水之人、无行路之人，闲云野鹤、野水孤舟的意境跃然纸上，因此取中。又比如出题“蝴蝶梦中家万里”，画家战德淳画了一幅苏武牧羊假寐，在青青的草地上，蝴蝶翻飞，羊儿吃着青草，苏武在一旁小憩，梦中又出现了那万里之外他日思夜想的故乡。一举夺魁。

参透诗句背后的人文含义，画不再仅仅是画出来、画得像，要有如诗一般，有韵外之致。

徽宗的院体画派尚且以精致、传神的山水花鸟画为主，所以徽宗留下来的作品也以花鸟居多。作为艺术家皇帝，徽宗对于艺术创作这件事从不袖手旁观。画院由他一手创立，他经常光顾画院并且亲自进行指导，在画院流连忘返，也时常将自己的画作拿给宫廷画家看，一时间，所有画作者，都竭尽全力与皇帝保持一致。有人形容他，不爱江山爱丹青，此言极是。

在徽宗的指导下，王希孟画出了《千里江山图》，创作这幅作品时，王希孟仅十八岁，是徽宗的画院里独立培养出来的画家。徽宗发现他天赋非凡，于是亲自指点他的笔墨技法，画技突飞猛进。《千里江山图》规制巨大、气势恢宏，画

徽宗赵佶《芙蓉锦鸡图轴》
（图片来源：故宫博物院数字文物库网站）

法极为工细，再现青绿山水画之美。[1] 千山万壑争雄竞秀，山水交错，水天融合，烟波壮阔。明丽鲜艳的青绿色把一幅壮美河山展现在眼前。山水之间，有野渡渔村，有水榭长桥，瓦房茅舍，苍松修竹，花红柳绿之间，有点点白衣少年。有人拾阶而上，有人独立船头，有人山间对弈、对坐饮茶，有人守望归人。千里江山，不仅是江山图景，还有家国情怀。看到了当时文人的生活方式、交往出行，看到了人们对于山水自然的向往和对亲人朋友的留恋，看到了人们所追求的山野之趣和恬淡意境。这是宋人眼里的山河家国，是一个朝代的断面。

在这幅画里，倾注了王希孟全部的才情，作完此画后两年，二十岁的王希孟便去世了，天不嫉英才，只是英才已经耗尽了全部的心力。陈丹青在《局部》中说道："在《千里江山图》中，我分明看见一位美少年，他不可能老，他正好十八岁。长几岁，小几岁，不会有《千里江山图》。他好像知道，过了几年就死了。"[2] 这个少年仿佛就是为了《千里江山图》而生，在完成了自己的使命之后，就悄然离去，留下后人对他的唏嘘留恋。《千里江山图》鲜艳的青绿色，也正像一个英俊少年，朝气蓬勃、万物初始、气象一新，那是对于江山的印象，对于河山的向往，是一个朝代的英气之所在。

1　王中旭：《千里江山：徽宗宫廷青绿山水与江山画》，人民美术出版社，2018年，第37—38页。

2　陈丹青：文化节目《局部》第一季01期《千里江山图》。

王希孟《千里江山图卷》（局部）

《千古江山图》藏于北京故宫博物院，因矿物质颜料易脱落，展出次数极少。最近一次是2017年在北京展出，万人空巷。[1]

《清明上河图》也在此时创作完成，前后相差十余年，相比起来，《清明上河图》更为大众所熟知，那些细琐的烟火

1　故宫博物院举办“千里江山——历代青绿山水画特展”，2017年9月15日—12月14日，出版有同名图录，故宫出版社，2017年。

（图片来源：故宫博物院数字文物库网站）

人间更贴近现实生活，其中有往来人物，有生活方式，有世态炎凉，与孟元老的《东京梦华录》相互呼应，互为补充，成为一幅完整的宋人生活图卷。

宋徽宗本人画作颇丰，却极少传世，北京故宫博物院收藏有《腊梅双禽图》《芙蓉锦鸡图》《雪江归棹图》等寥寥几幅，极为精细、工巧。

有人说诗、书、画这三种技艺，大多数文人能兼通两项，三项皆通的人较少，徽宗是三项全能，而且不只这三项，但凡涉及审美的、精致生活的徽宗都有涉猎，与其说是全才，不如说是超级玩家。

收藏

宋朝出现了收藏热，绝非偶然。宋朝是个内敛型的社会，人们专注于内在的思想、精神领域，思想领域立志要超越汉唐，回向尧舜禹上古三代，因此引起了人们对古玩的兴趣，尤其是上古三代的器物，更受重视。同时，社会经济繁荣，文化发展空前，也支持了人们对收藏的热爱。宋朝出现了很多金石学著作，欧阳修有《集古录》，刘敞著有《先秦古器记》，赵明诚和李清照也著有《金石录》。这些书籍以图录和图鉴的方式展示文物，并记录器物的收藏时间、地点和形状等信息，方便收藏者了解和鉴别，反应出收藏已经拥有了广大的市场。还涌现了一批士大夫收藏家，如欧阳修、王诜、李建中、王晋卿、李公麟、米芾、赵明诚、贾似道等，米芾遇到古代器物、书画必定极力求取，得到才能罢休，可见对收藏的热衷程度。

出现了大量的“博古图”，《清明上河图》的画面上，有古玩店铺、古玩摊子，有客人往来询问、细看甄别。在李公麟的《西园雅集图》上，众人聚集于苏轼的周围，谈文论画，旁边的一个小角落里，有几名书童正在一个案几上布置鼎、簋、尊、壶等各种古青铜器，以供众人赏玩。博古从皇帝、士大夫的雅好一直流行到民间，热度空前。

根据宋朝的法规，一般的古器珍玩，可以在市场上自由流通。根据《东京梦华录》的记载，开封东十字大街的茶坊，“每五更点灯博易，买卖衣物、图画、花环、领抹之类，至晓即散，谓之鬼市子”。[1] 这里的图画、珍玩、奇器，都是古董。李清照与赵明诚就经常跑到大相国寺“淘宝”，乐而忘返，二人均对收藏有极大兴趣，文物、书画、碑刻等无不收录。据记载，后来金兵南侵，所藏之物不能全部带走，择其精品仍然装了15车，最后在南逃途中逐渐丧尽。

收藏这件事，风起于宋朝，而宫廷收藏，始于徽宗。

宋徽宗是最著名也是最有实力的收藏家，藏品数量巨大，内容广泛，收藏了历代金石、书画、器物等，并建造了专门用于收藏的宫殿宣和殿。之后又创立保和殿，并且附属建筑有稽古阁、博古阁、尚古阁等，里面收藏包括古玉玺印、各种礼器、法书图画等，完全是大型博物馆的规模。

徽宗收藏古玩、书画，调动一切资源，征集私人收藏的珍贵藏品，给予金钱鼓励，并调用受过良好教育的官员，为这些藏品编纂目录。这一工程浩大，也能称为“不朽”。徽宗之前的统治者也多有收藏各种珍宝，但徽宗对于收藏有着远大的抱负，分门别类并且成体系，把收藏当成了一项事业。

---

1 （宋）孟元老撰，伊永文笺注：《东京梦华录笺注》，中华书局，2007年。

在艺术史上，宋徽宗宣和年间，是一个标志性的年份，《宣和博古图》出版，记录下了839件古物，每件物品都有临摹图，标明尺寸、铭文拓片及抄本；书法艺术有《宣和书谱》，收录了被宋朝收藏家热捧的各类书法家的作品，包括王羲之、王献之，以及很多唐人书法，并首次列帝王书法1卷。共收录有197名书法家，1344件作品。绘画艺术领域则有《宣和画谱》，共收录魏晋至北宋画家231人，共列6396幅作品，并将画家按各自擅长的领域分类为道释、人物、宫室、花鸟等十类。每类画科前均有一篇短文，叙述该画科的起源、发展和代表人物，并排列画家传记及作品，已超出了画作著录的范围，而甚至可以看成一部绘画通史。书中对于画作和画家的评论，仍然沿用了宋代画院的品第标准，提倡不仿前人，而以笔韵高简为工。此外，还有收录茶艺的《宣和北苑贡茶录》，棋牌艺术有《宣和牙牌谱》，玩赏石类收藏有《宣和石谱》。

此后，晚明社会再现收藏热，也多有博古图轴问世。有意思的是，明代画家笔下的博古图轴，多为临摹、模仿宋人作品，或者干脆以宋人鉴赏古器为题材，仿佛宋朝就是明人描绘繁华世象的一面镜子。

收藏到底是一种经济现象，还是文化现象，无法细致分辨，但至少应是一种文化现象，是一部分人物质富足之后，对于古物的追求和喜爱。这种现象不会出现于战乱年代，也不大会出现在社会经济蓬勃发展的上升期，更大可能地，出现于社会物质充裕期，人们精神富足，也可能是萎靡，从而通过博古寻找精神的寄托。徽宗对于收藏的热爱，代表的是他对艺术的专精和尊重。

建筑

宋徽宗不爱江山，唯独对美的东西有着强烈的偏好和诉求，他有独特的精神世界，需要一个心灵庭园来安放。名扬古今的艮岳便是徽宗安放精神的现实庭园。艮岳修建在宫城外，与新建的道教上清宝箓宫相邻。艮，是八卦之一，指山，代表东北方，艮岳便是修建在宫城东北角的园林。徽宗本人是个虔诚的道教徒，并曾想排除佛、儒，把道教定为国教。艮岳有着浓厚的道教色彩，有北山叫万岁山，有南山叫寿山，有屋圆如规的书馆叫八仙馆，艮岳里的溪流、水塘、瀑布、洞穴，还有诸多大小建筑，各有名称，有的富含道教意味，比如挥云厅、揽秀轩、龙吟堂、紫石岩、朝真蹬，建筑名称再比如萼绿华堂、承岚、昆云之亭，南山之南有大池，名为雁。艮岳大门名为华阳门，另有堂，名为蓬壶，此外有漱玉轩、炼丹亭等，堪称是道教的殿堂。这些名称已是这座艺术瑰宝的一部分。

徽宗认为，神灵或帝王非形胜不居，所以艮岳一定要有奇山异石。徽宗对于奇石的爱好并非孤例，苏轼、米芾等名流都爱奇石。徽宗不仅爱石，还为这些奇石专门做了一本目录，但没有流传下来，并给这些奇石命名，如朝日升龙、万寿老松、衔日吐月，等等。

为了选石筑山，从全国各地强征异石，并命人从江南尽搜太湖石等花石，运送京城，运送的组织被称为花石纲。灵璧石在宋朝时已是贡品，修筑艮岳，灵璧石为强征之首。

艮岳花费巨大，所费物资、人力浩繁，负责采购石头的官员掌握了大量财权，以总管工程的朱勔为首贪污腐败、霸道横行。这一切徽宗有所耳闻，却没能阻止工程的进行，成为了徽宗亡国的导火索，也是这座千年罕见的园林的污点。

因花石纲而导致方腊起义，彼时正是北宋与金朝谈判、联合攻击契丹的关键时刻，刚出兵的北宋不得已撤兵南下镇压起义军，由此金军一举攻下契丹，北宋完全处于被动。宋朝这些没有战争经验和意愿的皇帝大臣乱了手脚，战斗力几乎为零，金人顺势南下，扫平开封城，还向宋朝要了永远还不起的巨额财宝，搜刮开封城所有马匹、兵器，索要优秀画匠、酒匠、好酒、大批书籍，包括司马光《资治通鉴》、苏轼和黄庭坚等人的书法，但为了羞辱王安石，把王安石的书全部丢掉了。掘地三尺挖出所有金银，最后掳了二帝、三后、宗室后宫等万余人。一时间，宫室蒙难，生灵哀嚎。

金兵南下时，花石纲被迫停止，部分运输中的奇石就地处理。一部分成为江南园林中的珍贵景观。如上海豫园的“玉玲珑”，高3米，宽1.5米，有多个天然孔穴，置一香炉于底部，孔孔出烟，是豫园的镇园之宝。苏州留园中有冠云峰等，均为艮岳遗物。

金人攻陷东京，艮岳奇石也被当作战利品，令各府州县转运到中都，也就是今天的北京。现今，在北海公园内，白塔山南坡有乾隆题名“昆仑石”，石背刻诗：“摩挲艮岳峰头石，千古兴亡一览中。”中山公园四宜轩旁立有一块灵璧石，两个半月形洞孔，有乾隆题字“绘月”。

艮岳完工即遇金人围城，围城日久，徽宗命人把苑中大鹿数百头杀了给卫士做给养。都城被攻破，他让百姓于寿山、万岁山之间避难，山禽水鸟尽投之河，拆屋为薪，凿石为炮，不出一年，艮岳尽毁。

金人带走了金银财宝，徽宗其实无感，但带走了大批的书画、礼器、经史典籍，包括司马光的《资治通鉴》，苏轼的作品成车地拉往北方，徽宗仰天长叹。也许在他的心里，江山有人守着就行，百姓开心就好，最重要的是老祖宗传下来的这些文化，不能丢，还要用这些造出一个最美的世界。正如他崇信的道教，那是他的精神世界，他希望推广到全国，希望每个人都能找到自己的精神归宿。他用道教的神符来给身边的嫔妃大臣治病，修建道观祭奠祖先、为民祈福。这就是他心里的帝国。

宗教

没有宗教的精神世界是不完整的，尤其对于徽宗这样的艺术家皇帝来说，他的精神世界里宗教是至高无上的。

道教是产生于中国本土的宗教，相比于佛教的万物皆空、向往彼岸，道教更偏重于用一些神秘的方法治病、修身、教人长生不老。徽宗是虔诚的道教徒。道教富于想象的经文，壮丽堂皇的道观，短暂辉煌的仪式，都吸引着徽宗。他供奉神灵、阅读并背诵经文，认为信仰道教也是履行对臣民义务的一种方式，所以他把信仰道教看成是做皇帝的一部分。

徽宗与很多道士关系密切，比如刘混康。刘混康为茅山上清派第二十五代宗师，在京都的精英圈中十分有名。徽宗多次召刘混康入宫论道，书信往来十分频繁，所问诸多琐事。比如，一些自然征兆的意义，身边的妃子、大臣生病时，索要治疗“百病”的神符，或者请求刘混康帮忙为生病的妃子祈福。

徽宗亲手抄写道教经文，一如老子规劝他人，释放心灵，遣散欲望，与道合一，内心澄澈。

徽宗的审美品味，与质朴、空灵的道教相合，也或许，是道教塑造了徽宗的审美。道家强调“复归于朴”“道法自然”，庄子强调纯粹的自然精神，都在强调简单、质朴、素雅、恬淡，深刻影响了宋徽宗，也影响了宋朝的审美，不再如唐朝般富丽堂皇，奔放浓艳，充满动感和异域色彩，宋朝是简淡的、素雅的、理性的。

道教好青色，《说文解字》："青，东方色也。木生火，从生、丹。丹，青之信，言必然。凡青之属皆从青。"道教的青色是继承了五方、五行、五色以及道教"贵生"的思想，是东方之色，是道教献给天庭的奏章，以朱料书写在一种蓝灰色的纸上，素淡、雅致之极。徽宗亦喜青色，尚青瓷，最好汝窑，以为青瓷中的极品，传世稀少，极为珍贵。至今，素雅、简淡的汝窑瓷器及仿品仍为世人喜爱。

徽宗编写新道藏，收集所有要保存的道教文本，并且按照顺序整理，是一项重大而艰巨的工程。第一部道藏由唐玄宗主持编集，共收录 3477 卷道经，后大部分毁于战乱。宋真宗重修，徽宗重启，并亲自写了一份手诏："道不可言传，可言者道之绪。然道妙无形，深不可测，非言不显，故道载于言，妙理存焉。"[1] 完成后命为《政和万寿藏经》，收录 5387 卷。这是首部雕版印刷的道藏，对宋朝道教经典的保存和流传具有重大作用。

终局

金人攻陷了开封城，徽钦二帝、三后成为俘虏，宗室后

1 《宋大诏令集》卷二百二十三，中华书局，2021年。

宫等万余人被掳向北方。徽宗伤心欲绝，却依然关心周边的其他人，把自己的衣物、食物分给大家，为大家争取更多的生活保障，并团结了身边随从的大臣们，依然在不断地寻找对策。在大的悲耻面前，虽然不再写字、画画，却保持了尊贵的风度。相比起来，钦宗没过几年就精神崩溃，又过了36年悲惨的生活，最后被乱马踩死。

时隔千年，我们无法找到太多的记载，再去揣摩徽宗的心理状态已是徒劳。也许，没有帝王之志，也必无复国之力，也便少有亡国之耻。对于艺术的追求已经化解为每一件具体的事情，把每件事做到极致，便是完美的艺术。这一点上，理性占了上风。李煜是感性的，爱恨情愁诉诸诗文，让天下皆知。可以想见，如果徽宗被俘后也不能控制自己的情绪，历史将会是另外一种结局。

可怜一代帝王宋徽宗。

一个人如果有自己独立的精神世界，把人生的热忱都倾注其中，努力把每件事做到极致，是一种多么难以企及的人生状态。无论生活加之于自己是苦是乐是甜是酸，内心始终澄澈明净，始终能把自己独立于天地之中，不为外物悲喜，让心灵回归自我之境。让自己阻断杂音，听到雨落，听到花开，听到鸟鸣，听到山泉，听到内心里对于生命、对于人生的赞歌。无关乎空间，无关乎时间，无关乎周遭的一切，只关乎自己的内心。这种境界难以企及，对很多人来说，可望而不可求。

可惜的是，这个人是亡国之君宋徽宗。

很多宗教、理论不仅努力为人们描绘一个充满花香的理想世界，还告诉人们如何在现世里拥有一种近似的心灵状态。道家说要保持虚空，心斋，忘我，达到物我合一；禅宗要人们去修炼内心，去悟道、成佛。理学里，朱熹让人们要敬、静，也是为了时刻保持纯一的心灵状态。及至此后的王阳明，将心学光大，更是直接教给人们达到实现良知的方法。而这一切，徽宗已然可以做到。

士大夫们从很久以前，便开始内心的修炼，在这条路上，摸索了很多的方法，走过了很长的岁月。后世士大夫都追逐陶渊明，几乎成了士大夫的精神向导，每个人在内心里筑起一个桃花源。这些精神层面的探讨，随着人们更多投入社会经济发展而逐渐淹没不闻。在快节奏的现代生活里，人们喝着鸡汤，咀嚼着快餐，用不停地刷手机释放内心的压力和抑郁，盲目地奔跑于外，也逐渐迷失于内心。

放空心灵，回望古人的生活，看见远古的尘埃中绽放出来的光亮。

那个写了《夜航船》的张岱，曾在给自己的墓志铭里这样描写自己：

极爱繁华，好精舍，好美婢，好娈童，好鲜衣，好美食，好骏马，好华灯，好烟火，好梨园，好鼓吹，好古董，好花鸟，兼以茶淫橘虐，书蠹诗魔，劳碌半生，皆成梦幻。年至五十，国破家亡……回首二十年前，真如隔世。[1]

徽宗评论：谁说不是。

1 （明）张岱：《琅嬛文集》卷五《自为墓志铭》，浙江古籍出版社，2013年。

第七章

花间市井人间词

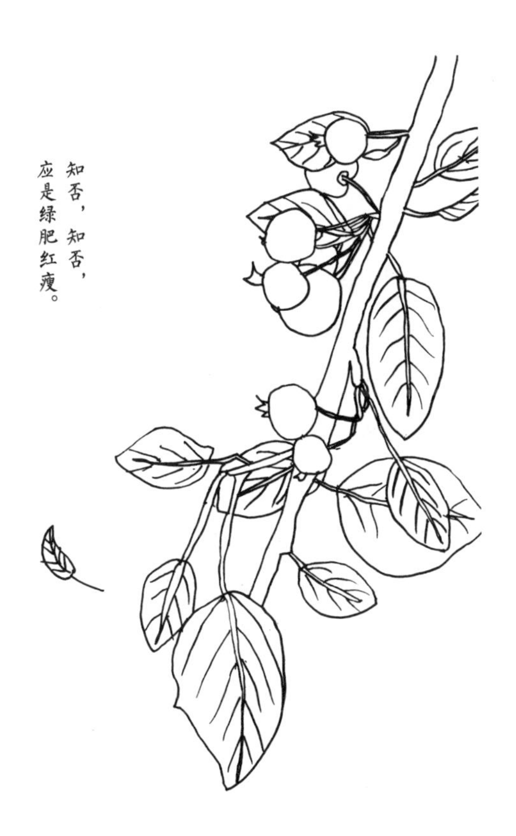

源于市井

文学是一面镜子，反映一段岁月，照耀一片人心，体现一个时代的变化。时代主流可以统治很久，非主流也仍然可以悄然流行。

当唐帝国进入后期，李白、杜甫、白居易把唐诗的创作推向了不可逾越的巅峰，诗歌的声律、用典都已接近极致，后人再也写不出新意，社会在呼唤新的文体。及至晚唐，秩序崩坏，宦官乱政，皇帝纵欲享乐，社会风气急转直下，落日之感成为一种大众情绪。人们不再追求事功，道德正义也无从谈起，追逐声色宴享成为时尚。人们追忆繁华，却无力再现大唐，索性抛却高雅精致，忘掉雄心壮志，投入酒楼歌肆的小曲小调，用沉迷和堕落抚慰不知所向的内心，男女之情堂而皇之地登上了文学殿堂。

此时，李商隐的哀伤是整个社会的哀伤，温庭筠的放纵也是集体心境的放纵。

主流文学随着社会崩坏走向末落，民间却在用另一种方式享受末日的狂欢。

词来源于歌楼酒肆中歌伎们演唱的小曲小调，陪酒伴唱，不登大雅之堂，它也不再歌颂主流价值观，而走向对男女之情的艳咏，词为“艳”科，“诗言志词言情”，都揭示了词之初的本质。词是俗的，它来源于市井，流行于市井，反应人心中最隐秘的一面，它不来源于文人士大夫阶层，与建功立业、道德文章不沾边，词之初，满是人间烟火气。

唐帝国没落，分裂成多个小国，历史进入五代十国阶段，每个国家都有自己的小文化。大一统时期的文化断裂，文人四处逃散，群体理想幻灭，文人作为个体退缩到自己狭小的生活圈子之中，或者及时行乐，自我陶醉，或者辅佐一方之主，很少发出自己的声音来。艳词创作大量出现，“自南朝之宫体，扇北里之倡风”，词人们在这种全新的文体中尽情叙说情爱体验。

五代十国，这个名字归总了公元900年以后的80年里共同存在的那些小政权，这个名字，也将那些繁华锦簇、溢彩华章、风流人世一并掩盖了起来。中原地区五代更替存在，作为中国历朝的政治中心，是野心家的必争之地。南方地区，十国林立，中国的南部、西南以及东南，因远离政治中心躲避了战乱，固守一隅的安享超越了图大图强的野心，割据政权反而成了避难之所。这些小国也吸纳了许多贬谪或逃难的文人墨客，成了中国文化传承的重要地域。

这些小国中有一些很有趣的国家，在地域历史传承上占有重要地位。比如吴越国，907年由钱镠所建，全盛时占据今天浙江全境及江苏等省份部分地域，钱氏家族在此统治了近百年，遵中原统治者为正统，并接受册封，在大宋统一时，“纳土归宋”，将国土悉数献给宋朝，使两浙地区少受战乱，这恐怕也是浙江地区长久以来经济基础雄厚、发展势头强劲的原因。钱氏家族也成为了中国历史上的名门旺族。再比如后蜀，皇帝孟昶雅好文士，在唐朝末期招揽贤才，逃难文人多有入蜀者，使川蜀之地成为中国文化历史上的重地。孟昶统治后期，生活奢侈，朝廷腐败，社会奢靡成风，占据“天府之国”的天然宝地，奢侈无度。不仅以“七宝壶”知名，他与花蕊夫人的故事也广为流传，并且一直延续至后蜀灭亡，被赵匡胤接管。

词起花间

后蜀孟昶颇有才华，史书记载他“能文章，好博览，有诗才”，据说中国的第一幅春联“新年纳余庆，佳节号长春”出自孟昶之手。也招揽了很多文人进入后蜀，有所谓“去蜀者，非出名门，即饱学之士”。在孟昶统治期间，文人雅士集聚，词风颇盛，后蜀文人赵崇祚等编撰了中国历史上第一部文人词总集《花间集》，后世多认为词应以婉约派为正宗，多半受了《花间集》的词风影响。

《花间集》收录晚唐至五代18位词人作品，一共500首。[1] 大部分为后蜀词人，还有如温庭筠等与之风格相近的作家，风格艳丽香软。后蜀词人多是宫廷豪门清客，依赖于豪门贵族生活，词也为豪门娱乐而作，主题较为单一。欧阳炯作《花间集叙》说："则有绮筵公子，绣幌佳人，递叶叶之花笺，文抽丽锦，举纤纤之玉指，拍案香檀。不无清绝之辞，用助娇娆之态。"豪门贵胄、绮丽佳人，将词写在花笺上，举起纤纤玉指，和着节拍歌唱，秾丽的文辞配合着妖娆的舞姿，正是花间词的典型场景。

花间词各作者之间风格亦不完全相同。代表作者是温庭筠、韦庄，人们多将温、韦并提，实际上二者有着不同的词风，对宋词也产生了不同影响。温庭筠出身于晚唐没落贵族家庭，生性耿直傲慢，屡次得罪权贵、挑战制度，最终触怒龙颜。科举屡试不中，才华横溢却一生潦倒。温庭筠从小就因才华而负有盛名，晚唐时期，与李商隐齐名，称为"温李"，李商隐写诗，温庭筠善词。温庭筠混迹于歌伎之间，为她们填词，维持生计，多用女性口吻来写女性心事，拥有大批的女性粉丝。温词代表了花间词的最初状态，为了配合歌者的身份，满足听众的预期，写男女之情、离愁别恨，温庭筠还是写骈文的高手，词风继承了六朝宫体，文辞华丽，风格也偏向于隐秘、婉约。如下词作可见作者风格：

1　（后蜀）赵崇祚：《花间集》，杨景龙校注本，中华书局，2014年。

梦江南

梳洗罢，独倚望江楼。过尽千帆皆不是，斜晖脉脉水悠悠。肠断白蘋洲。

更漏子

柳丝长，春雨细，花外漏声迢递。惊塞雁，起城乌，画屏金鹧鸪。　　香雾薄，透帘幕，惆怅谢家池阁。红烛背，绣帘垂，梦长君不知。

菩萨蛮

小山重叠金明灭，鬓云欲度香腮雪。懒起画蛾眉，弄妆梳洗迟。　　照花前后镜，花面交相映。新帖绣罗襦，双双金鹧鸪。

都是在描写一个女子对情人的思念，应歌而作的词很少反应出作者真情实感。温词读来是深宫的绮丽华靡，是小儿女的恩怨情长，是雕梁画栋的精致，是摒弃了人间烟火气的既柔且艳。美则美矣，艳则艳矣，却很少让人感动。不同于最初市井流行的抒情词，文人词过度追求词藻、音律，应歌倾向明显，词章华丽却显见地虚浮。

温庭筠有一首《商山早行》诗备受好评，写出了他的最高水准，颇得后世文人喜爱：

晨起动征铎，客行悲故乡。

鸡声茅店月，人迹板桥霜。

槲叶落山路，枳花明驿墙。

因思杜陵梦，凫雁满回塘。

“鸡声茅店月，人迹板桥霜”成为了千古名句，很多诗人都曾赞赏、吟咏。整首诗风格清丽，直白的诗句和简单的意象，精准传达出了旅人的感受。

韦庄生于唐帝国由衰弱到灭亡的时代，是韦应物的四世孙，至韦庄时家道已经中落。韦庄经历了五代十国的混乱时期，一生颠沛流离。59岁中进士，结束了漂泊生活，72岁助前蜀主王建称帝，75岁就死了。一生中更多地接触民间疾苦，作为一心出仕的文人，对于家国山河以及自身的命运，也有更深刻的感触，韦庄使词重新回到抒发内心情感的道路上来，使词逐渐脱离应歌之作而展现独立内涵。这种倾向影响了后来的李煜、苏轼、辛弃疾等，推动词成为大观。比如他的几首代表作：

菩萨蛮

人人尽说江南好，游人只合江南老。春水碧于天，画船听雨眠。　　炉边人似月，皓腕凝双雪。未老莫还乡，还乡须断肠。

浣溪沙

夜夜相思更漏残，伤心明月凭阑干，想君思我锦衾寒。　　咫尺画堂深似海，忆来惟把旧书看，几时携手入长安。

韦词与温词的表达明显不同，韦庄的语言更加平白、易懂，更偏重于意境和思想的表达，很少有雕琢的词语堆砌，这一点上韦庄词影响了宋词。在韦庄的词里，重在表达作者自身感悟和情绪，而不再依附于歌者。

失国词帝：后主使词由俗至雅

与后蜀类似，南唐是个有趣的国家。后蜀据川蜀，南唐据江浙。都是富甲一方之地，又少遭兵祸，统治阶级过着歌舞升平的生活。南唐的国域范围，占据了北宋的主要国土范围，与后来的南宋大部分相重合。由南唐至北宋，由北宋再至南宋，江南一地的文化基因一脉相承，靖康之变后，黄河以北的文人多转移至南方，文化遂而在此集聚。

南唐填词由皇帝领衔，两代帝王均是填词高手，词作者也以统治阶层为主，不再如花间词般香艳绮丽，词的表现对象范围更加丰富，南唐词的格调和水平普遍高于后蜀。

南唐太祖李昪励精图治，南唐成为十国中的强国，物产丰饶，国库充足。中主李璟继承父业，努力振兴南唐，他和宰相冯延巳，是当时著名词人。李璟最著名的词作，两首《摊破浣溪沙》：

菡萏香销翠叶残，西风愁起绿波间。还与韶光共憔悴，不堪看！　　细雨梦回鸡塞远，小楼吹彻玉笙寒。多少泪珠无限恨，倚阑干。

手卷真珠上玉钩，依前春恨锁重楼。风里落花谁是主？思悠悠。　　青鸟不传云外信，丁香空结雨中愁。回首绿波三楚暮，接天流。

不同的人喜欢这首词里面不同的句子，大多数人喜欢“细雨梦回鸡塞远，小楼吹彻玉笙寒”，而王国维认为“菡萏香销翠叶残，西风愁起绿波间”才真正写出了美人迟暮之感。在李璟时代，北方比较强大的政权是后周，尚且不能一统天下，所以，作为富庶南唐的君王，还有对外征伐的意愿和希望。李璟积极开疆拓土，多次对外发起战争，不想柴荣是个狠角色，一路亲征，击溃了周边各个小国，直捣南唐。同时南唐朝廷内部党争激烈，内外矛盾交困。李璟为避北方兵力，被迫从南京迁都到南昌，最后在南昌含恨而死。这首词借思念远人，写自己的内心。

由唐至五代，人们的心境和价值观发生了根本变化，在填词这件事上，帝王与市井同在。很难想象，唐朝皇帝会写出“菡萏香销翠叶残，西风愁起绿波间”这样的句子。李璟在面临重重困境之下，他看到荷花在凋谢，绿叶转黄，景入人心，愁苦的情绪不自觉地流露笔端。“青鸟不传云外信，丁香空结雨中愁”，用典在诗中常见，在市井传唱的词里却不常见，但在皇帝词人的手里，用典又再次出现，青鸟、丁香的运用，提高了词的文学素养，也正是李璟、李煜南唐二主，开启了词由市井之词向士大夫之词的转变。

在李璟的影响下，南唐朝廷词风颇盛。宰相冯延巳对后世的词作影响巨大。北宋词风，承南唐余绪，受冯延巳影响颇深。冯延巳著名的一首《谒金门》：

风乍起，吹皱一池春水。闲引鸳鸯芳径里，手挼红杏蕊。　　斗鸭阑干独倚，碧玉搔头斜坠。终日望君君不至，举头闻鹊喜。

李璟嘲笑冯延巳：“吹皱一池春水，干卿何事？”冯延巳回答道：“未若陛下‘小楼吹彻玉笙寒’也。”君臣二人互相调侃对方的词作，词已然登上大雅之堂。“吹皱一池春水”的确与人不相干，词这种文体里充满了不相干，对于这些不相干的事物，词人们寄予了相当多的热情。“闲引鸳鸯芳径里”，一个“闲”字引出了词的一大母题，闲愁、闲情，这种情绪不是时间上的空闲，而是关照他物的心境。五代时期人们的普遍心态是奢靡、颓废的，到了宋朝，王朝的目标是和平，和平是为了生活，而生活的目的就是生活本身。不再急切地外求事功，市井街巷里满是浓浓的人间烟火气。街市繁华、和平安乐，关注周遭日常，关注生命的本质，关注大自然，以及人之所以为人的根本意义。“闲情”“闲愁”就成了人们日常消遣的一种状态，这种闲适或许是主流社会的一种常态，代表了价值观上的广泛认同。一个“闲”字点明了宋词风尚与宋人心绪。

到了李煜的时代，政权格局已然变化，北宋强权建立，加快了统一的步伐，南唐等国家连反抗的希望也没有了，对于李煜来说，似乎也没有反抗的意愿和能力。“生于深宫之中，长于妇人之手”，但萧墙之内并不平静，朝廷斗争的险恶把他推向了艺术的海洋，书法，绘画，文学，无不精通，对音乐、舞蹈都有颇高的鉴赏能力。成为皇帝后，李煜不改本色，皇宫是温柔富贵乡，滋养着艳词的生长。李煜前期的词，香艳露骨，在不断地欢乐中寻找生活的刺激。比如他早年的词作《玉楼春》：

晚妆初了明肌雪，春殿嫔娥鱼贯列。笙箫吹断水云间，重按《霓裳》歌遍彻。　　临春谁更飘香屑？醉拍阑干情味切。归时休放烛花红，待踏马蹄清夜月。

李煜早年的淫靡生活可见一斑，鱼贯排列的美嫔娥穿梭于前，一遍又一遍的《霓裳》永不停歇，回去的时候看到月色正好，路边就不要放蜡烛了，要看着马蹄踩踏清月的样子。

不仅如此，李煜的皇后是大周后，但他同时还喜欢大周后的妹妹小周后，却并不娶进宫，而是与小周后偷情，《菩萨蛮》中正是这段经历的描写：

> 花明月暗笼轻雾，今宵好向郎边去。刬袜步香阶，手提金缕鞋。　　画堂南畔见，一向偎人颤。奴为出来难，教郎恣意怜。

这些艳丽的宫词，包含着李煜全部温柔的回忆。前期这些暖香软艳的词里反应出了李煜的奢侈生活，使得他被俘之后的悲哀如此刻厉逼人。李煜登基时，南唐已在战争中风雨飘摇，他的亡国经历都写在了《破阵子》里面：

> 四十年来家国，三千里地山河，凤阁龙楼连霄汉，玉树琼枝作烟萝，几曾识干戈？　　一旦归为臣虏，沈腰潘鬓消磨。最是仓皇辞庙日，教坊犹奏别离歌，垂泪对宫娥。

李煜成了亡国之君，是作为皇帝的极大耻辱，这首词记录了亡国的经过，他写到“最是仓皇辞庙日”，一代帝王的落魄不忍直视，一定也觉得愧对列祖列宗，然而还是要去告个别。李煜的可爱、动人之处在于，在耻辱、无奈、被命运玩弄的时候，在词里仍然毫无保留地披露自己，那种真诚最动人心。王国维在《人间词话》中说："尼采谓：'一切文学，余爱以血书者。'后主之词，真所谓以血书者也。"[1] 又说："词至李后主而眼界始大，感慨遂深，遂变伶工词而为士大夫之词。"[2] 李煜对词风带来的转变，是以他人生的转变为源头、以国破家亡为代价，他正是"以血写书"者。

李煜后期的词，已完全脱离了花间体的影子，大笔墨地书写身世之感和家国败落。也许因为悲恨太大，减少了许多深幽细微的描述，转而在大空间、大时间里面表达情绪。他的悲愤又与徽宗不同，李煜的悲愤不落于自身的懊恼，而是参透了人世的无常，这让他成为了千古词帝，而不单只是一个亡国之君。从李煜词起，词的境界逐渐开阔起来。

李煜以帝王之尊过了三年囚徒生活，在赵匡胤的手下做了"违命侯"，这个封号已是一种侮辱，天真的李煜还妄图能取得赵宋皇帝的宽容。他怀念南方故国，却是再也回不去的伤心之地，"流水落花春去也，天上人间"，多少恨，在这一词一句之间。

---

1 王国维：《人间词话》（十八），上海古籍出版社，1998年。

2 王国维：《人间词话》（十五），上海古籍出版社，1998年。

相见欢·之一

无言独上西楼，月如钩。寂寞梧桐深院锁清秋。　　剪不断，理还乱，是离愁。别是一般滋味在心头。

相见欢·之二

林花谢了春红，太匆匆。无奈朝来寒雨晚来风。　　胭脂泪，相留醉，几时重。自是人生长恨水长东。

浪淘沙令

帘外雨潺潺，春意阑珊。罗衾不耐五更寒。梦里不知身是客，一晌贪欢。　　独自莫凭栏，无限江山。别时容易见时难。流水落花春去也，天上人间。

“梦里不知身是客，一晌贪欢”，写尽了人世悲欢。不仅李煜在开封是客，在自己的家乡又何尝不是客，人生在世本就是过客，没有永恒的存在，没有永恒的拥有，这是生命的主题，任何的拥有和贪恋都只是“一晌贪欢”，终有尽头，只不过，李煜在人生最痛苦的时候被迫醒来，他这一句，却是一生悲剧所在。千百年来，这种过客之感不断地击打着人心，在每个失意的时刻，每个不眠的夜晚，所思所感，终化成一声叹息。“流水落花春去也”，是李煜人生的终局。人们不懈努力、持续奋斗的目的，就是为了在人生的最后，不至于一切倾覆不可收拾，所以，要勤勉、戒满、慎独，李煜的前半生太过满溢，享乐无度，后半生直线跌落，天上人间，二者之间存在必然因果。当李煜从睡梦中惊醒，独自凭栏，梦里那个山河在眼前倏忽破碎，一切再不可收拾，不只是失去，而是眼见着彩云破裂琉璃碎。

“春花秋月何时了，往事知多少”，他面对无力挽救的破碎山河，眼前的凄凉之景痛彻心扉，李煜笔端流露出悲伤的词句，却在这大悲大耻中获得了顿悟。“以血书写”者，把词作推上了另一层高峰。历史把他不想要的东西给了他，他却要为此负担终生。做个失败的皇帝也许败坏了一个词人的名声，而作为词人，南唐的败落也造就了他的成功。

落花微雨：宋词对生命和内心的关照

入宋以后，社会秩序有待重建，士人心气需要重新聚拢，文学艺术经历了一段时间的沉寂期。

宋朝初期，解除了贵族官僚的兵权，通过娱乐来消解反抗。赵宋帝王主动把五代十国留下的歌伎乐工集中到汴京，搜集民间“俗乐”，甚至自制“新声”。许多达官显贵，或流连曲坊，或蓄养声伎，在宴会及娱乐场合竞相填词。一时间，填词之风再起。

北宋初期的代表词人是范仲淹。北宋文官内能入朝舞文弄墨，外能带兵征战沙场，范仲淹就是这类士大夫的典型，他著名的边塞词《渔家傲》：

塞下秋来风景异，衡阳雁去无留意。四面边声连角起，千嶂里，长烟落日孤城闭。　　浊酒一杯家万里，燕然未勒归无计。羌管悠悠霜满地，人不寐，将军白发征夫泪。

上阕是边塞的意境，长烟落日，场景宏大。下阕转而就显现出了文人气质，“人不寐，将军白发征夫泪”，这不是怯懦的泪，范仲淹虽是文人，却勇猛坚毅，他是宋朝士大夫精神的张扬者，也是具有担当精神的实践者。范仲淹的泪，是仁者之心对人生的悲悯，燕然未勒，自己这个将军已白发苍苍，那些征夫的回家之路更是遥遥无期。词里可以写作者的真实心境，不用宣誓必胜的决心，不必彰显克敌的勇气，就要写那南飞的大雁，和远人思念的眼泪。这正是文人官员的悲悯之心，也是一个词人对现实的关照。

诗能教化人，词能感动人。

范仲淹咏边塞，怀史迹，这样一个边关司令，作品中依然有大量的儿女情长。比如《苏幕遮》：

碧云天，黄叶地。秋色连波，波上寒烟翠。山映斜阳天接水，芳草无情，更在斜阳外。　　黯乡魂，追旅思。夜夜除非，好梦留人睡。明月楼高休独椅，酒入愁肠，化作相思泪。

朝堂上下的范仲淹是同一个人，也不是同一个人，这两种角色，宋朝士大夫们区分得很好。下朝的时候，范仲淹可以写“酒入愁肠，化作相思泪”。他可以直面自己，不必始终戴着为官时的面具，可以在词里展现自我、畅谈心声，享受和表达生活，这是宋朝官员的特权。

宋词是活在当下的，是个人的、细微的、内心的、向内探寻的。即便是官员、即便是皇帝。

宋朝不事扩张，追求和平，商品经济取得了进一步发展，仁宗以后，社会逐渐走向繁荣，《东京梦华录》里面描述的北宋都城汴京的繁华，三更至五更宵禁，管理也并不严格，堪称不夜城，人们日常生活的商业化程度非常高。所以，比起家国天下的宏大母题，人们更关心眼下的吃、喝、玩、乐，更关注自己的内心和情绪。

在宋词里，人们能看到落花微雨、炉香静转，看到心字罗衣、绿罗裙，看到时间、看到空间、看到人生的多种形态和生命行进的旅程。人们渴望宁静、平和、从容的人生状态，从中能生出更多的哲理与思考。相比起来，唐诗宏大、高昂，是飞舞的、流动的，向外征服的，是高亢昂扬的。初唐的诗歌充满向往，盛唐转向饱满、庞大，晚唐虽有忧伤，却仍然是全力投入的、饱满丰盈的。唐诗是连贯的、成篇的、有逻辑和内涵的。宋词的句子与句子之间，甚至词与词之间都保持了某种独立，类似于现代流行歌曲的歌词，没有强性关联，重在营造一种意境，让听者联想、思考。这样的宋词也是容易被忽略和遗忘的。喜欢作词的宋朝人，自我不再是一个宏大的存在，他们的眼界更加开阔，世界里除了自我之外，更能关注到那些微小的存在，在词人看来，这些才是生活中的主角。

仕宦天涯：富养的欧阳修和富养的宋朝文化

北宋的第一代文坛盟主欧阳修，生于仕宦之家，其父老来得子，但在欧阳修四岁时便去世了，欧阳修的母亲带着他转而依靠叔父抚养，生活并不宽裕。欧阳修通过科举考试进入仕途，考中之后入洛阳作留守推官，当时的洛阳留守钱惟演，是吴越王钱俶的儿子，欧阳修的职位大抵是给他做高级秘书或者是一些文职工作。钱惟演博学能文，并喜欢招揽文士、提携后进，对于手下的欧阳修、梅尧臣等青年才俊关照有加，十分宠溺，很少让他们从事琐碎的行政事务，并支持他们吃喝玩乐，从事文学创作。

在当时的西京，聚集了一批品味高雅的文人，包括欧阳修、梅尧臣、著名古文家尹洙及其兄尹源、富弼等，钱惟演的包容和支持，给了欧阳修们广阔的空间，他们充满了理想、充满了对文学的热爱，经常在一起游玩，一起饮酒赋诗、品茗赏花、登山游园，尤其是梅尧臣，与欧阳修最为投缘。这些活动不断地激发欧阳修的文学兴趣、对文学不同体裁的探索和实践，欧阳修的文学水平提升巨大。

在欧阳修科举考试的年代，文风仍然沿袭南朝，要做艰涩难懂的骈文。骈文的生命已经走到尽头，时代正在呼唤新的文体。于是，他们向韩愈看齐，反对骈文，提倡古文，提倡文以载道、言之有物。在西京的三年，奠定了欧阳修的散文风格，重古文、弃骈文。后来欧阳修的古文写得炉火纯青，在他作为主考官主持科举考试的时候，尽弃骈文，要求平实、简白的文风。这一届科举里，苏轼、苏辙、曾巩等对北宋文学史有重要影响的人物被选出，革新了北宋的文风。当时有所谓"太学体"，喜欢用偏僻的古字，"太学体"领袖未被录取，寻衅闹事，开明的仁宗皇帝相信并支持欧阳修，欧阳修在文坛上的改革取得了成功。

欧阳修并非出身于富有之家，钱惟演等前辈却给了欧阳修精神上的富养，这种宽松、自由的环境，让欧阳修的文学思想释放，一时间迸发出了巨大的活力，欧阳修思想开阔、为人豁达，做官、对百姓都很宽容。这影响了苏轼，为后来北宋文风带来了焕然一新的气象。

欧阳修写《醉翁亭记》：

已而夕阳在山，人影散乱，太守归而宾客从

也。树林阴翳，鸣声上下，游人去而禽鸟乐也。然而禽鸟知山林之乐，而不知人之乐；人知从太守游而乐，而不知太守之乐其乐也。醉能同其乐，醒能述以文者，太守也。太守谓谁？庐陵欧阳修也。

虽为太守，欧阳修的文章似乎丝毫不受制约。这是宋朝人的快乐，而欧阳修的快乐在于大家感到快乐。宋朝人不再仰望伟大，“伟大”不再是士大夫文字里的主题。从皇帝而下，人们关注的是当下的和平安逸、富足快乐，关注生活上的一切，关注美。

欧阳修虽位极人臣，在个人生活中亦不掩饰自己的情感，也曾写“纵使花时常病酒，也是风流”，此类词作不在少数：

玉楼春

尊前拟把归期说，未语春容先惨咽。人生自是有情痴，此恨不关风与月。　　离歌且莫翻新阕，一曲能教肠寸结，直须看尽洛城花，始共春风容易别。

踏莎行

候馆梅残，溪桥柳细。草薰风暖摇征辔，离愁渐远渐无穷，迢迢不断如春水。　　寸寸柔肠，盈盈粉泪。楼高莫近危栏倚。平芜尽处是春山，行人更在春山外。

通过离愁来写相思，刘熙载《艺概·词曲概》中说，在接受冯延巳影响方面，“晏同叔得其俊，欧阳永叔得其深”。在抒情和内心刻画上，明显更进一步。

蝶恋花

庭院深深深几许？杨柳堆烟，帘幕无重数。玉勒雕鞍游冶处，楼高不见章台路。　雨横风狂三月暮，门掩黄昏，无计留春住。泪眼问花花不语，乱红飞过秋千去。

“泪眼问花花不语，乱红飞过秋千去”，“不见去年人，泪湿春衫袖”，是对某个人的思念，又不完全是，是对春天过去、时间流逝的伤感，也是超越了具体人、事的对生命的感悟。“去年元夜时”，“今年元夜时”，可以想见到以后的每个元夜，不仅不见了去年人，也许连自己也再不见，元夜常在，人的生命终究有限。欧阳修感叹生命，也能坦诚地面对自己的老去。如《临江仙》：

记得金銮同唱第，春风上国繁华。如今薄宦老天涯。十年歧路，空负曲江花。　闻说阆山通阆苑，楼高不见君家。孤城寒日等闲斜。离愁难尽，红树远连霞。

《朝中措·平山堂》，写的是自己在扬州任上的豪纵形象：

平山栏槛倚晴空，山色有无中。手种堂前垂柳，别来几度春风。　　文章太守，挥毫万字，一饮千钟。行乐直须年少，尊前看取衰翁。

“薄宦老天涯”，“尊前看取衰翁”，欧阳修直白地写自己老了，不掩饰自己的老态。欧阳修的仕宦生涯虽不是春风得意，也是善始善终，但他也终将面对自己的老去，他喜欢饮酒、享乐，在这些事物面前，他是一个普通人，这是一个普通人的权利。能够抛却一切的荣辱、地位，直面自己，为人的真诚，带来文字的真诚，是欧阳修的特色，也是宋词的特色和魅力所在。可以不喜欢这些小事物、小情绪，但你终究会被某一句打动，这不来自某个官员、某个大人物，而是来自另外一个生命的思考，是对生命本身的喜与哀的反思。

宋词里也有大气华贵的气象，体现于欧阳修的《浪淘沙》：

把酒祝东风，且共从容，垂柳紫陌洛城东。总是当时携手处，游遍芳丛。　　聚散苦匆匆，此恨无穷。今年花胜去年红。可惜明年花更好，知与谁同？

“把酒祝东风，且共从容”，有李白的飘逸、华贵、潇洒、大气，是一种盛世气象，不是错彩镂金的华丽，而是内心的富足。“从容”是一种态度，不似唐诗的飞扬，欧阳修的气度止于可见，或许高一点点，他的气度收归于从容的心态，最后又回归反思“可惜明年花更好，知与谁同？”这是宋人和宋词的心态。

宋词里的富贵气象在于欧阳修，这种富贵不在于物质的豪气，而是精神上的富足、充盈，不畏难、不惧险、不悲戚，不拘泥于小节，能够分享快乐给他人，这都得益于他年轻时的经历，也得益于当时的宋朝社会，是一个和平年代的开始，万物升平、较少党争的年代。自欧阳修主持文坛，后交棒于苏轼，这种气象始终存在，苏轼虽是一生坎坷，却也未曾陷入自怨自艾的个人情绪。

苏轼没有欧阳修在官场上的幸运，苏轼的底气来自与生俱来的才华，在零落成泥中重生，战胜了苦难、战胜了自己，苏轼的大气是对历史、生命的宽容，自有一种广度和深度。

奉旨填词

宋朝活跃于市井的著名词人柳永，在宋朝是一个特殊的存在。宋朝著名词人一般都是官员，做了官之后依然保持着文人作风，作词为文样样精通。柳永则词名盛于官名，确切地说，他为官之前便以填词闻名，是著名的流行歌曲作者。这也影响了他的科举及出仕之路，最终也只是做了个小官，人生的主要内容仍是填词。

柳永生卒年记载不确切，或与欧阳修同时，或在其后，大体说来，主要活跃于仁宗一朝。一生潦倒，混迹于教坊、烟花柳巷，教坊中每有新的曲子，必定请柳永填词。同样是混迹，柳永与温庭筠不同，后者出身于贵族世家，而柳永是纯正的市井平民。

柳永在当时的民间乐坛上是一顶一的红人，世称“凡有井水处，皆能歌柳词”，在市井之间获得广泛声名。水对于人们来说不可或缺，打着井水、唱着柳词，似乎是一件无比惬意的事情，柳永就是平民百姓辛苦劳作、琐碎生活中的那缕清风。

仁宗时期柳永赴汴京考试，第一次便落榜，对于寒门士子，没有强大的家族作背书，只有科举才是出路。落榜是件让人失落的事情，柳永也失落，但回头他便写了一首词《鹤冲天》：

> 黄金榜上，偶失龙头望。明代暂遗贤，如何向？未遂风云便，争不恣狂荡？何须论得丧。才子词人，自是白衣卿相。　　烟花巷陌，依约丹青屏障。幸有意中人，堪寻访。且恁偎红倚翠，风流事，平生畅。青春都一饷，忍把浮名，换了浅斟低唱！

虽然科举不中，但柳永似乎没有那么沮丧，“何须论得丧”，不必沮丧，人生还有其他意义可以去探寻。填词就是柳永最重要的事业，他认为自己是“才子词人，自是白衣卿相”，他是填词界的“卿相”。下片则开始完全的自我陶醉，烟花巷陌，偎红倚翠，是平生最畅快的事，人生正青春，就要浅酌低唱、畅度好时光，那些浮名怎么能代替?

这首词表明了柳永的心态，填词是他的事业，功名于他如浮云。宋人的思想是多么宽松、开放，人们除了功名之外还有其他的追求，还可以快乐地生活，不会因此而被人歧视、一无所成、潦倒终生。但以柳永的声名，这首词很快传到了皇帝老儿的耳朵里。第二次柳永又去考科举时，虽然成绩合格，皇帝却把他的名字拿掉了，说:“此人好去‘浅斟低唱’，何要‘浮名’？且填词去。”柳永再次落第，但这次柳永给自己换了个名号，自称为“奉旨填词柳三变”。

柳永为皇帝和士大夫所不喜，士大夫们禁止子孙读柳永的词，也许类似于今天的中小学生不适合听流行歌曲。宋朝士大夫的享乐，大都是在进入仕途之后，事业有成之际，如晏殊、欧阳修对于自己的娱乐生活毫不避讳，也未曾因此影响仕途。但柳永事业未成，便流连于市井歌坊，为歌伎们创作艳声，词里充斥了大量的男女之情，看不到柳永的仕途志向。柳永许多脍炙人口、传播广泛的俗艳歌曲，为他博得词坛声望的同时，也为他换取了“薄于操行”的名声，在追求风度儒雅、学问道理的仁宗朝，仕途自然不会一帆风顺。晏殊曾说:“殊虽作曲子，不曾道‘彩线慵拈伴伊坐’。”不过也并没有禁止他科举考试，再次赴考，终于及第，任命为屯田员外郎，世称“柳屯田”。苏轼对柳永很重视，经常把自己的词拿来跟柳永的做比较，并问别人评价如何。这是苏轼对于柳永之才的认可。

宋朝商品经济繁荣，出现了“市民阶层”，包括中下层官员及家属、仆人，衙门吏卒，商人，手工业者，艺人，城市贫民等，这些人是词的主要听众，也正是柳永词的广大粉丝基础。柳永去世时，爱慕他的妓女和乐工集资为他料理了后事，一直到明朝民间都有一个习俗，就是每年在柳永的祭日到坟上去祭扫，民间节日叫“吊柳七”。

柳永一直在引领流行歌曲的潮流。不仅填词、作曲，而且始终着意于词曲的创新。柳词来源于市井、不脱离市井、也不停滞于某处，保持了来自民间的曲子词的生命力，避免过早的案头化，进而走向僵死的局面，南宋雅词坚决反对柳永等俗艳词，最终使词成为案头文学而走向衰败。

柳永之前，五代及北宋词以小令为主，短小精悍，唱起来应该也是快节奏的，喝酒划拳的时候不适合长篇巨制。柳永也作了大量的小令，但同时开创了一个慢词的新时代。慢词就是可以铺叙开来的长词，唱起来也是缓慢而悠长的。李清照在《词论》中讲道柳永“变旧声，作新声”，肯定了柳永词的价值，清宋翔凤《乐府余论》中提到，慢词起于北宋仁宗朝，此时中原息兵，汴京繁华，歌舞升平，人们竟相作新声。柳永因为仕途失意，流连曲坊，尽收市井俚语入词，教歌伎传唱，散播四方，后来则苏轼、秦观、黄庭坚等人也开始有作，慢词遂盛。柳永著名的慢词有《八声甘州》：

对潇潇暮雨洒江天，一番洗清秋。渐霜风凄紧，关河冷落，残照当楼。是处红衰翠减，苒苒物华休。惟有长江水，无语东流。　不忍登高临远，望故乡渺邈，归思难收。叹年来踪迹，何事苦淹留。想佳人妆楼颙望，误几回、天际识归舟。争知我，倚栏杆处，正恁凝愁！

铺叙开来的词气势恢宏，句子长短结合，营造跌宕起伏的气势。苏轼极力赞赏“渐霜风凄紧，关河冷落，残照当楼”，一个“渐”字领起了四字长句，认为唐朝以后再无人有此气魄。上阕着重写景，起首的“暮雨洒江天，一番洗清秋”打开了开阔而宏大的局面，后面三句则具象了这宏大场面里的景象，最后落脚处，景物与人心相扣，从场景中获得对人世的反思。红衰翠减，物华凋谢，只有长江水，默默无语，就像时间流逝，永不停歇。下阕转而论人事，长调的好处在于可以铺叙一个完整的故事。

柳永的《雨霖铃》更加广为传诵：

寒蝉凄切，对长亭晚，骤雨初歇。都门帐饮无绪，留恋处，兰舟催发。执手相看泪眼，竟无语凝

> 噎。念去去，千里烟波，暮霭沉沉楚天阔。　　多情自古伤离别，更那堪冷落清秋节！今宵酒醒何处？杨柳岸，晓风残月。此去经年，应是良辰好景虚设。便纵有千种风情，更与何人说？

这首词里，几乎每一句都是后世流传的经典，分别的场景描写得透彻深刻。“今宵酒醒何处”，已经带有了深刻的哲思，“杨柳岸，晓风残月”，酒醒之处可能在大自然的任何一个地方，却是只有清风残月为伴。这首词广为流行，适用于分别的场景。柳永是风流的，感情充沛而饱满，柳永不是一个专情的人，在他的词里，有许多个诉说和倾心的对象，从不会为任何一个人做过多停留，这是否是柳永寻找灵感的一种方式，无从得知。

郑振铎说：“花间的好处，在于不尽，在于有余韵，耆卿的好处却在于尽，在于‘铺叙展衍，备足无余’。”“所以五代及北宋初期的词，其特点全在含蓄二字，其词不得不短隽。北宋第二期的词，其特点全在奔放二字，其词不得不铺叙展衍，成为长篇大作。这个端乃开自耆卿。”[1]

北宋初期，词在不断推进士大夫化和雅化的进程，努力塑造帝国正统的气氛，柳永在这个过程中逆向而行，用了大量的俚语、俗语，风格也受花间词影响，显得不“雅”，为

1　郑振铎：《插图本中国文学史》，中央编译出版社，2021年，第638—639页。

文人士大夫所不齿。但此时的文学艺术已不仅仅是精英的专属，词来自市井，自有它的发展路径。市井的气息根植于柳永的骨子里，即使皇帝无视，士大夫鄙夷，柳永词依然在市井街巷倍受追捧，绽放勃勃生机。

但愿人长久

了解了苏轼的生平，就会知道，他早年这句至今脍炙人口的"但愿人长久，千里共婵娟"包含了几多凄凉。

苏轼因乌台诗案被贬至黄州，人生发生重大转变，此前和此后的心境截然不同。前期的词作，感情充沛，文采飞扬，有的虽然悲凄，却仍然充满了希望。在密州任职时，怀念自己的原配夫人王弗，梦醒之后，写下了《江城子·乙卯正月二十日夜记梦》：

> 十年生死两茫茫，不思量，自难忘。千里孤坟，无处话凄凉。纵使相逢应不识，尘满面，鬓如霜。夜来幽梦忽还乡，小轩窗，正梳妆。相顾无言，惟有泪千行。料得年年肠断处，明月夜，短松冈。

苏轼的文采一骑绝尘，从不堆砌华丽的词藻，也不用艰涩难懂的语句，用平实、简白的语言，便能写出人间最深的深情。让人们感受到美，感觉到人生在世的价值和意义。所以，美不一定是形式和观感上的，更应是人们内心感受到的真诚，并由此受到的震憾。正如这首《江城子》，家喻户晓，少年可诵，每次读来仍然感到透心的哀伤。上片里，给人巨大的时空感，十年，千里，都是大场景的描绘，“无处话凄凉”，即便如此广大的时空之下，仍然是无处落脚的哀伤。下片忽然聚焦，聚焦到十年前的故乡，在那些无数平常的日子里，“小轩窗，正梳妆”，走笔至此，已经足够动人。

苏轼是个时空转换的高手。宋词的这种长短句式、跌宕起伏的声调，给了他创作的自由度，很难想象，如果换成诗，可能让人感动，但未必还能在感动之余有如此的美感。

宋神宗熙宁九年（1076），苏轼时为密州太守，与其弟子由已是许久不见，题作《水调歌头》，一曲成千古绝唱：

明月几时有，把酒问青天，不知天上宫阙，今夕是何年？我欲乘风归去，又恐琼楼玉宇，高处不胜寒。起舞弄清影，何似在人间？　　转朱阁，低绮户，照无眠。不应有恨，何事长向别时圆？人有悲欢离合，月有阴晴圆缺，此事古难全。但愿人长久，千里共婵娟。

在中秋团圆之节，怀念几年不见的弟弟，党争已经发动的时候，惆怅失落的心情一览无余。上片写身世之感，有些茫然，有些犹豫。虽然历史最终证明，无论怎样的纠结和矛盾，身在官场，文人士大夫是无法掌握自己的命运的。新法党执政时，苏轼因政见保守而被贬，旧法党重新掌权后，又因不完全赞同司马光的意见而遭受打击。失势时逆水行舟，得势时不能随波逐流，正如其小妾朝云所说“一肚皮的不合时宜”。也正是在这样不合时宜的苏轼身上，文人内生的矛盾才显得格外尖锐。

而这首词的意象却十分开阔而美好，下片写兄弟之情，字里行间都是思念。但又不停留于此：“人有悲欢离合，月有阴晴圆缺，此事古难全。但愿人长久，千里共婵娟。”整首词的意境得到了升华，充满了积极、乐观、向上的情绪，悲欢离合都只是眼前的，远人终将一切安好，终将团聚。事业上的所有不顺都只是暂时的起伏，一切将归于平静，走向坦途。月有阴晴圆缺，却将永恒地挂在夜空，不会消失。且不说这首词在词史上的重大意义，单从审美上来说，这首词便可以傲然千古，传唱不衰。超时空的审美支撑起了这首词，也撑起了整个宋词的高度，让宋词得以与唐诗比肩，并列为两座艺术巅峰，同时屹立在中华文化的艺术之林。最后一句“但愿人长久，千里共婵娟”，仍然是充满向往、充满希望的，相信无论如何会有一个团圆的结局。

乌台诗案之后的苏轼，再没有写出如此圆满的句子。

以苏轼之才，举国上下，莫能盖之，宋神宗、欧阳修无不欣赏他的才华。即便是当时的政敌王安石，在苏轼出使黄州后，每遇从黄州而来之人，都忍不住要问："子瞻近日有何妙语？"苏轼才大志大，却不会官场上的婉转迂回，一生一再被贬，令人唏嘘。而苏轼生性豁达，他的词也终究没有走向自怨自艾。对比他的门生贺铸，因乌台诗案影响，贺铸一生不得志，在词里也充满了消极和悲愤。

乌台诗案后，苏轼被贬黄州，不得擅离黄州，不得签署公文。与苏轼有诗文往来的一众友人，都受到大大小小的牵连。乌台诗案是苏轼一生的转折点，此时的苏轼一落千丈，基本生活都不能保证，那个高高在上的苏轼，堕入泥土中。这样的落差也造就了苏轼，他开始反观自身、研习佛道，在绝望中重生，将已身融入大自然之间，终于成为了历史上那个乐观、大度、有着无数奇闻轶事的苏东坡。

元好问在《新轩乐府引》中评价："自东坡一出，情性之外，不知有文字，真有'一洗万古凡马空'气象。"

元丰五年（公元1082年），苏轼在黄州赤壁，写下了流传千古的《念奴娇·赤壁怀古》：

大江东去，浪淘尽，千古风流人物。故垒西边，人道是，三国周郎赤壁。乱石崩云，惊涛拍岸，卷起千堆雪。江山如画，一时多少豪杰。　　遥想公瑾当年，小乔初嫁了，雄姿英发，羽扇纶巾，谈笑间，樯橹灰飞烟灭。故国神游，多情应笑我，早生华发。人生如梦，一樽还酹江月。

上阕追思历史，“江山如画，一时多少豪杰”，让人们又看到了宛如大唐的豪迈气象。下阕笔锋一转，“遥想公瑾当年，小乔初嫁了”，关注点仍然转向了人物本身。从“千古风流人物”到“小乔初嫁了”，从气势磅礴落到一个具体的点上，甚至似乎看到了初嫁的小乔红色头纱下面绯红的脸。即便要写大历史、大格局，也最终会拉回到具体的细节、具体人物命运。最后是“人生如梦，一樽还酹江月”，是对于人生的感慨，命运的感慨。即便如公瑾那样“谈笑间，樯橹灰飞烟灭”的人生，最后仍然是人生如梦，大江东去。

苏轼一生豪放不羁，都在诗词里。在他留下的诗文里，对于儒家思想的阐释并不多见，钱穆在《谈诗》中说：“苏东坡诗之伟大，因他一辈子没有在政治上得意过。他一生奔走潦倒，波澜曲折都在诗里见……但苏东坡的儒学境界并不高，但在他处艰难的环境中，他的人格是伟大的，像他在黄州和后来在惠州、琼州的一段。那个时候诗都好，可是一安逸下来，就有些不行，诗境未免有时落俗套。东坡诗之长处，在有豪情，有逸趣。”[1] 李泽厚在《美的历程》中说，苏东坡的文章，“奉儒家而出入佛老，谈世事而颇作玄思；于是，行云流水，初无定质，嬉笑怒骂，皆成文章；这里没有屈原、阮籍的忧愤，没有李白、杜甫的豪诚，不似白居易的明朗，不似柳宗元的孤峭，当然更不像韩愈那样盛气凌人不可一世。苏东坡在美学上

---

1 钱穆：《中国文学论丛》，长江文艺出版社，2020年，第115页。

追求的是一种朴质无华、平淡自然的情趣韵味……并把这一切提到了某种透彻了悟的哲理高度”。[1]

朴质无华、平淡自然，既是苏轼也是整个宋朝，宋朝文化崇尚简淡、质朴、自然，宋词的语言是白话的、平实的。所以，与其说宋朝是中国的文艺复兴，不如说宋朝是中国文化的祛魅阶段，我们以往崇尚的武力、丰满、阶级、宗教，在宋朝都已被消解，宋朝人看到了本质，对于形式、现象已没那么在意，反而追求简单、透彻、直白。

禅宗讲，不立文字，直指人心，用最简单的语言，甚至可以没有文字，来传道、让人悟道。人们终于发现，一切宗教，持戒、念经等形式不能让人成佛，能让人成佛的是打破这些形式回归到自己真诚的本心。而这些简单，也许是宋词最能打动人的所在。

李清照批评苏轼不合音律，[2] 不知道苏轼的词是不是真的不合音律，只知道，苏词的文学性流芳千古，有人说苏轼“以诗为词”，把一切可以入诗的都拿来入词，在苏轼的词里，可以写一切事物，写历史、相思、哀悼，写风景、写身边的小事，写自己的所思所得，词到了苏轼，开始走向人间的每一个角落。

1　李泽厚：《美的历程》，生活·读书·新知三联书店，2009年，第166页。

2　（宋）李清照著，徐培均笺注：《李清照集笺注》卷三《文·词论》，上海古籍出版社，2002年，第267页。论及晏殊、欧阳修、苏轼之词曰：“至晏元献、欧阳永叔、苏子瞻，学际天人，作为小歌词，直如酌蠡水于大海，然皆句读不葺之诗尔，又往往不协音律者……”

精致与没落

到了宋徽宗时期，社会承平太久，少有重大事情发生，人们填词再也写不出新意，开始在音律、结构、用典上下功夫。北宋末到南宋初，对于音律性的强调不断提高，一旦走向形式，也意味着即将没落。

这一时期的著名词人是秦观。秦观是苏轼的学生，“苏门四学士”之一，比起老师的光芒万丈来，秦观在官场上显得默默无闻，除了填词之外，其他方面似乎并不突出，一生较为平淡，历史对于他的记忆也很寥寥。秦观及他的时代都生活在大师的阴影之下，但大师之后，文学还要继续。没有重大生活背景为支撑，对词句的雕琢便越发精细。他的一首《浣溪沙》如今广为流传：

漠漠轻寒上小楼，晓阴无赖似穷秋。淡烟流水画屏幽。　　自在飞花轻似梦，无边丝雨细如愁。宝帘闲挂小银钩。

“自在飞花轻似梦，无边丝雨细如愁”，如今关注宋词的人很难不知道这两句。以至于在今天的网络上，这些意象因为使用过多而趋向于大众化，用得多了也便滥俗起来。但这两句词千百年来被人传诵，也终究没有走向虚浮，人们用其形，却无法更加准确地超越它自身的意义。春天走在落花的小径上，春风拂过，花瓣片片飘落，飞花不仅轻，像梦一样，而且自在，“自在”两个字，让飞花有了灵魂，“轻似梦”形容了飞花美丽的形态，用它来形容一片花瓣的美丽、轻盈，再贴切不过，这句词丰富了飞花的形态所带给人的感受。飞花欲落未落，在空中飞扬的瞬间在这首词成了永恒。同样，这里还有两个词，“无赖”、“闲挂”，无赖是指百无聊赖，这是宋词的一大主题，在秦观这里，用了两个词形容这种无聊的闲情，这首词也正是沉浸在这样一种氛围之中，慵懒的，厌倦的，有淡淡的哀愁。

秦观的词里有对自身的探究，但更多是一种迷茫和无力之感，这种探究并没有找到有效的解答。这种情绪不仅是秦观的，也是整个北宋末期的，既然不对外征伐，对内也没有更好的解决办法。秦观是生长于和平年代又没有经历人生重大变故的代表，他的词正契合了北宋末期社会和文学上的一种迷茫的心态。他最著名的是《踏莎行》：

雾失楼台，月迷津渡，桃源望断无寻处。可堪孤馆闭春寒，杜鹃声里斜阳暮。　　驿寄梅花，鱼传尺素，砌成此恨无重数。郴江幸自绕郴山，为谁流下潇湘去？

“雾失楼台，月迷津渡”，这里面的“失”“迷”经常被认为是北宋末期人们的一种普遍心态，也是秦观本人的心态，

“桃源”是文人的一种精神象征，到了秦观这里，已是“望断无寻处”。

秦观词反应出宋词不断走向精致。对于音律的强调，为首的当属周邦彦和李清照。周邦彦更偏重于词的音乐性，在宋徽宗的指示下，周邦彦创办了大晟乐府，专门为皇家填词、演奏，是个音乐大师。

宋词走向精致的代表是李清照，不仅强调词的音律，在文学性上也再创高峰。

一种相思，两处闲愁

李清照是中国古代才女的成功典范。唐朝时只有贵族才能受到教育，到了宋朝，教育普及化，但女子的生存环境仍然比较受限，女性很难接受良好的教育，如李清照这般能够在历史上留下姓名的女性更是凤毛麟角。

词这种文体本身就是阴柔的，李清照的女性性别让词具有了细腻而独特的视角，在男词人为主的词坛上，别出一家，恰似一缕春风。李清照文学素养非常深厚，传世诗词仅有83首，却在词坛上占据了重要地位。

李清照能取得如此成就，与她的家庭出身密不可分。父亲李格非是宋朝著名学者，写过《洛阳名园记》，受知于苏轼，被称为苏门“后四学士”，母亲是状元王拱辰的孙女。

王拱辰是欧阳修的同榜状元，后来两个人都娶了户部侍郎薛奎的女儿为妻，王拱辰先是娶了三女儿，三女儿不幸去世，又娶了薛奎的五女儿，欧阳修作诗嘲笑他说："旧女婿变新女婿，大姨夫变小姨夫。"欧阳修与王拱辰早就相识，据说欧阳修在科举考试之前对自己信心满满，做了件新衣服，以备中了状元的时候穿，不想王拱辰跑过去先穿上了，口中还喊道："我中状元啦，我中状元啦。"第二天考试，揭榜出来，果然王拱辰是状元，欧阳修得了同榜第十四名。

李清照可谓出身名门、家世显赫。李清照的父母观念开放，对李清照很少约束，却在培养李清照的文学素质上下了许多功夫。李清照年少时颇有诗名，18岁嫁给太学生赵明诚，赵明诚对她已是仰慕许久。公公赵挺之是政界名流，婆家对李清照也比较宽容，对于她填词、作文都给予了极大的支持。李清照和赵明诚情投意合，有共同的志向和爱好，夫妻二人在金石、收藏、诗词等方面颇有建树。有这样的家人守护，李清照的前半生是非常自在、快乐的。

李清照少女时代的生活在她的《如梦令》里有体现：

常记溪亭日暮，沉醉不知归路。兴尽晚回舟，误入藕花深处。争渡，争渡，惊起一滩鸥鹭。

晚归、醉酒、迷路，放在今天对于一个女孩子来说也不同寻常，李清照写进词里，就像是记录每天的日常。她就像一个“野丫头”，醉酒晚归并不担心父母的责骂，反倒关注着莲花深处受到惊吓的鸥鹭。李清照的词里都是这些小景、小物，宏大背景下也一定会有细节的存在。李清照的前半生波澜不惊、自由快乐、浪漫无忧，都是细琐的日常，无关痛痒，就是她每天的生活。

另外李清照比较著名的还有一首《如梦令》：

昨夜雨疏风骤，浓睡不消残酒，试问卷帘人，却道海棠依旧。知否，知否，应是绿肥红瘦。

女性词人的优点在于她们的婉转、羞涩、不直接。如白居易写“千呼万唤始出来，犹抱琵琶半遮面”，这种婉转给词带来了一种深长的美感。比如这首词，作者只想说雨疏风骤、绿肥红瘦，但并不直接说，而是借用了与侍女的对话，把这一层意思表现得余味悠长。男性词人模仿女性视角，却模仿不出这种内在的特质。世人多喜欢薛宝钗，不喜欢林黛玉，薛宝钗人情通透，人们对她的评价却是出于社会性的。只有贾宝玉看到了黛玉的美，黛玉的眼睛里有不经掩饰的身世之感，有对宝玉细至一丝一缕都要在意的纠结，心里有百转千回，眼中有娇嗔怨怼，这些都是女性最内在的真实。对于贾宝玉来说，这份真才是一个女子最可贵的东西，他宁愿自己委屈也要去包容、守候。

李清照的“知否，知否”写出了一个女子的内心，“千呼万唤”，尽管她是一个甚至比男性还要敢写敢做的新时代女性代表。

结婚以后，赵明诚赴外地工作，夫妻两地分居，李清照思念赵明诚，写了《一剪梅》：

红藕香残玉簟秋，轻解罗裳，泛上兰舟。云中谁寄锦书来，雁字回时，月满西楼。　　花自飘零水自流，一种相思，两处闲愁。此情无计可消除，才下眉头，却上心头。

“一种相思，两处闲愁”，“闲愁”在李清照的笔端，更是写尽了这种情绪。除却对远方夫君的相思，这正是一个女子的日常心态，其实也是人的普遍状态，人们需要事功、成就来证明自己的价值，但这永远都不是全部。无论什么时候，人们都需要精神的感召和内心的释放，需要那一点点无关所以的情怀。李清照笔下的闲愁百转千回，看似轻淡，却拂之不去，转念又来，如一缕薄雾，笼罩心头，在周围久久萦绕，不能散去。但她永远有一个度，不至于堕入深渊，又不至于飘浮于半空。“此情无计可消除，才下眉头，却上心头”，李清照的笔下都是白话，后人再形容相思却竟是无法超越。

这样的一个女子必定是有追求的，必定要打破一些东西，坚持自己的主见。

李清照写《词论》，是宋朝重要的文学理论著作。[1] 在《词论》里把男性词人批评了个遍，她说晏殊、欧阳修、苏轼，学问深不可测，但写的词却像是句子不整齐的诗，又往往不协音律，更像是诗的写法；批评王安石、曾巩“文章似西汉，若作一小歌词，则人必绝倒，不可读也”；对柳永既有批评又有肯定“变旧声作新声，出《乐章集》，大得声称于世，虽协音律，而词语尘下”；批评黄庭坚“良玉有瑕”；批评秦观“譬如贫家美女，虽极妍丽丰逸，而终乏富贵态”。她对于词有着自己的见解和坚持，一个人批评了大半个文坛，不得不说是有勇气的，对于苏轼的批评尤为引人注目，且不说苏轼文坛盟主的地位，从辈份上来说，苏轼也算是李清照父亲的老师，老父亲看到了多有责备。李清照对自己的公公也不留情面，公然反对公公的政见，李清照本人比她的词还要有棱角。李清照的《词论》，占据了宋朝文学理论的一角江山，后人评论宋词时，多有参考。

李清照与丈夫赵明诚不仅是夫妻，更是志趣相投的知己，收藏、读书、作词是二人共同的事业。赵李二人生为此，死为此，一生以此为牵系。李清照嫁给赵明诚时，赵明诚是个太学生，赵、李两家虽是高官，却是清廉之官，不曾有更多的积蓄，每到初一、十五，赵明诚便请假出来，把衣

---

1 （宋）李清照著，徐培均笺注：《李清照集笺注》卷三《文·词论》，上海古籍出版社，2002年，第266—267页。另可参阅王仲闻校注：《李清照集校注》，中华书局，2020年。

物当掉，和李清照一起去大相国寺淘碑文、买果子，回到家里，二人相对而坐，一边展玩碑文，一边吃果子，生活无比快乐。后来赵明诚做了官，当了太守，俸禄逐渐丰厚起来，二人便开始收藏夏、商、周三代奇器，古今书画，古代典籍，每晚整理、校勘，并约定以燃完一根蜡烛为限，苦中有乐，是属于两个人的浪漫。遇到诸子百家经典，只要字不残缺，版本不假，就立刻买下，作为副本，罗列于案，每日观赏，这种快乐，外人不能懂。

金人南下，赵明诚奉命守城，所有家当尽量削减，仍然装了十五车书籍，李清照带着全部家当，不知何去何从，赵明诚对她说，跟着大家走，如遇到官兵，先丢包裹，再丢被褥，再丢书册，再丢古董，那些宗庙祭器和礼乐之器，不可丢，“与身俱存亡”。李清照一路向南奔逃，不久，赵明诚奔赴一线的过程中，感染疟疾，李清照一昼夜飞奔三百里前去照顾，赵明诚已病入膏肓，不久去世。

作为一个女子，在战争的逃难中保护自己和这些物件是十分艰难的事，从洪州到越州、明州、台州、黄岩、衢州以及转回杭州的流离逃乱，她经历了“玉壶颁金”，被人诬陷要把这些东西送给金人，于是将所有铜器等物交公，却被别人夺走。后又被人偷盗，她又从人家手里高价买回来，又反复几次，收藏之物已所剩无几。经历南渡、丈夫去世、一世收藏散尽，李清照受尽磨难，看透人世悲凉，李清照写自己的悲戚，作品里透着哀伤。此时她再写《武陵春》：

风住尘香花已尽，日晚倦梳头，物是人非事事休，欲语泪先流。　闻说双溪春尚好，也拟泛轻舟。只恐双溪舴艋舟，载不动，许多愁。

一世的悲欢离合，至此已无法表达，“欲语泪先流”，正如那句“而今识尽愁滋味，欲说还休，欲说还休，却道天凉好个秋”。真正经历过苦难的人都不会轻易表达。悲至悲处，是无声的，只轻轻的一句“载不动，许多愁”，是词人一生的悲欢。

孔子说“女子无才便是德”，苏轼说“惟愿孩儿愚且鲁，无灾无难到公卿”。有傲世才华，难免孤绝，有点平凡，却是最近人间烟火。

艺

第八章

这般颜色落人间

宋朝的美是一种扎根于生活的美，是带有人间烟火气的。瓷器，为平凡百姓日常生活必需之器，亦或文人雅士品茗饮酒、插花焚香之用，这些宋朝美学的代表，都来自宋人生活的日常，质朴、无华到每个平常人唾手可得，但宋朝美学又是不落俗套的，淡雅、空灵，每一种颜色、每一个线条都追求极致，具体事物的雕琢不仅体现在形象之美，还有思辨、哲理、彻悟，要把中华发展至宋朝的文化融于物中，要把人的灵性融于物中，美便是有灵性的，这些物便成了人间至宝。

瓷器展现了宋朝美学的极致。日本学者小杉一雄认为，贯通古今东西，人类所能得到的最美的器物是宋瓷。

宋瓷之美，源于唐朝，既有“夺得千峰翠色来”的越窑青瓷，又有“天下无贵贱通用之”的邢窑白瓷，南青北白，平分秋色。唐朝有禅师惟俨说“云在青天水在瓶”，这种空灵的美学意象感染了很多人，这个通透、灵动的瓶子如果有个具体的模样，那它或许就是“千峰翠色”的青瓷净瓶。天空映衬于后，有水在瓶中若隐若现，水中倒映着天空，青色的瓷瓶与水天交融合一。天地淡远，青色的瓷瓶凝聚物华天宝，脱胎于大地，却不染纤尘，于天地之间安静地独立存在。

前来问道的李翱，听到惟俨禅师的答复，“暗室已明，疑冰顿泮”。禅宗的道理是这样，简单明了、干净利落、洞悉到底，对于自己的认知就是一切问题的答案。青瓷又何尝不是如此？清淡素雅，无需修饰，自身的形态和光彩便足以自我诠释。它有灵魂、性格，有沉静高贵的品质，与天地万物、人间世道有着千丝万缕的联系，却又并不纠缠到一起，自有个性，正如宋朝的气质，脱胎于前朝，又不遵循前朝，绝世独立。追求超越之美，超越世俗，超越有形，超越色彩，超越一切可以言说的东西。

素色之美

宋瓷，以素为美，亦是脱胎于唐朝，有越窑“类玉”“类冰”之青瓷，有邢窑“类银”“类雪”之白瓷，同时也生产尚未获文人雅士青睐的黑瓷、彩绘瓷。宋瓷，或者说宋瓷的主流，未发展如元朝以后那样以花瓷、彩瓷为主，以繁缛、艳丽为美，而是以素色为美，简约为美，以青、白两色为主，无论白瓷还是青瓷，最佳者均无彩色纹饰，白的透亮，青的素雅，以优雅的造型和温润如玉的釉色取胜，追求釉的质感。有的装饰暗纹，比如结晶、冰裂纹，悄然打破沉闷，却绝不张扬。形态、色彩、纹理、光亮完美融合在一起，产生了一种类似于宗教的美感和力量。后来的元、明、清瓷器逐渐以绘画装饰为主，不似宋朝以形态展现神韵。

后世所称许者，宋朝五大名窑“柴、汝、官、哥、定”，亦有加上“钧”而名曰六大名窑者。清人许之衡《饮流斋说瓷》中说：“吾华制瓷可分三大时期：曰宋，曰明、曰清。宋最有名之有五，所谓柴、汝、官、哥、定是也。更有钧窑亦甚可贵，其余各窑则统之曰‘小窑’。”[1] 五大名窑是通用的说法，宋朝的重要瓷窑不只这五个，又有“六大窑系”和“十大名窑”之谓者，然诸说皆不足以概括宋朝制瓷业发展的繁荣盛况。实际上，宋朝瓷窑遍布大江南北、塞外江南，几乎各州府均有分布，瓷器生产盛况空前，是我国瓷器发展的高峰期，青瓷、白瓷、黑瓷一应俱全，釉上彩、釉下彩的制作技法也有重大提高，在器物造型、纹饰、胎釉等方面也有许多创新，宋代社会经济的发展，推动了制瓷业的蓬勃发展。

五大名窑中，定窑主产白瓷，烧造水平十分高超，与现代陶瓷的标准十分接近，胎色洁白、釉质明亮，白中微微泛黄，那是由于北宋时北方地区窑场改以煤为燃料烧造瓷器的缘故，有的胎体极薄，具有较好的透光度。这种白瓷广受北方贵

1　（清）许之衡著，叶喆民译注：《饮流斋说瓷译注·概说第一》，紫禁城出版社，2005年。

族的喜爱，素白的底色如冬之初雪，如春日梨花，如阳光下闪耀的羽毛。定窑白瓷有的有划花、印花，多以暗纹为主，不尚彩色装饰，但亦有褐釉之“紫定”、黑釉之“墨定”者，不乏精品。北宋中期以后，以定窑白瓷为仿烧对象的白瓷窑场遍布北方地区，辽、金政权治下的窑场得以发展和延续。

五大名窑中“柴、官、汝、哥”则多制青瓷。柴窑，虽有“青如天，明如镜，薄如纸，声如磬”之美誉，但至今未有确证实物，也未发现其明确产地。汝窑的天青釉青瓷，烧造出了惊艳古今的绝世精品，南宋叶寘在《坦斋笔衡》中说：“本朝以定州白瓷有芒，不堪用，遂命汝州造青窑器，故河北唐、邓、耀州悉有之，汝窑为魁。江南则处州龙泉县窑，质颇粗厚。”说明宋人已认为汝窑为当时最好的瓷器了，后人曾有大量仿制，却从未完美再现。据文献记载，官窑始于北宋末年，中兴渡江后，南宋于临安城修内司和郊坛下“别立新窑”，仍名之“官窑”，北宋官窑至今产地未明，南宋二官窑则先后发现于今杭州乌龟山和老虎洞一带，烧制青瓷，胎细，釉润。哥窑的谜团也仍旧没有明确揭开，其以开片青瓷为主，纹片有“金丝铁线”之称。除此之外，尚有其他一些颇为知名的重要瓷窑，龙泉窑主产开片釉青瓷，颜色翠绿，釉料配制得以改进，所产青瓷釉色极佳，从梅子青到粉青，长盛不衰，至今仍有巨大的影响力。景德镇的青白瓷，胎质细腻，釉色青中泛白、白中闪青，同时大量销往海外。这些不同特色的瓷器产品，因市场需求扩大，均形成了一个分布广泛、影响较大的瓷窑生产体系，在中国陶瓷发展史上留下了浓重的痕迹。此外，耀州窑产刻划、印花青瓷；建阳窑的黑釉盏，颇为达官贵人、文人雅士“斗茶”所喜爱，黑釉中又有“油滴”“兔毫”之类者，颇为名贵，在日本被称为“天目盏”，奉为极品；钧窑产紫红斑乳浊釉青瓷；磁州窑生产北方日常生活用瓷，在白瓷、黑瓷的基础上，还呈现出了另一番热闹的景象，在白瓷上绘有黑花、剔划花等各种图案、花纹，并且诗文入瓷，与今天百姓饭桌上常见的瓷器类似，随手几笔都是装饰，质量良莠不齐，但数量众多，充满了浓厚的生活气息，产品使用和影响范围也很广。

宋朝瓷器最有影响力的仍然是定窑、汝窑、官窑等产品，烧造出了举世无双的精品，体现的不仅是宋瓷的水平，更是宋人的意蕴和审美。宋代瓷器品类覆盖广泛，从生活用品到艺术品，从礼器到祭器，瓷器也广泛地走进民间，成为人们的烟火日常。宋瓷继承了前代的技术，比前代更加精益求精，但最吸引人的还是它展现出了独特的宋代美学，素色瓷器之美在宋朝体现得淋漓尽致。

瓷器与陶器的一个重要区别就在于瓷器在胎体上面覆盖了釉。一件瓷器的构成包括两部分：瓷胎和瓷釉，胎是瓷器的内里，釉是瓷器的外衣，瓷胎影响瓷器的使用，釉则直接影响瓷器是否美观。通过瓷窑里的高温烧炼，不同的釉料，在不同的温度、不同的瓷窑类型下，都导致窑内气氛的不同，从而烧造出来的釉千差万别。釉的原料经过高温烧炼，不同的元素会发生不同的化学反应，因此展现出来了不同的颜色。另外，釉的厚度、质地、烧造出来的形态也各不相同，这些都导致了瓷器的多种多样。

瓷器之美，釉色和造型是关键。釉色是瓷器的重要识别因素，釉色的好坏很大程度上决定了瓷器的价值。主观上的审美倾向也引导了瓷器形态的发展变化，反应了当时主流社会的时尚。

宋瓷用料不断更新，技艺上精益求精，从前人的无数经验里找出那个闪光点，炼成绝世佳品，再加上宋朝的素简审美，散发出无与伦比的高贵气质。经过了上千年，它曾经在代表着什么，现在就在诉说着什么，告诉我们那一时代的人，那一时代的事，和那一时代的人文情怀。

瓷之源

瓷器在东汉晚期脱离陶器成为独立的品类，在南方烧出了成熟的青瓷，以浙东地区的越窑产品为代表。北朝时期，北方在改进青瓷质量时，烧造出了白瓷。隋唐时期，社会经济繁荣，手工业蓬勃发展，比如纸坊、酒坊、染坊、毯坊、造船坊等，如雨后春笋。瓷器也取得了长足发展，在品种、类别、工艺技术方面多有突破。唐朝时，瓷器烧造的工艺水平进一步提高，享誉中外的瓷器众多，比如河北邢窑白瓷、浙江越窑青瓷，长沙窑釉下彩等，单是陆羽《茶经》所记饮茶所用之碗，便有“越州上，鼎州次，婺州次，岳州次，寿州、洪州次”，品第各有高下，并进一步指出：“越州瓷、岳瓷皆青，青则益茶，茶作白红之色。邢州瓷白，茶色红；寿州瓷黄，茶色紫；洪州瓷褐，茶色黑：悉不宜茶。”[1] 唐人以瓷为盏，品茗之雅趣可见一斑。

盛唐时期，人们爱繁华，好事功，重贵气，包容开放，万国来朝，尤其与西北少数民族来往频繁，一派盛唐气象。盛唐的精神是杨贵妃的丰腴贵气，是李白的“天生我才必有用，千金散尽还复来”，是张旭的狂草，是流光溢彩的胡旋舞。在世追求富丽繁华，死后还有厚葬之风，于是闻名世界的唐三彩在此时，无论数量和质量上都达到了顶峰。

中唐而后，南方形成了以越窑为中心的青瓷产区，越窑在中晚唐至五代时期达到鼎盛，尤其是作为精品的“秘色瓷”，是唐代青瓷水平的最高代表，为宋朝青瓷的烧造提供了技术上的支持。北方以邢窑为中心，出现了一大批生产白瓷的窑场，白瓷数量比初唐和盛唐时期大量增加，“天下无贵贱通用之”，南北形成对峙之势，瓷器呈现“南青北白”的格局[2]。

唐朝时，饮茶之风兴起，茶道盛行，对于瓷器数量和质量的要求也越来越高，在晚唐到宋的文人生活中，茶不仅是

1 （唐）陆羽：《茶经》卷中，中华书局，2010年。

2 中国硅酸盐学会编：《中国陶瓷史》，文物出版社，1982年。

一种饮品，斗茶是风靡士大夫圈层的娱乐项目，品茶是优雅生活品味的象征。陆羽著《茶经》，是中国历史上的第一本茶经，其中盛赞越窑青瓷，称其釉为“类玉”“类冰”。陆羽认为，瓷青衬得茶色白，所以，青瓷好于白瓷，越窑器好于邢窑器，陆羽的评价对于社会风尚以及上层社会的喜好产生了重要影响。到了宋朝，青瓷的使用更加广泛，并且继承了越窑的技术，产生了几大著名的青瓷名窑，青瓷的烧造达到顶峰。

至宋朝，文化正式转向内在，宋朝美学也与唐朝美学大相径庭。

宋朝的美是一种安静的美，不张扬的、要仔细品味的美，比如瓷器，宋瓷的美学体现，主要在于它的釉色。青釉工艺在宋朝达到巅峰，汝窑有莹润的天青釉，龙泉窑有含蓄的粉青釉和碧翠欲滴的梅子青釉，都是陶瓷史上的名贵品种。装饰也是安静的，官窑、哥窑等青瓷的表面，有细密不等的开片，又称“冰裂纹”，烧造或使用过程中自然开裂的不规则纹路，是一种残缺之美。

此时的青瓷以其近乎完美的釉色跃居众瓷之首，成为一代名瓷。而青瓷的故事远不止于此，这不是起点，也不是终点。

九秋风露越窑开

在瓷器的颜色之争中，白瓷、青瓷为两种主要色彩，占据了中国陶瓷的大半江山。在青、白两色的战争中，青瓷在元代以前占有明显的优势。

唐朝声名远播、享誉最盛的越窑，是南方主要的青瓷产区，在浙江上林湖窑址。上林湖，已经成了一代陶瓷美学的代名词，它见证了瓷器作为美学象征的历史阶段，见证了它的辉煌，见证了它的不朽。顾况《茶赋》中说“越泥似玉之瓯”，越窑瓷器胎体较薄，质地细密，釉呈青绿色或青泛黄，釉面滋润光泽柔和，多素面无纹，整体器物像湖水一样清澈，像玉一样晶莹。产品以日常生活用器为主，在中晚唐至北宋前期达到鼎盛。

据《中国陶瓷史》介绍，早期越窑釉色是一种苍青色，或者说艾青色，青中闪黄，有如冬日的松柏叶，仅以“掠翠融青”的釉色取胜，极少装饰。晚唐五代时期釉色多呈湖水绿色，葱翠滋润，是越窑中的上乘之作。晚唐五代开始出现刻划纹饰、花纹或文字。

在唐末五代，越窑曾经留下了一个流传千年的美丽传说。据说五代吴越国时期，吴越国主钱氏烧造出了一种珍贵的瓷器，这种瓷的烧造技术与一般瓷器不同，绝秘不外传，专门向中原王朝进奉，不得臣下使用，被称为“秘色瓷器”。它的釉色之美，陆龟蒙曾专门写有诗歌赞美它：

秘色越器

九秋风露越窑开，夺得千峰翠色来。

好向中宵盛沆瀣，共嵇中散斗遗杯。

唐末五代徐夤《贡余秘色茶盏》也记有用于贡奉的“秘色茶盏”：

捩翠融青瑞色新，陶成先得贡吾君。

功剜明月染春水，轻旋薄冰盛绿云。

因为陆龟蒙等诗人的吟咏，秘色瓷的美丽在千百年间流传。

秘色瓷存世时间不长，因为皇家专供，见过的人不多，历史上对于秘色瓷的记录也很少。因此，人们久闻盛名，却不知真正的秘色瓷是什么样子。1987年，在陕西扶风法门寺地宫遗址中，发现了14件瓷器，幸运的是，其中13件明确载入了塔基地宫中出土的《监送真身使随负供养道具及恩赐金银器衣物帐碑》：唐懿宗“恩赐……瓷秘色碗七口，内二口银棱，瓷秘色盘子、叠（碟）子共六枚”。还有一件为青瓷八棱瓶，釉色与这13件如出一辙，这是首次发现有明确记载的秘色瓷器，震惊了世界，终于揭开了秘色瓷的神秘面纱。[1]现今看来，秘色瓷

1　陕西省考古研究院等：《法门寺考古发掘报告》，文物出版社，2007年，衣物账碑见第227页，彩版二〇二、二〇三；瓷器见第220—226页，彩版一九二~二〇一。

已并非传说中那么神秘，与后来的汝窑等精品无法相比。但秘色瓷的釉色青翠、匀净，并且能稳定烧出同样的釉色，后来上林湖后司岙窑址考古发现证明，这是使用了釉封匣钵而密封烧造，[1] 技术难度极高，这在当时，还是惊艳了古老的中国，这种技术必定要寻求“专利保护”，专供皇家使用以显其尊贵。

越窑烧造在唐朝达到鼎盛，宋朝时仍有烧造，越窑青瓷的技术，汝窑、龙泉窑、景德镇等都有借鉴。可以说，没有越窑，宋朝的青瓷不会达到如此高度。

雨过天青云破处

五代后周世宗柴荣的柴窑里，烧造出了一种精美的瓷器，色彩青碧、鲜艳，质地轻薄、莹润，做成的器物世上罕见，有司请示柴荣这种颜色，柴荣御批：“雨过天青云破处，这般颜色做将来。”这件事记载于明朝人谢肇淛《五杂组》一书中，“雨过天青云破处”的颜色，被人们深深铭记。明朝人曹昭的《格古要论》中也提到，“世传周世宗姓柴氏时所烧者，故谓之柴窑。天青色，滋润细腻，有细纹，多是粗黄土

1 浙江省文物考古研究所等：《秘色越器：上林湖后司岙窑址出土唐五代秘色瓷器》，文物出版社，2017年，第3—5、27—30页。

足，近世少见”。[1]张应文在《清秘藏·论窑器》中提到，听闻柴窑“青如天，明如镜，薄如纸，声如磬”。

柴窑盛名远播，却未见有器物存世，窑址也未曾寻得。但后来的宋朝却烧造出了真实的“雨过天青”的釉色，就是汝窑。

宋朝五代名窑之首是汝窑，“汝为魁”，汝窑是官窑，又有学者称之为“汝官窑”，是为皇家生产精品的瓷窑。汝窑数量不多，声名极盛。所产仅青瓷，其烧造时期极短，仅哲宗、徽宗两朝，不过四十年，随着北宋的结束而覆灭。北宋覆亡，金朝虏走了大批工匠，汝窑工匠首当其冲，南宋建立，偏安江南，土质变化，工匠匮乏，绝色天下的汝窑，就此断烧，宛如昙花一现。

汝瓷釉色为淡淡的天青色，釉面柔润，光泽内含，无装饰花纹，上有细密开片，俗称“蟹爪纹”。造型优雅，釉色极美，据说如用10倍以上放大镜观察，釉中含有稀疏的气泡如晨星一般寥落，又称“寥若晨星”。南宋周煇《清波杂志》中写道：“又汝窑，宫中禁烧，内有玛瑙末为油（釉），唯供御，拣退方许出卖，近尤难得。”[2]认为汝窑的釉里加入了玛瑙粉末，所以色泽青翠润泽，有“似玉非玉而胜似玉”之说。中国古代有尚玉文化，君子比德于玉，瓷器因其釉面类

---

1 （明）曹昭著，王佐新增：《新增格古要论》卷七《古窑器论》，中国书店，1987年。

2 （南宋）周煇：《清波杂志》卷五《定器》，中华书局，1997年。

玉而为人所重视。加了玛瑙粉末的汝瓷，则更加珍贵。陆游《老学庵笔记》“故都时定器不入禁中，惟用汝器”。

天青色的釉色，烧制工艺、釉料上，汝窑与越窑大不相同。

“天青色等烟雨，而我在等你”，宛如矗立在烟雾蒙蒙的江边，天色泛青，有雨欲来，有位佳人，绝世独立。这天空的淡青色，却不完全是青花瓷的颜色，如有一种颜色与之相匹，那应该是汝窑。

汝窑器形较小，小巧精致，常见器物有盘、碗、奁、瓶、洗、盏托之类，适合手中把玩、欣赏，适合小口品茶、单枝插花，不适合大碗喝酒、大口吃肉的北方生活。金人虏走了那么多工匠，却再也没有烧造出汝瓷，有用料问题，也有审美和实用性的因素。显然，汝窑也不符合喜欢磁州窑白地黑花和青花产品的蒙古人的审美和习惯。后代窑场多有仿品烧造，其中不乏宫廷仿制，但这种天青釉色无人能再现。这种神秘的天青色，后代有多少古瓷爱好者终其一生都在寻找这种微妙的烧造尺度，但这种追仿却违背了汝瓷的真谛，那句“雨过天青云破处，这般颜色做将来”，是一种清静处世的修为，是清水出芙蓉的大化自然，而绝不是刻意为之。

在瓷器已经不再被人传诵的年代，汝窑的传奇依然在继续。

汝窑瓷器的传世数目极少，根据《中国陶瓷史》的说法，传世不足百件，上海博物馆出版的《汝窑的发现》中列举了传世汝窑瓷器65件，其中台北故宫21件，故宫博物院17

汝窑天青釉弦纹尊
（图片来源：故宫博物院数字文物库网站）

件，上海博物馆8件，英国戴维基金会7件，其他散藏于美、日等博物馆和私人收藏约10件。[1] 北京故宫最重要的汝瓷藏品：汝窑天青釉弦纹三足樽。我国国有单位收藏的1.08亿件/套文件中，有195件因为太珍贵，入选“禁止出国（境）展览文物”目录，汝窑三足樽便是其中之一。

明代画家徐渭在其画《墨芍药》中题诗：“花是扬州种，瓶是汝州窑。注以江东水，春风锁二乔。”

不着花纹、不落一字，集万美于汝窑。正如简淡的山水

1 汪庆正等：《汝窑的发现》，人民美术出版社，1987年，第7—13页。

画，无色之中有千种色彩；正如禅宗深意，不落一字处表意万千。

2017年10月，香港苏富比秋拍上，北宋汝窑天青釉洗以2.6亿港币落槌，拍出了历史最高价。这是一场最昂贵的梦，这个梦也许不是徽宗做的，这件作品却实实在在地出自徽宗之手。

汝窑的淡青色，代表了宋朝正值徽宗前后时代的审美。正如这个时期的苏轼，写“黑云翻墨未遮山，白雨跳珠乱入船”，正如稍晚些的李清照，写“应是绿肥红瘦”。此时的士大夫，所珍重的不是人在仕途，而是拥有退守田园的自由，是山水画里的田园牧歌，是一种静谧，祥和，是看透一切风景的精神自由。

少且精贵的还是汝窑，正像“雨过天青云破处”那句诗一样，不着烟火痕迹，用静谧的色彩悄然引领世界。后世追捧汝窑者极多，仿者无数，现今亦有颇多精致的仿品，然而瓷器本身除了在古玩市场上，已不再如曾经那样受人关注。瓷器依然，时代却早已不是那个时代。

琢瓷作鼎碧于水

宋人杨万里在《烧香七言》诗中以“琢瓷作鼎碧于水，削银为叶轻如纸”描写了用于烧香之用的龙泉窑青瓷香炉，称其釉色“碧于水”，这可谓宋代青瓷的另一个重要代表。龙泉窑，翠绿色青瓷，单色纯净不事雕琢，流传时间久远，是陶瓷史上不落幕的传奇。龙泉窑“粉青”如和田青玉般苍翠温润，成为一代典范。雍正年间，专门从事御用瓷器烧制的唐英，撰写了《陶成纪事》，按唐英所说，当时仿制的青釉应有浅龙泉、深龙泉、浅冬青、深冬青之分，但传世品似乎已无法如此细分。

龙泉窑是宋元时期南方著名的青瓷窑场，是越窑衰落之后兴起的青瓷窑。南宋时期龙泉窑达到顶峰，成功烧制出粉青、梅子青的标准釉色，既似青梅，又似翡翠。特点是薄胎厚釉，釉面较厚，具有深厚凝重的美感，引领了宋元时期南方青釉瓷器的发展。南宋至元兴盛，主要烧造生活用品。龙泉窑青瓷又因兴盛的蕃舶贸易，经由海上丝绸之路，漂洋过海，广泛销往海外地区，并以Celadon之名享誉世界。

龙泉窑与五大名窑里的官窑、哥窑又有不同。官窑为徽宗时期宫廷直接营建，瓷器素面无华，既无雕饰，又无彩绘，最多使用凹凸直棱和弦纹为饰，与汝窑颇为相近。哥窑产地说法不一，传说章氏兄弟二人各烧一窑，哥哥烧者为哥窑，弟弟烧者为弟窑，即为龙泉窑，而哥窑也有考证其地在龙泉者。据文献所载和传世品研究，哥窑产品多开片，釉质莹润，釉色有粉青、浅青、月白、米黄等，其中，尤以粉青莹润可爱。哥窑的特征是釉面有开片，通体釉面被粗深或者细浅的两种纹线交织切割，被称为开片，或叫“冰裂纹”，又有俗称“金丝铁线”。因为胎体与釉面的膨胀系数不同，烧造时釉面产生细密的裂痕，称为“开片”，本为缺点，却为一众文人雅士所欣赏，晶莹的瓷器犹如光滑的冰面，裂开浅浅的细纹具有立体感，如在冰中一般晶莹。开片之于瓷器，形成一种天然的、不可多得的美。工匠们也慢慢地掌握了开片的规律，烧造出自然开片，一举成为经典，对于开片的控制和把握炉火纯青。瓷器的世界里，缺点与特点共生，烧造时流下来的釉，也往往成为鉴赏真伪的手段。

在器物造型上，汝窑、官窑、哥窑和龙泉窑，北宋末至南宋时期一度出现了复古之风，如仿铜器的贯耳瓶、鼎式

龙泉窑青釉琮式瓶
（图片来源：故宫博物院数字文物库网站）

炉、鬲式炉以及仿玉器的琮式瓶，这一点在很多陈设器和礼器上体现尤为明显。

高雅到极致的宋朝，是自然的洒脱和人工的精致相结合，是人间烟火气与空灵的艺术感相交融，是完美与残缺的共存共生。这种美，把宋朝文化推向了一个新的境界。

素肌玉骨青白瓷

晚唐到五代时期动乱，产生了大规模自北向南的移民，随着人口流动迁徙，“南青北白”的格局不再分野明显，南方也开始烧白瓷。南方一向以瓷石来制胎，五代时发现了瓷土，对于生产白瓷来说，瓷土更适合。但技术与资源条件仍然存在南北差异，南方没有生产出如北方一样的白瓷，而是仍然偏青色，是介于青瓷和白瓷之间的颜色，被人们称为青白瓷，在南方渐成风尚。

北宋英宗治平元年（1064），蔡襄在《茶录》中提到斗茶家不用的“青白盏”，南宋赵汝适《诸蕃志》、吴自牧《梦粱录》也有“青白瓷器”，说的都是这种青白瓷。

青白瓷的主要产区在景德镇，后世又称影青瓷，透影度极高，且为青色，前人形容五代柴窑的“青如天，明如镜，薄如纸，声如磬”，形容青白瓷最合适。明人宋应星在《天工开物》中记载：“陶成雅器，有素肌玉骨之象焉。”“素肌玉骨”，达到这种标准的只有青白瓷。青白瓷在陶瓷史上占有重要地位，也是宋代外销瓷中最大宗的产品，至今景德镇的影响依然存在。

绝世稀有曜变盏

建盏在北宋时即已为人称道，以兔毫、油滴、曜变釉著称于世，其窑位于建阳，因其宜于斗茶而颇为时人珍爱。宋徽宗、苏轼、黄庭坚、蔡襄、杨万里等，均有诗文歌颂。苏轼《送南屏谦师》：

道人晓出南屏山，来试点茶三昧手。
忽惊午盏兔毛斑，打出春瓮鹅儿酒。

蔡襄《茶录·试茶诗》：“兔毫紫瓯新，蟹眼清泉煮。”宋徽宗赵佶《大观茶论》：“盏色贵青黑，玉毫条达者为上。”均指黑釉兔毫或油滴等著名茶碗。建盏适合于当时流行的斗茶风气。斗茶要以茶面上白色的泡沫评价优劣，泡沫白、无水痕、能持久为胜。宋徽宗的《大观茶论》上说：“点茶之色，以纯白为上，青白为次，灰白次之，黄白又次之。”这种白色的泡沫以黑色茶盏衬托得最为明显，黑白对比也最赏心悦目。蔡襄《茶录》中说：“茶色白，宜黑盏，建安所造者绀黑，纹如兔毫，其坯微厚，熁之久热难冷，最为要用。出他处者，或薄或色紫，皆不及也。其青白盏，斗试家自不用。”言明了建盏之优势。

藏于日本静嘉堂文库美术馆的日本国宝宋建窑曜变天目碗，在三五成群的油滴斑周边形成一圈圈蓝绿色的光环，光华四溢。据说宋代求法的禅僧自天目山带回日本，因此称为“天目碗”。曜变的形成，并无规律可循，初时应是烧制过程中的一种釉层结晶的自然反应，后觉得其花纹、纹理可人，遂有意为之。不过，目前所见，名“曜变”者，当仅日本所藏三件，及杭州城内出土一件残品；而多见或宋人斗茶喜用者，当仍为“玉毫条达”的兔毫盏。

南宋曜变天目碗
（图片来源：日本静嘉堂文库美术馆网站）

人间烟火凡尘事

磁州窑与其他窑均不同，独树一帜，具有质朴而豪迈的艺术风格，生产大量实用美观的日用器皿，宋代时享誉民间，是北方民间窑的典范，充满了浓厚的民间生活气息。产品多为碗、盘、盆、壶、罐、钵、瓶、灯、枕等日用物品，器表常以喜闻乐见的诗词书画作装饰，线条流畅，奔放不羁，体现了民间艺术共有的质朴风格。宋人喜以花为饰，或折枝一朵，或团花一簇，或枝蔓相连，潇洒几笔，绘满人间花开。有的装饰又颇为复杂，以枕为代表，枕上绘有花卉、芦雁、仙鹤、龙、虎、熊戏、马戏以及双婴蹴鞠、柳岸观鱼、莲池赶鸭等。另外还有诗词歌赋，题诗题句，或寓意美好，或人间感悟，或诗词雅句，这上承于长沙窑诗文题记，“风花雪月”“酒色财气”“人生百年常在醉，算来三千六百场”，不一而足。故宫博物馆藏一件“明知空手去，刚惹业随身”白地黑花诗文枕，笔力苍劲，颇有文人墨戏之韵味，磁州窑博物馆藏有一件金磁州窑《如梦令》题词八棱长方形枕，上写：“为向东波（坡）传语，人在玉堂深处。别后［有］谁来，雪压小桥无路。归去，归去，江［上］一犁春雨。”词乃出自苏轼《如梦令》，[1]颇为雅致的一首绝妙好词，书法质朴、奔放。

1　（宋）苏轼著，（清）朱孝臧编年，龙榆生校笺，朱怀春标点：《东坡乐府笺》卷三，上海古籍出版社，2009年，第467页。原词曰：“为向东坡传语，人在玉堂深处。别后有谁来，雪压小桥无路。归去，归去，江上一犁春雨。”

金代磁州窑题苏轼《如梦令》词白地黑花瓷枕

磁州窑博物馆藏

第九章

恰如灯下故人

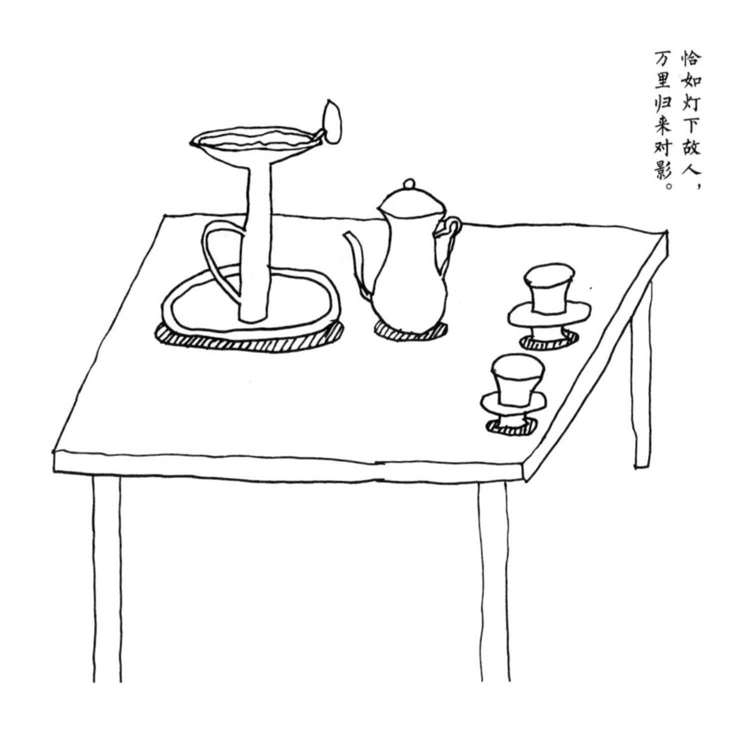

南宋淳熙十三年（1186）春，陆游应召入京，此时的陆游已经六十二岁，不被重用多年。陆游出生于北宋末期，一生怀有爱国之志，常思“为国戍轮台”，却终其一生未能看到南宋收复失地，心与身俱老；怀着谨小、有限却未曾放弃的期盼，仍然未能看到南宋朝廷收复边疆、抵御外敌的意愿；笔耕不辍，成为南宋复国的呼吁者和守望者。他在临安百无聊赖、等候被召唤之时，写了《临安春雨初霁》：

世味年来薄似纱，谁令骑马客京华。
小楼一夜听春雨，深巷明朝卖杏花。
矮纸斜行闲作草，晴窗细乳戏分茶。
素衣莫起风尘叹，犹及清明可到家。

这不是写“铁马冰河入梦来”的那个陆游，是身在临安，不知前途几何的陆游，小楼一夜春雨伴客眠，清晨巷子里响起了叫卖杏花的声音。这不是凌云壮志的一天，而是独自一人面对自我的一天，是个人的，内在的。

陆游一生作品无数，他诗里的爱国激情、词里的爱情故事都让人印象深刻，《临安春雨初霁》是其著名篇章之一，这首诗里的每一句都堪称经典。陆游客居临安，休闲中的生活是练字、品茶，“矮纸斜行闲作草，晴窗细乳戏分茶”，宋朝士大夫的休闲生活随着陆游的无聊暴露于纸面世间，茶作为一种雅致的文艺活动，已经成为了当时士大夫的生活日常，在宋朝文人的诗里，留下了大量关于茶的笔墨，往来交际，品鉴新茗，夜深对炉，茶让士大夫们把日子过成了诗。

诗里的品茶，是高雅的、文艺的、充满闲趣的一种文人活动，茶是日常的、必需的、实用的生活用品。茶是市井凡尘里的人们停下脚步、与自我对话的媒介，也是文人士夫往来交际、提神醒脑的工具。一代又一代的人们，不断地赋予茶新的内涵，茶成为了集大雅大俗特质于一身的饮品，既是物质的、生活的，也是精神的、智力的。茶出现在宫廷国宴上，也出现于寻常百姓的饭桌上，它在文人贵胄的口中流转，也是山野民夫的起居日常。它的存在，首先是为了满足人们的口腹之需，却成为文人士大夫的“四大雅趣”之一，成为禅宗启迪智慧的公案，至今仍是活跃在社会各类人群中的必备饮品。也漂洋过海，让中国文化的种子在其他国家生根。茶在中国文化历史上是一种独特的存在，小小几片叶子传承中国传统文化如此之宽、如此之深，如此之远。皇帝爱它，文人爱它，武将爱它，百姓爱它。儒家爱它，佛家爱它，道家也爱它。在时间的长河流逝中，很多历史文化传统已随之淡化，或成为历史的一个符号，而茶文化依然鲜活，又不断生出新意。

南方嘉木

茶很早就出现在中国的文献记载里，最早在《诗经·邶风·谷风》中有“谁谓荼苦，其甘如荠”，很多人认为，其中的“荼”就是茶。汉代时，有较为明确的饮茶记载，[1] 并有出土茶叶佐证。[2] 唐人陆羽著《茶经》，开篇写道“茶者，南方

---

1 成书于战国秦汉之际的《尔雅·释木》记有“槚，苦荼”，晋郭璞注曰：“（槚）树小似栀子，冬生叶，味甘苦，可作羹饮。今呼早取为荼，晚取为茗，或一曰荈，蜀人名之苦荼。”（《十三经注疏·尔雅注疏》标点本，“释木·槚”条，李学勤主编，北京大学出版社，1999年，第278页）据此可知，槚树正是茶树。西汉王褒《僮约》中已有蜀地的童仆“烹荼尽具”“武都买荼”的记载，参王启涛《王褒〈僮约〉研究》，《四川师范大学学报（社会科学版）》2004年第6期。

2 1998年汉阳陵帝陵第15号外藏坑（K15）考古发掘出土有已腐朽碳化、呈层状的植物堆积，当时并未能明确其性质，参阅：陕西省考古研究所《汉景帝阳陵东侧11~21外藏坑发掘简报》，《考古与文物》2008年第3期。2015年，中国科学院地质与地球物理研究所研究人员利用植物微体化石和生物标志物方法，重新进行科学分析，鉴定出了茶叶遗存，这一发现意义重大，参阅：吕厚远《1800年前丝绸之路穿越青藏高原的茶叶证据》，《中国西藏》2016年第2期。有研究者认为，外藏坑K15所出茶叶为巴蜀地区进贡给汉景帝的茶叶，参阅：张坤《汉阳陵外藏坑所出茶叶刍议》，《文博》2018年第1期。2018年，山东大学历史文化学院在山东邹城邾国故城西岗墓地一号战国墓出土原始瓷碗（M1:7）中残留物，样品经北京科技大学科技史与文化遗产研究院研究人员检测分析为煮（泡）之后留下的茶渣，这一最新考古发现将茶文化起源的实物证据向前推了300多年,提前到战国早期偏早阶段，参阅：山东大学历史文化学院考古系、邹城市文物局《山东邹城市邾国故城西岗墓地一号战国墓》，《考古》2020年第9期；路国权、蒋建荣、王青、魏书亚：《山东邹城邾国故城西岗墓地一号战国墓茶叶遗存分析》，《考古与文物》2021年第5期。

之嘉木也”，[1] 南方山川秀丽、水气氤氲，滋养了茶树生长，也培养了南方人饮茶的习惯。唐朝封演（约8世纪末）著有《封氏闻见记》，其中记载南方人好饮茶，北方人最初饮茶不多。据封演记载，唐朝开元时期有禅师传授禅宗，学禅之人要睡得少、吃得少，于是只能靠饮茶支撑。禅宗僧众遍布各地，于是喝茶的习惯被人们传播开来，逐渐北上，传至京都，城市里也开起了茶铺，煎茶卖之，无论僧俗，纷纷来买茶，以至于“今人溺之甚”，“穷日尽夜，殆成风俗。始自中地，流于塞外”。[2]

唐朝，饮茶的习惯开始遍及全国。

唐朝，饮茶开始成为一种文化。陆羽《茶经》是世界上现存最早、最完整的茶学专著，[3] 分十个篇章对茶进行了全面阐述，后世多有茶学专著，饮茶成为一种文化更大面积地推广开来。

及至宋朝，茶文化气象大开，饮茶成为一种不分地域、阶级的普世文化，受到皇帝、文人士大夫阶层的喜爱、追捧，成为一种技艺和雅趣，并获得了与诗、书、画并列的文化地位。北宋名臣、书法家、文学家同时也是茶学家蔡襄著

1 （唐）陆羽撰，沈冬梅校注：《茶经校注》卷上“一之源”，中国农业出版社，2006年，第1页。

2 （唐）封演撰，赵贞信校注：《封氏闻见记校注》卷六“饮茶”条，中华书局，2005年，第51—52页。

3 《茶经》上（《一之源》《二之具》《三之造》）、中（《四之器》）、下（《五之煮》《六之饮》《七之事》《八之出》《九之略》《十之图》）三卷，十篇，唐复州竟陵陆羽（733—804）撰。现存最早刊本为南宋咸淳九年（1273）左圭《百川学海》丛书本。

有《茶录》，对茶、器均有详细记载，[1]对宋朝饮茶产生了重要影响。宋徽宗著有《大观茶论》，[2]对茶的普及与地位提升产生了巨大推动作用。

茶与宗教、文化紧密相联，儒、释、道三教都赋予了茶不同使命。唐时，赵州从谂禅师的名句是“吃茶去”，有人来问禅，都回答“吃茶去”，茶成了参禅悟道的一种媒介，禅宗见仁见智，茶的道理也自在人心，茶、禅之间，有一些东西是相通的。

在禅宗创立伊始，茶便相伴而生。据称，达摩在少林寺面壁九年，始终保持清醒状态，有一天晚上居然睡着了，达摩醒来生气地把眼皮割下来，扔到地上。不久，在他扔眼皮的地方长出了一丛树，他采下树叶泡水喝，便不再发困，这就是茶树的由来。茶树产生的历史自然不是如此，但这个故事对于禅宗弟子的教化寓意明显，茶与禅就产生了联系。北宋著名诗人林逋有《西湖春日》：“春烟寺院敲茶鼓，夕照楼台卓酒旗。”以茶鼓召集僧人饮茶，茶的重要性对于寺院来说可见一斑。饮茶对于儒家学者更是生活日常，宋朝文人士大夫留下了大量关于茶的诗文。茶与儒、释、道等各家思想充分融合，成了联系宗教、哲学、文学的纽带。

---

1 （宋）蔡襄：《茶录》，《茶录（外十种）》，上海书店出版社，2015年，第10—15页。

2 （宋）赵佶：《大观茶论》，《茶录（外十种）》，上海书店出版社，2015年，第38—46页。

茶在文人圈中是安静而私人的，在宗教中是教化的，在市井中却是热闹非凡的。孟元老的《东京梦华录》中记载，北宋汴京城内，茶坊林立，“茶坊每五更点灯，博易买卖衣物图画花环领抹之类，至晓即散，谓之鬼市子”。[1] 茶坊在夜里可以卖衣服图画之类，天亮即散，被称为鬼市。早期的茶馆，多是为行人、客商解渴，宋朝的茶馆功能更加丰富，解渴只是最基本的功能，更重要的是休闲娱乐、商务往来，所以，很多茶馆里面有歌女唱歌，有说唱艺人进行表演。茶与茶馆已经全面走进人们的日常生活。

茶先百草：制茶

唐宋时期，人们多饮饼茶。经过复杂的工艺流程，将叶片蒸熟、捣烂，将汁液一遍一遍榨取干净，留下剩余部分，放在模具中塑造成各种造型，成为饼茶。

唐宋两朝制造饼茶工艺大体相同，但宋人走向了更加精细、苛刻的制茶道路。从采茶时间上，陆羽《茶经》中写道“凡采茶，在二月、三月、四月之间”，只要无云的晴天即可，并没有提到越早越好的说法。而至唐末五代，对于采茶便有越来

1 （宋）孟元老撰，邓之诚注：《东京梦华录注》卷二“潘楼东街巷”，中华书局，1982年，第70页。

越清晰的时间倾向。晚唐诗人卢仝，号玉川子，有诗《走笔谢孟谏议寄新茶》，被称为“玉川茶歌”“七碗歌”，名震茶史，其中写道：“天子未尝阳羡茶，百草不敢先开花。”阳羡名茶应在早春摘取，在百花盛开之前。这句诗也让好茶在时间上有了印证。阳羡是为今日宜兴，千年茶都、紫砂之乡，阳羡茶在唐朝便是贡茶，在此后的文人笔下作为名茶多有出现。晚唐五代时，一般也认为，火前采摘的茶味道最佳，火前茶也成了春茶中的上等茶。火前，即寒食节禁火以前，也就相当于明前。晚唐诗人韩偓在《己巳年正月十二日自沙县抵邵武军将谋抚……偶成一篇》诗中写道：

访戴船回郊外泊，故乡何处望天涯。
半明半暗山村日，自落自开江庙花。
数盏绿醅桑落酒，一瓯香沫火前茶。

北宋初，以明前或曰火前茶为贵，而至北宋中后期，上品茶的时间已经提前到了社日之前，称为“社前茶”，社指春社，约在春分时节，在清明前半个月左右。宋朝王观国《学林》中有：“茶之佳品，摘造在社前；其次则火前，谓寒食前也。其下则雨前，谓谷雨前也。”[1]

1　（宋）王观国撰，田瑞娟点校：《学林》卷八“茶诗”条，中华书局，1988年，第275页。

宋朝对采茶的具体时间、方法要求极高。要在初春，天气微寒，不至太冷也不至太热，要在日出之前的清晨，夜露未晞，不可见日。采茶时要用指甲把茶叶梗掐断，迅速斩断茶径，而不至于因为手指的温度使茶叶受损。种种讲究，是为采摘出上等好茶。

采茶之后要分类挑拣，以此区分出茶的上中下等级。拣完的茶用清水洗净，上火烹蒸，蒸茶要把握火候，蒸出来的茶不能不熟，也不能太熟，太熟或不熟都会影响点茶时茶汤的颜色。蒸完之后进行磨研，把叶状茶研成粉末，叫作“研茶”，是做饼茶的必备步骤。唐朝时叶子捣烂即可，对细度没有要求，北宋时要多次研磨，研磨得越细，茶的品质越高，并且用研茶所费的工时评定茶叶品质好坏。研茶工人要剃去须发，洗手，换上新的干净的衣服。研茶时的用水也用来评定茶的品质高低。

如果是作为贡茶，在研茶之前还有一个步骤，就是把茶叶中的汁液压榨干净，人们把茶中的汁液叫作“茶膏”，时人认为不把茶膏除尽，则点茶的味道和颜色都会比较混浊，徽宗《大观茶论·色》中写道：“压膏不尽则色青暗。”今人饮茶，务求品茶的原汁原味，宋人则要尽去其膏，这一步骤与北宋整体的饮茶品味密不可分。宋代在点茶及斗茶过程中，追求茶汤颜色尽可能白，为了达到这一效果，则要尽量榨尽茶叶中的汁液。从这一点上，宋人饮茶与今人饮茶从本质来说追求不同。

研好的茶末放进模具，进行定型。模具的样式多种多样，比如宋朝贡茶便刻有龙凤图案，称为“龙凤团茶”。最后一道工序是焙茶，宋人焙茶依然十分讲究火候。炭火最好，因其没有烟，不会损坏茶味。好茶不止焙一次，而是焙多次才能完成。对于一般的叶茶，则工序没有如此复杂，大体上，采、蒸、揉、焙即可，元朝以后直至现代蒸绿茶基本与此法相同。

惊鸿照影：点茶

点茶被认为是宋人饮茶的普遍方式，也被今人追溯为一种优雅的饮茶方式。在如今多有人考古点茶法，并拿来与日本茶道进行比较。点茶是宋朝文化的产物，而茶成为文人雅士的风雅意趣，也是在宋朝。由唐至宋，茶的地位发生着变化，饮茶方式也发生了改变。

唐朝时，茶与其他食物、调料一起煎煮，比如葱、姜、枣、橘皮、茱萸、薄荷等，杨万里的诗中曾写道：“分茶何似煎茶好，煎茶不似分茶巧。”诗里的“煎茶”便是唐朝主要流行的饮茶方式。“煎茶”在唐朝饮茶文化中占据主流，陆羽在《茶经》里亦大力提倡单煮茶末，而贬斥杂煮他物的饮茶方式，直接用水冲泡的方式亦同时存在。

到了宋朝，饮茶的方式出现重要转变，这种转变被认为是从文人士大夫阶层开始的，[1]或者可以说，是由上层社会引领的。宋朝前期仍保持唐五代以来的饮茶风俗，以煎煮为主。北宋初期，蔡襄著《茶录》，在这本书中，蔡襄详细介绍了与以往不同的饮茶方式，就是点茶，是关于点茶法的最早记载。徽宗的《大观茶论》也主要介绍点茶法，因此，人们普遍认为点茶法是宋人饮茶的主要方式。[2]

早在唐五代时期，福建地区流行冲点茶汤的方法斗茶，意在比试茶叶品质优劣。宋初，为了督造贡茶，设立福建路转运使，建造北苑茶园，专门负责供给皇家的贡茶。[3]北苑茶园在福建建安，今福建建瓯县境内。北苑茶属建茶，建茶因此成为全国公认的名茶。随着北苑贡茶地位的提升，建安茶的冲点之法也推广开来，点茶渐渐脱离了“斗”的意味，而成为一种方法、技艺和乐趣。

点茶时，把茶饼快速碾成粉末，再用细筛把茶粉筛几遍，筛出最细的茶末，这样的茶末在冲点时容易形成一个粥面。

冲点的用水历来倍受重视，唐人十分苛求，认为煮茶之水只有中泠、谷帘、惠山三处的水为最佳。宋人较为实际，不品评名声，单论水质。以“清轻甘洁为美”，首取“山泉之清

1　沈冬梅:《茶与宋代社会生活（修订本）》，中国社会科学出版社，2015年，第26页。

2　廖宝秀:《历代茶器与茶事》，故宫出版社，2017年，第15页。

3　（宋）熊蕃撰:《宣和北苑贡茶录》，《茶录（外十种）》，上海书店出版社，2015年，第47—67页。

洁者，其次则井水之常汲者为可用”，更有甚者如苏轼，认为只要是清洁流动的活水即可。苏轼在《汲江煎茶》中写道：

活水还须活火烹，自临钓石取深清。
大瓢贮月归春瓮，小杓分江入夜瓶。
雪乳已翻煎处脚，松风忽作泻时声。
枯肠未易禁三碗，坐听荒城长短更。

烧水过程也有讲究，唐人认为水应“三沸”，蔡襄认为“候汤最难，未熟则沫浮，过熟则茶沉”。在点茶之前，要用沸水冲洗茶盏，认为这样可以在点茶时使茶沫上浮。这一习惯至今仍在中国、日本饮茶时有所保留。杨万里有诗《以六一泉煮双井茶》：

鹰爪新茶蟹眼汤，松风鸣雪兔毫霜。
细参六一泉中味，故有涪翁句子香。
日铸建溪当退舍，落霞秋水梦还乡。
何时归上滕王阁，自看风炉自煮尝。

茶备好、水烧好，接下来就是“点”的过程。第一步是调膏，将茶末放入茶盏，注入少量开水，搅拌均匀，成为茶膏。再次注水，一边注水一边击拂，使茶末和水充分融合，成为粥状，并逐渐在碗内形成一个凝固的面，紧贴茶碗壁不动就算点茶成功。建安斗茶耐久者为胜，即所谓“咬盏”，以水痕先者为负。苏轼在《和姜夔寄茶》中写道“水脚一线争谁先”，便是在评判谁先出现水痕，便是输了。徽宗在《大观茶论》中对点茶法进行了详细论述，并使得点茶更加流行。徽宗认为要注汤击拂七次，每一个步骤中都介绍了动作、茶面的变化及效果，并带有徽宗个人丰富的感官体验，如介绍第四次击拂中写道“四汤尚啬，筅欲转稍宽而勿速，其清真华彩，既已焕发，云雾渐生”。最后“乳雾汹涌，溢盏而起，周回旋而不动”，称为“咬盏”，点茶成功。[1]

徽宗对点茶十分痴迷，经常邀大臣一起点茶、斗茶。点茶让人迷恋之处不仅在于茶作为饮料而带来的感观感受，更在于点茶这个过程，是一个精细的、近似于工匠做工的过程，每次成功的点茶都是一件精美的手工制品，让人可观、可感、流连忘返、沉迷其间，是美的体验，是创造美的过程。这种美是于一丝不苟的精细操作中获得的，是质朴的、简约的、有力量的、复杂的流程带来的仪式感，在掌间碗口大的空间里，幻化出一幅幅奇妙的图景，是云雾，是华彩，是宗教，是一切，结果的呈现不受人为控制，要看机缘，是上天神赐的。所以，点茶让文人士大夫以及艺术皇帝徽宗痴迷，点茶的过程是在与自己对话、与神灵对话。

1 （宋）赵佶：《大观茶论》“点”条，《茶录（外十种）》，上海书店出版社，2015年，第44页。

以徽宗之所好，要做就会做到极致。点茶所要的是茶的最终呈现效果。因此，从茶的颜色选择上，点茶偏重白茶，徽宗尤甚。建安地区有几株天然生出的白茶树，十分罕见。宋徽宗《大观茶论》中对白茶有专论，认为茶色以纯白为最上，青白次之，灰白再次之，黄白又次之，纯白即为天然的白茶之色。在徽宗、蔡襄的推动下，白茶逐渐成为两宋时期茶叶中的最上品。

为了最大程度地显示茶色之白，茶盏以深色为最好，因此黑釉盏被认为点茶最佳，尤其兔毫盏最受推崇，兔毫盏主要出产于福建建阳水吉镇建窑。蔡襄在《茶录》下篇《论茶器·茶盏》中写道："茶色白，宜黑盏。建安所造者绀黑，纹如兔毫，其坯微厚，熁之久热难冷，最为要用。"[1] 徽宗在《大观茶论·盏》中也论及了兔毫盏的好处与功用。[2] 兔毫盏成了宋朝点茶、斗茶的必备器具。

除了兔毫盏外，同是黑釉的油滴盏等也颇受青睐，在点茶时，也能起到衬托茶汤颜色的作用。以黑瓷点白茶，黑白之间的浮浮沉沉，本身就是一种美，这些讲究，都来自宫廷，以及与宫廷生活有关的文人士大夫。在宫廷之外，青瓷、白瓷等茶碗，也被人们广泛使用。

---

1 （宋）蔡襄：《茶录》，《茶录（外十种）》，上海书店出版社，2015年，第15页。

2 （宋）赵佶：《大观茶论》"盏"条论曰："盏色贵青黑，玉毫条达者为上，取其焕发茶采色也。底必差深而微宽，底深则茶宜立，而易于取乳；宽则运筅旋彻，不碍击拂。然须度茶之多少，用盏之大小，盏高茶少则掩蔽茶色，茶多盏小则受汤不尽。盏惟热则茶发立耐久。"《茶录（外十种）》，上海书店出版社，2015年，第42页。

苏轼在《送南屏谦师并引》中写道：

> 道人晓出南屏山，来试点茶三昧手。
> 忽惊午盏兔毛斑，打作春瓮鹅儿酒。
> 天台乳花世不见，玉川风腋今安有。
> 先生有意续茶经，会使老谦名不朽。

点茶、焚香、挂画、插花，在宋朝时成为“文人四艺”，这些物件营造出一个脱离现实繁琐的精神世界，这精神世界是美的、温暖的，是抚慰心灵的。

朝代更迭中，点茶在中国逐渐消失，可能是人类去繁就简的本能所致，也可能是文人士大夫阶层不再拥有如宋朝般自由的话语权。此后，冲泡叶茶逐渐成为饮茶主流。

点茶在宋朝流行，却不是宋人饮茶的全部，扬之水先生在《两宋茶事》中讲道，对于宋人来说，唐朝的煎茶法便是古风，由南朝入宋的徐铉在诗中写道“任道时新物，须依古法煎”，煎茶因其所蕴含的古意而为文人士大夫所重视，这在绘画、诗文作品、出土文物中多有佐证。点茶的精彩处在于点的“结果”，煎茶则重在饮茶的意境，这是被士大夫所看重的。煎茶多用于二三好友小聚清谈，点茶多用于宴会雅集。[1]

---

1 扬之水：《两宋茶事》（《棔柿楼集》卷六），人民美术出版社，2015年，第25页。

茶自唐代起由日本入唐僧人最澄、空海等于8世纪末9世纪初传入日本，日本饮茶风气渐浓。1168年，日本茶道始祖荣西入宋，在中国亲身体验了宋代的茶艺，回国途中，一路撒播茶籽，这些地方后来成为日本最古老的茶园。荣西将宋朝点茶法带回日本，而荣西所处的南宋，时人已发现绿茶末的味道更胜于白茶末，因此，荣西带回日本的是绿茶末。这种绿色末茶冲点法也一直为日本茶道沿用。[1]

水面丹青：分茶

分茶与点茶的做法类似，但更加强调技巧性，这是唐朝时没有出现而宋朝开始流行的。在注汤过程中，用茶匙（徽宗以后用茶筅为主）击指拨弄，使茶汤表面的茶沫幻化成各种文字、山水、草木等图案。

北宋初年有个福全和尚，有超强的分茶技能，在北宋初年陶谷《清异录·茗荈门》之“生成盏”条中记其“能注汤幻茶，成一句诗，并点四瓯，共一绝句，泛乎汤表。小小物类，唾手办耳”。[2] 福全作诗：“生成盏里水丹青，巧画工夫学不

1 关剑平、[日]中村修也主编：《荣西〈吃茶养生记〉研究》，中国农业出版社，2020年。

2 （宋）陶谷：《清异录·茗荈门》，《茶录（外十种）》，上海书店出版社，2015年，第6页。

成。欲笑当时陆鸿渐，煎茶赢得好名声。”当时人们把这种技艺叫做“汤戏”或“茶百戏”。杨万里有诗《澹庵座上观显上人分茶》：

分茶何似煎茶好，煎茶不似分茶巧。
蒸水老禅弄泉手，隆兴元春新玉爪。
二者相遭兔瓯面，怪怪奇奇真善幻。
纷如擘絮行太空，影落寒江能万变。
银瓶首下仍尻高，注汤作字势嫖姚。
不须更师屋漏法，只问此瓶当响答。

分茶更多是就势幻化，根据先期注汤时茶与汤的状态，再拨弄成与之相近的文字或山水花鸟图案，而无固定成规。不似点茶按步骤及动作要求做到位，便可成功地点成一杯茶，分茶更加个人化、随意化，更难掌握，因此成了一种特殊的技艺。

灯下故人：茶人茶事

苏轼有一首词《望江南·超然台作》，这样写道：

春未老，风细柳斜斜。试上超然台上望，半壕春水一城花。烟雨暗千家。　　寒食后，酒醒却咨嗟。

休对故人思故国，且将新火试新茶。诗酒趁年华。

这句“诗酒趁年华”激起多少豪情与浪漫，至今为人们乐道。苏轼的豪情却不是空洞的，“且将新火试新茶”，是具体、理性中升起的豪情。这是宋人的浪漫，是宋人创造的独特的美。与此境界类似的，杜甫写过“白日放歌须纵酒，青春作伴好还乡”，亦是豪放，却不似苏轼那般有文人情怀。

唐人尚饮酒，宋人爱喝茶。酒与茶的效果、作用自不相同，正如两个朝代文人士大夫的气质。酒是外向的，欢乐的时候、消沉的时候都可以喝酒，喝完酒可以忘掉自我，放飞思绪，所以，诗酒同在。林庚教授曾在《中国文学简史》中说：“酒对于魏、晋人是消极的，是中年人饮闷酒的方式。唐人的饮酒却是开朗的，酒喝下去是为了更兴奋更痛快的歌唱，所以杜甫有‘李白斗酒诗百篇’的名句。”[1]

而茶是向内的，喝茶之时是理性冷静的，浪漫却不放纵。泡茶工艺复杂，茶器种类多样，茶要小口小口地品，是慢节奏的，是回归优雅的。“禅茶一味”，茶也是思辨的，喝茶要素手焚香，心绪归于清凉，因此，宋朝文人爱茶。

苏轼在《次韵曹辅寄壑源试焙新茶》中写道：

1　林庚：《中国文学简史》，北京大学出版社，1995年，第205页。

仙山灵草湿行云，洗遍香肌粉未匀。
明月来投玉川子，清风吹破武林春。
要知冰雪心肠好，不是膏油首面新。
戏作小诗君莫笑，从来佳茗似佳人。

苏轼对于茶的赞美无可复加，把佳茗比作佳人，是多美的一幅图画。

宋朝文人多有咏茶的名篇，除了对茶的赞美，更把茶当成一种情怀，是面向自我的、内心的。更重要的是一种生活品味，品茶的过程，是修身、修心的过程，也是清心、思考、论道的过程。茶成了文人生活中不可缺少的部分。

宋人杜耒《寒夜》中写道：

寒夜客来茶当酒，竹炉汤沸火初红。
寻常一样窗前月，才有梅花便不同。

“寒夜客来茶当酒，竹炉汤沸火初红”，爱茶之人都爱这句诗，这是喝茶的一种心境，一种氛围，一杯茶足以在寒夜里带来温暖，让相见的友人打开心扉，促膝而谈。茶代表了一种情感和一种心情，那种欢喜正是“茶香入心亦醉人”。

宋朝的诗人们也留下了许多吟咏茶道的名篇。

王安石曾写《晚春》：

春残叶密花枝少，睡起茶多酒盏疏。

斜倚屏风搔首坐，满簪华发一床书。

文天祥在征战沙场、了却壮志之后，也希望退隐归来，品茗论诗，在《太白楼》中写道：

扬子江心第一泉，南金来此铸文渊。

男儿斩却楼兰首，闲品茶经拜羽仙。

黄庭坚有一首词《品令·茶词》，这样写道：

凤舞团团饼。恨分破、教孤令。金渠体净，只轮慢碾，玉尘光莹。汤响松风，早减了、二分酒病。

味浓香永。醉乡路、成佳境。恰如灯下故人，万里归来对影。口不能言，心下快活自省。

“恰如灯下故人”，茶与人的终日陪伴，是时间更久、感彻更深的，作者的思绪、情感在饮茶时涌现，茶对于作者的相知可能超越身边亲近的人。因此，茶就像故人，万里归来之后，还能重聚，在灯下重温旧时光，一种温馨、温暖充斥着回忆。而若远离家乡，或千里奔波之后，在闲暇中，泡上一杯茶，那种氛围和味道，会把人带回千里之外的故乡，重温初心，面对真实自我，品茶，品的是茶，却也不全是茶，品的是自己的内心。“恰如灯下故人”，堪称千古绝笔，茶最可贵的，不是作为饮品的功效，而正是芬芳中那抹让人回味无穷的意境。

第十章

文心入画

西窗下，风摇翠竹，疑是故人来。

宋朝绘画，人们最为熟知的是《清明上河图》，每次展出都万人空巷。这个五米长卷似乎可以装下整个汴京，北宋都城风貌一览无遗，宋朝人的衣、食、坐、卧、行尽收眼底，人、物细节栩栩如生，在每一个平常的日子里，人们生活得富足、安逸、乐在其中，画家对此是骄傲的，要把每一个丰满的细节向世人展示，有如一篇巨型史诗。相比《清明上河图》的具体、繁复，人们熟知的另一幅宋画——王希孟的《千里江山图》更具有艺术气息，鲜艳浓丽的青绿色彩展示着遥远的年代感，江河浩渺如烟，群山幽深广阔，人在画中也透着清新典雅的气质，美就这样恣意绽放开来。年轻的画家赋予了这片江山青春的活力，强烈的视觉冲击让人久久不能忘怀，像是远古的童话，也像当下的梦境。

这些著名的画作是宋画版图上的珍珠，但绝不是宋画的全部，宋朝作为文艺气息浓重的朝代，文人精神对艺术的影响在绘画上彰显，开出一片淡雅的花，虽是淡雅，却是千姿百态、惊艳绝世。在源远流长的中国绘画史上，宋画似一条暗流奔涌，助力了中国绘画史的转向，对于中国画传统的确立，具有重要意义。

从汉到唐，人物画占据中国绘画主流，尤以帝后、显贵为主体，画面以人物地位等级进行布局排列，山水、花鸟仅作为人物背景出现。佛教传入中国后，宗教题材成为一大绘画主题，这在丝绸之路的重要节点城市敦煌有集中展示。敦煌莫高窟积累了从北魏至元的佛教题材绘画，是历史留给我们的宗教、艺术宝库，大量的佛本生故事，由最初的鲜血淋漓，演变到后来的宁静祥和，通过绘画记录了佛教不断中国化的过程。除佛教题材外，儒家思想宣扬的伦理道德题材，也大量出现于绘画当中，意识形态主导了绘画题材。唐朝时，大自然开始进入画家的视野，山水成为绘画主题，宋朝时基本完成转型，并成为此后中国绘画的主流，开启了中国绘画的新时代。

山水趣灵

山水画的出现，是中国绘画史上的一场重要变革，山水取代人物成为一种独立的绘画题材，意味着绘画开始脱离教化的作用，而作为一种艺术展现画家本人的思想。最初的山水大部分是作为人物画的背景存在，4、5世纪时期，逐渐成为独立的题材，此时也是道家思想在精英阶层中广泛流行的时期，道家超脱的思想、追求的山林逸趣对精英阶层产生了深远影响。早期著名的山水画家如南北朝时期的宗炳。宗炳出身于南北朝时期的士族，祖父、父亲都在朝为官，宗炳却对出仕不感兴趣，一生好游山水，曾游历许多名山大川，建屋舍，隐居于山林，他认为山水拥有独特的意趣和灵韵，他眷恋那些曾经游历过的山川，因此用画笔复现出来，在闲暇之余，再次与山水相对。他认为绘画如果能够引起如在眼前的感受，那么绘画就具有跟自然同等的力量。这种身临其境，在绘画的要求上就是要画得像。在他的画论《画山水序》中写道：

> 圣人含道应物，贤者澄怀味像，至于山水，质而有趣灵。
>
> 夫圣人以神法道而贤者通，山水以形媚道而仁者乐，不亦几乎？
>
> 是以观画图者，徒患类之不巧，不以制小而累其似，此自然之势。如是则嵩华之秀，玄牝之灵，皆可得之于一图矣。夫以应目会心为理者，类之成巧，则目亦同应，心亦俱会。应会感神，神超理得，虽复虚求幽岩，何以加焉。[1]

绘画首先应该画得逼真，“应目会心”“应会感神”，画得

1 （唐）张彦远：《历代名画记》卷六《宋》，中华书局，2021年。

逼真才能被观者感应到，宗炳认为巍峨的山脉、壮丽的山水都可以缩小到一个画面中展示。宗炳开创了透视画法，比意大利画家创立的远近画法早了一千多年。对于场景的原样复刻是基本要素，并希望从这复刻的场景中感受到有如在场的真实，追寻到自然之中的意境，那是经由绘画者传递给人们的精神之光。

山水画在唐朝时流行，用鲜艳明丽的色彩描绘山水，被称为“青绿山水”，艳丽、铺满的画面展现了唐朝对于华丽之美的热爱。青绿山水以唐朝李思训、李昭道父子最为著名，代表画作如李昭道的《明皇幸蜀图》，描绘唐玄宗因安史之乱逃往蜀地的情景，虽然陡峭的岩石、奇绝的小径突显了形势险恶，但画面上树叶青翠、花朵鲜艳、山石壮丽，人们着锦衣、骑高马，气势昂扬，一种帝国气度洋溢于纸面，看起来更像是出游，画面清晰、明确，是一种来自唐朝的自信和安全感。精细的工笔重彩把青绿山水推向了顶峰，但也暴露出来这种画法的弊端，极度明确的线条使得景色看起来并不自然，边界分明的云、干脆利落的岩石，像是想象中的仙境。如何画出真实自然的山水，是当时的山水画所面临的问题。

此时，一些画家开始尝试抛弃工笔画法，用笔法的宽疏来展现自然山水特征，少用墨，或者不用墨，同时抛弃了色彩，开创了水墨山水，这其中，王维是代表画家之一。水墨开始流行，在唐朝末期张彦远的《历代名画记》中写道：“草木敷荣，不待丹碌之采，云雪飘扬，不待铅粉而白。山不待

李昭道《明皇幸蜀图》
（图片来源：台北故宫博物院）

青綠閙山迥
崎嶇道路長
客人各結束行
李自周詳總
為名和利那
辭勞與忙年
陳失姓氏北宋
近乎唐
甲午新秋
御題

空青而翠，凤不待五色而綷。是故运墨而五色具，谓之得意。意在五色，则物象乖矣。”[1]

从鲜艳浓丽的青绿山水转向清淡素雅的水墨山水，王维是重要推手。但不是王维创造了历史，而是历史选择了王维。王维不是水墨画的开创者，也不是当时的唯一创作者，在唐人著的画史中，吴道子、李思训的山水画水平被认为高于王维，吴、李在唐朝的绘画领域拥有崇高的地位。随着唐朝灭亡，五代而至宋朝，王维山水画的地位不断提高。五代时期，荆浩等人大力发展水墨山水，把山水画的技法又往前推进了一步。著名画家“荆关董巨”，荆、关生活于北方，董、巨生活于南方，北方多高山、岩石，形象挺拔、硬朗，南方多河流、草木，气质平和、温润，南北方景色的差异也导致了山水画的风格不同。但相同的是，他们都抛弃了着色山水，用深浅不一的墨色作画，并用干毛笔在纸面上擦出不同的纹路，表现岩石的纹理，即为“皴”，后来的画家，也多有各自不同的“皴”法，表达自己心中的山水气度。

荆浩在《笔记法》中对吴道子、李思训进行了批判，而大赞王维，认为王维“笔墨宛丽，气韵高清，巧写象成，亦动真思”。五代时期，水墨山水正式走向前台。

王维逐渐凌驾于吴道子、李思训之上，至宋朝，王维被认为是山水画家之首，李思训在其后，北宋徽宗朝的《宣和

1　（唐）张彦远：《历代名画记》卷二，中华书局，2021年。

画谱》中，吴道子属于道释（人物）类，山水类已无其名。

后世朝代更迭中，水墨画法吸引了许多画家，在宋朝，大量文人士大夫参与创作，画家的群体扩大，水墨画也成为山水画的主流。青绿山水后代也时常有人创作，比如北宋王希孟的《千里江山图》，是青绿山水的代表。纵观历史，从唐朝开始，山水画发展分成了两个方向，一是着色山水，一是水墨山水。两种不同的表现方式，在中国古代的文化背景下，代表了不同审美趣味，也因此走向了不同的发展前途。

文心入画

宋人偏爱王维，把王维推上神坛。苏轼在《观王维吴道子画》诗中写道：

吾观画品中，莫如二子尊。

道子实雄放，浩如海波翻。

当其下手风雨快，笔所未到气已吞。

……

摩诘本诗老，佩芷袭芳荪。

今观此壁画，亦若其诗清且敦。

……

吴生虽妙绝，犹以画工论。

摩诘得之于象外，有如仙鹤谢樊笼。

吾观二者皆神俊，又于维也敛衽无间然。

清人王文诰在为这首诗作注时写道："玄虽画圣，与文人气息不通；摩诘非画圣，与文人气息相通，此中极有区别。"[1] 道出了宋人选择王维的原因。

王维二十一岁进士及第，官至右丞，诗文名满天下，是文人士大夫中的佼佼者，这些特征也是宋朝文人所推崇的典型。王维才华横溢，超凡脱俗。唐朝以前画家地位很低，跟木工、医生、乐师类似，一般是职业画家，称为"画工"或者"画师"，由朝廷供养，按要求作画。唐朝著名画家阎立本，被人称为"画师"时感到很愤怒，觉得是在贬低和侮辱自己，并告诫自己后代再也不要成为画师。王维则说自己"前身应画师"，并以此为荣，二者差别在于身份不同，阎立本是职业画师，地位较低，而王维则是文人士大夫，拥有卓越的绘画才能是他的骄傲。

王维诗文冠绝古今，独步天下，深厚的文学素养和禅学修养让他的绘画充满诗意，容易引起文人的共鸣。王维是一生向佛的宁静之人，受其母亲影响，王维一生浸润佛禅之中，对禅宗有深刻的领悟。禅宗，要在纷杂尘世中悟"空"，

1 （宋）苏轼著，（清）王文诰辑注，孔凡礼点校：《苏轼诗集》，中华书局，1982年，第110页。

要在万般皆空中悟“有”，身在尘世而能脱离尘世，不拘泥，不执拗，悟到形而上的人生真谛，不被红尘万物所累。在形而上的哲学空间里又能关照到人世间，不离人间烟火，度人生发智慧，有慈悲之心，有温暖大爱，这些也构成了王维的特质。所以，能写出《辋川集》里那些没有半点烟火气、又不脱离人世间的诗句，千古只有王维一人。那些诗句是净的，干净到没有一点污染。也是静的，即便有人声、鸟声、水声，也不显嘈杂。王维的诗，把一切都描写得明朗清透，没有家国天下的宏大叙事，没有战火纷争下的流离失所，没有得失爱恨的红尘纷扰，甚至于人生易逝的感慨和悲伤也写得云淡风轻，把大量的笔墨，也是人生真情，用于描绘山水、田园、大漠。王维的诗如画，苏轼在《书摩诘蓝田烟雨图》中评论他：“味摩诘之诗，诗中有画；味摩诘之画，画中有诗。”翻开王维诗集，如画的诗句比比皆是。如“明月松间照，清泉石上流”“日落松风起，还家草露晞”“山中一夜雨，树杪百重泉”，后代画家多以王维诗句为题作画，“大漠孤烟直，长河落日圆”，语言简洁明丽，迅速勾勒出场景，如同一幅白描画作，把自然景象生动地呈现于眼前，美的是诗句，美的是画面，也是诗人那颗纯净、清亮的心。再比如：“斜光照墟落，穷巷牛羊归。野老念牧童，倚杖候荆扉。雉雊麦苗秀，蚕眠桑叶稀。田夫荷锄至，相见语依依。即此羡闲逸，怅然吟《式微》。”是一幅乡间风景叙事长卷。还有孩童能诵的：“红豆生南国，春来发几枝，愿君多采撷，此物最

明月松间照，清泉石上流

相思。”在王维的笔下，相思不带愁怨，不拖泥带水，只有单纯的美好。如今人们多喜欢引用的“行到水穷处，坐看云起时”，宋朝后期的画家笔下多有描绘。

王维的画也像诗一样，正如苏轼的评价“亦若其诗清且敦”，认为王维的画与其诗一样，清灵、醇厚。宋人推崇王维，不只代表王维自己，背后折射出宋朝所展现的文化意蕴。山水林泉，是中国古代文人的心灵归宿。回归山林，超脱具象，从外在世界向内心世界回归。文人通过归隐确立自己生命的价值。回归内心，宋朝文人展现了极大诉求，佛、禅、道文化交互影响，宋朝理学不断精进，促进了思想心性化的形成，追求心性磨炼。在艺术上，放弃浓艳和堆叠，追求简化清新。苏轼一生向往陶渊明，当外界的纷纷扰扰、是是非非加之于自身，不如脱去“樊笼”，回归山林田园，回归生命的本来面目，在林下田间，体会人生的乐趣、追寻生命的灵性。因此，当山水呈现于绘画中，加之作者的情感表现、笔触情绪，与文人心中的精神向往一拍即合。

王维的山水是黑白的，以墨色的浓淡体现景色的远近深浅，当后世文人士大夫追随王维时，着色山水便被文人这个群体抛弃了。文人世界重精神，不重感官，老子《道德经》中有：“五色令人目盲，五音令人耳聋……是故圣人为腹不为目，故去彼取此。”感官要为心灵让路。因此，水墨山水被文人画采用之后，便在此后的中国绘画史里大行其道，通过不断变幻的笔触、浓淡相衬的墨色大放异彩，各个阶段的文人将个人情感、人生体验付之笔墨，是历史的记录，也是文人精神发展的见证。

王维的山水画多采用平远构图法，这是王维区别于当时山水画家的另一个主要不同。北宋郭熙著《林泉高致》中认为“山有三远”，“高远”“深远”和“平远”，并提到“高远之势突兀，深远之意重叠，平远之意充融而缥缥渺渺”。唐朝的山水画多以“高远”“深远”为主，如李昭道《明皇幸蜀图》，山体高大，气势雄浑，是一种盛世气象、大国气度。王维的山水画多为平远构图，没有前两者那种盛气凌人，而是视野开阔、渺无边际，是平淡、冲和的，营造出无限的意境，令人神往、遐想。《旧唐书》中说他“如山水平远……非绘者之所及也”。平远构图法也被后世文人画家采纳，成为文人画的主流构图方式。

所谓“文人画”，顾名思义，就是文人士大夫创作的绘画作品，从身份上，区别于职业画家，从风格上以表达自我情感、理想为主。文人作画起源很早，早在汉代时便有文人作画，但形成群体并且发挥重要影响力则是在宋朝。[1]

宋朝是文人意识充分觉醒的时代，文人开创了这个时代的文化基调，重新定义了散文、诗歌、书法等传统艺术的风格。诗、文是传统的艺术形式，在此时的宋朝，绘画进入到艺术领域，成为寄情寓兴的一种手段，并因为欧阳修、苏轼等人的推动，攀升到了与诗比肩的高度。宋朝文人画以欧阳修为首倡，发扬光大者是苏轼。欧阳修在散文领域复兴古文运动，苏轼力扫晚唐以来的奢靡绮丽，开创了诗词的清新自然、开阔流畅的文风。在欧阳修、苏轼等人的努力下，文学艺术终于完成了漫长的转变，开创了不同于以往的新时代。在苏轼的周围，聚集了一批文人士大夫，他们在创作的同时，也提出了大量文人画的理论。

---

1 （美）卜寿珊：《心画——中国文人画五百年》，北京大学出版社，2017年，第4页。

得之于象外

职业画师的标准里，绘画最重要的是要画得像，苏轼首先在这一点上进行了改革，认为文人画要有自己的思想境界，不能单纯追求画得像，他写了一首诗专门论画《书鄢陵王主簿所画折枝二首》其一：

论画以形似，见与儿童邻。
赋诗必此诗，定非知诗人。[1]

绘画应该是一种艺术语言，而不是自然物体的简单复刻，苏轼直接把作画比作写诗，写诗不能直白地描写，直白描写便不是诗。绘画也是一样，如果只是单纯地追求画得像，那还没有真正入门。要有画外之意，要有言外之音。苏轼曾比较王维与专业画家吴道子《王维吴道子画》：

吴生虽妙绝，犹以画工论。
摩诘得之于象外，有如仙翮谢笼樊。[2]

1 （宋）苏轼著，曾枣庄、舒大刚主编：《苏东坡全集·诗集》卷二十九，中华书局，2021年。

2 （宋）苏轼著，曾枣庄、舒大刚主编：《苏东坡全集·诗集》卷四，中华书局，2021年。

"得之于象外"才是文人画的目的和追求，"象外之意"是文人内心思想的表达，有了"象外之意"才是作者的心灵之作，作者思想融入画中，由画外之意传达出别样妙趣。绘画，是为表达出心中的那一种灵明，而不在于物象本身。苏轼曾在宋子房的一幅画上题道：

《又跋汉杰画山》其二：

> 观士人画，如阅天下马，取其意气所到。乃若画工，往往只取鞭策皮毛槽枥刍秣，无一点俊发，看数尺许便倦。汉杰真士人画也。[1]

苏轼称赞宋子房的画画出了意境，有作者的意气所在，而不似一般的画工，只画出形态，那样的画了无生趣。宋朝时文人士大夫经常用绘画唱和，在画上题字，并把诗画放在一起谈论、比较。在评论当时著名画家李公麟的画时，黄庭坚写道："李侯有句不肯吐，淡墨写出无声诗。"[2]

院派画家也受文人画影响，在徽宗的画院里，提倡画面要有意境。但与文人画风格不同，徽宗朝画院的画师极力追寻徽宗的脚步，把工笔花鸟画到极致。在书法领域也有类似转变。

1　（宋）苏轼著，曾枣庄、舒大刚主编：《苏东坡全集·文集》卷九十三，中华书局，2021年。

2　（宋）黄庭坚：《黄庭坚全集》卷九《次韵子瞻子由题憩寂图二首》，中华书局，2021年。

宋仁宗时，提倡宫廷里学习二王的优雅风格，但在宫廷之外，以四大文人书法家为首，主张直抒胸臆，不太在意形式上的美感，重要的是要展现个性。书法领域和绘画领域的新风格，都在于抵抗刻意模仿。似乎在此时的宋朝，11世纪的中国，宫廷之外的艺术形式，都不约而同地开始强调自我与个性。

天赋匠心

苏轼认为绘画应体现画家的内心，他认为内心是艺术的来源。他曾经专门讲到过自己的文学创作，认为最主要的是作者头脑中要有“万斛泉源”，创作应如泉水，自然流出，从哪里开始，流向哪里，只管听凭自己的内心，不必人为添加手段，或者改变它的方向。关于绘画，苏轼也持同样观点，他在《次韵水官诗》中写道：

> 高人岂学画，用笔乃其天。
> 譬如善游人，一一能操船。[1]

引用《庄子·达生》中的寓言。善于游泳的人很快就能

1　（宋）苏轼著，曾枣庄、舒大刚主编：《苏东坡全集·诗集》卷二，中华书局，2021年。

学会划船，不必刻意练习技巧，因为对于水性非常熟悉，在水里就如同平地一样。苏轼认为作画也同样如此，真正的高人不会去刻意学作画，内心有作画的冲动，头脑里有早已烂熟的形象，流诸笔端只是一种表达。无须技巧，无须练习，自然形成的就是创作，就是艺术。苏轼经常修习养生之道，对于道家思想领悟颇深，《庄子·达生》里浑然天生、忘却杂念、回归自然的人生状态也是苏轼心之所向，他认为自己的人生亦是如此，来所来处，去所去处，一切源于自然、归于自然，人生如同创作，源于内心、自然天成。

苏轼在盲人识日的寓言《日喻》里曾表达过类似观点，怎么追求道？道可致而不可求，要致道必须了解事物的习性，全身心投入，沉浸其中。在这个过程里，忘掉自我，与事物和外界的环境融为一体，把自己变成所要掌握的对象，事物的习性才能最终成为自己的一部分。

这就是苏轼为文、作画之“道”，掌握了“道”，自然文思如泉涌。在中国古代的价值观里，重道而轻技，“道”与“技”是分别而论的。只讲“技术”“技巧”是不受重视、没有价值的。

苏轼有个好友，名文同，字与可，是当时的著名画家，苏轼的传记、诗文里经常出现。文与可以画竹子闻名，房前屋后都种满了竹子，无论春夏秋冬、严寒酷暑，对竹子的观察从不间断，为了观察各种状态下的竹子，不惜冒着狂风暴雨钻到竹林里，对不同季节、不同环境竹子的形态了然于

文与可《墨竹图》

（图片来源：台北故宫博物院网站）

胸。很多人登门求画，问他绘画的要诀，他说竹子在我心中。苏轼在《文与可画筼筜谷偃竹记》中写道“故画竹，必先得成竹于胸中”，“心中有竹”才能“笔下有竹”。

苏轼在《书晁补之所藏与可画竹三首》中，评论文与可的画：

与可画竹时，见竹不见人。
岂独不见人，嗒然遗其身。
其身与竹化，无穷出清新。
庄周世无有，谁知此凝神。[1]

画家与所画的物象融为一体，在无尽的畅游中创造出新清、别具一格的形象，才是绘画的真谛。

凡书画当观韵

“气韵生动”历来是中国美术史上一个非常重要的命题，南朝画家谢赫的《古画品录》里，“气韵生动”是第一条。气是一幅画的生命，与气相联系的是生命力、感性和流

---

1 （宋）苏轼著，曾枣庄、舒大刚主编：《苏东坡全集·诗集》卷二十九，中华书局，2021年。

动性。宋朝人继续强调“气韵”的重要性，北宋著名书画评论家郭若虚在《图画见闻志》中写道“人品既高矣，气韵不得不高”，“凡画必周气韵，方号世珍”。此时郭若虚的“气韵”不单指作品的生命力，加入了画家人品、天性的影响，强调一幅画所展现出来的综合观感。

强调绘画之“韵”的另一个文人是黄庭坚。黄庭坚是画家、文学家、书法家，与苏轼并称，史称“苏黄”。曾游学于苏轼门下，因此成为“苏门四学士”之一，开创了江西诗派。

黄庭坚受佛、禅影响较深，他一生命运坎坷，幼年丧父，妹妹及两任妻子早逝，仅留下一个女儿，坎坷的命运让他心归佛门，深研佛法，颇有造诣。黄庭坚受苏轼影响，又与苏轼不同，同样经历悲苦命运的挫折，苏轼变得乐观，黄庭坚愈发深刻。

黄庭坚认为，“凡书画当观韵”（《题摹燕郭尚父图》），书画中一定要有韵，要传达出所画之物的气质、性情，传达出作品的精神境界，能看到作者的品味。他在《题洪驹父家江干秋老图》中写道“此轴不必问画手之工拙，开之廓然见渔夫家风，使人已在尘埃之外矣”。画的技巧怎么样不重要，重要的是画面传达出来的意韵和观者所获得的感受。

笔下有韵，则心中有韵。江西诗派尊奉杜甫，杜甫说“读书破万卷，下笔如有神”，黄庭坚也认为胸中要有万卷书，笔下便无一点俗气，画家首要的是个人修养，画家内心里应有深远意境，是纯粹的精神，胸中有丘壑才能笔下有丘

壑，笔下的丘壑正是韵的体现。在苏轼的一幅枯枝图上，黄庭坚题道："胸中元自有丘壑，故作老木蟠风霜。"（《题子瞻枯木》）

佛、道对唐末及宋朝的文人影响巨大，黄庭坚用禅宗术语来写作、评论书法是常事。他曾说道，他自己最开始并未曾鉴赏过画，但是参禅的时候知道无功之功、至道不烦，于是再看绘画，便能知其品位高下、细节表现。

黄庭坚把鉴赏作为一种禅的践行，当物有了精神，或者有所象征，才能实现精神层面的交流，对于书画来说，就是要讲究言外之意、画外之音。

平淡天真

宋代文坛上有"一门父子三词客"，在绘画领域也有"二米"父子，即为米芾及其子米友仁，正如"三苏"在文学界的地位，二米在书画史上亦是不可忽视的存在。

米芾是书画家、鉴赏家、收藏家，母亲曾经为英宗皇后高氏的乳母，神宗为感恩，召他入朝为官。徽宗时召为书画学博士，曾官至礼部员外郎。人生前四十年以收藏、鉴赏著名，四十岁以后书法、绘画开始有名气。在《洞天清录》中记载，米芾多在江浙之间游览，居住必选择山明水秀之处。最初不会画画，后来见得多了，逐渐模仿，遂得天趣。

精于收藏和鉴赏的米芾，对历朝绘画的优劣了然于胸，对前人的继承和反思让他开创了自己的艺术风格，对文人画从绘画的方法和技术上都进行了创新和突破。

米芾绘画题材十分广泛，人物、山水、松石等无所不画，尤其擅长山水画，《画史》中写道他信笔作画，多以烟云掩映，树木岩石不重细节，意似即可。[1] 米芾常年定居镇江，海岳庵就在北固山甘露寺下，北固山陡入江中，三面临水，云雾迷漫，山岭蜿蜒，树木隐现其中。米芾把这些记录下来，通过画法的改变实现意象的创造。

31岁，离开长沙，在江淮一带活动，拜访了苏轼、王安石等政要名流。他在《画史》中记载拜访苏轼的情景，他说苏轼画墨竹，从地面一直画到顶，他问苏轼，为何不逐节来画？苏轼说，竹生长的时候也未曾是分节来长。苏轼作画神采飞扬，只为抒发文人逸兴，挥洒自如，给了米芾极大的启发。

米芾审美上最突出的追求是“平淡天真”。从汉唐至五代、宋朝，中国艺术由绚烂之极转向归于平淡。在禅宗简淡、深远的审美影响下，晚唐五代开始，“平淡”的境界及美学意义开始在文艺理论中广泛讨论。

平淡，画面简洁而内涵深遂，要摆脱人工的痕迹，反对繁缛、装饰之风，接近“古意”。米芾欣赏董源，认为董源

---

1 （宋）米芾著，刘世军、黄三艳校注：《画史校注》，广西师范大学出版社，2020年。

的山水画不故做技巧，纯朴天真。天真，就是天生的本性，有如孩童般的单纯，要回到心的本源，体现艺术家心灵的天性。同时期的苏轼、黄庭坚以及后世元朝画家赵孟頫等人均持有相同观点。

米芾认为山水画更强调艺术性，而绝不仅是再现。他曾在《画史》中讲道，要画人物牛马，临摹便可画出来，而山水则临摹不成，山水画要求画者在内心便有高超的意境。

米芾不以工细为精，创造了以水墨点染的画法，画史上称为“米氏云山”，米友仁继承了这种画法，史上称为“米派”。所谓的“米氏云山”，是用大小错落的墨点点饰出山的形状，上密下疏，上浓下淡，点与点之间留出空隙，形成一种云雾笼罩下的山的意象。

米氏父子打破了绘画重线条的传统，充分发挥了墨的作用，各种深浅不一的墨色点染，成为一种绘画美学，这种美学与文人气质相融合，使画面看起来更加诗情画意，对文人画的发展和山水画技法的演变影响重大，南宋画家多有发挥这种画法，衬托画面的意境，引领时代潮流。

米芾在艺术上主张平淡、高古，但他的为人却似乎走向了另外一面，或许接近他所主张的“天真”。米芾举止癫狂，癖好诸多，被人称为“米癫”。《宋史·米芾传》记载他：

冠服效唐人，风神萧散，音吐清畅，所至人聚观之。而好洁成癖，至不与人同巾器。所为诡异，时有可传笑者。……又不能与世俯仰，故从仕数困。[1]

米芾行为诡异，走到哪里都有人围观，经常有怪异事迹流传出来。虽然出仕较早，但特立独行，不能迎合潮流，朝廷高层均认为他终非“廊庙之材”，仕途不顺。

米芾对于自己喜欢的物件十分上心，为了得到几乎可以不择手段。他在长沙做官时，在湘西道林寺里看到了唐沈传师的《道林诗》，喜欢得不得了，就趁着没人的时候偷走，连夜坐船逃跑。后来被僧人发现，报告了官府，被官府抓回来。不过他似乎并不在意，管他文章千古事，并不在意仕途一时荣，只要自己喜欢的，就去做，其他的都不重要。

在汴京，米芾着奇装异服，惊世骇俗，并以“唐巾深衣”参加了历史上著名的“西园雅集”，此后，米芾声名鹊起，一跃成为名士，而愈加癫狂。不久离开汴京去扬州，黄庭坚在《书赠俞清老》中记述，米芾在扬州时，游戏翰墨，名声不好。穿戴也与常人不同，生活不在意细节，人们叫他狂生。

徽宗崇宁二年（1103）入京为太常博士，不久任无为军知州时，发生了最著名的“米芾拜石”的故事。当时的收藏界，石头是收藏爱好者们都喜欢的赏鉴题材。米芾嗜石成迷，听说当地有一怪石长相奇特，便派人将其搬进自己的寓

1 （元）脱脱等：《宋史·米芾传》，中华书局，1985年。

所，高兴地说："此足以当吾拜。"于是换上官衣官帽，倒地便拜，并称石头为石兄。人们传为疯谈，也许他在看了成百上千的奇石之后，与这些石头会产生精神上的交流罢。并且，他更加得意地用画笔记录下了此事，是为《拜石图》。

崇宁五年，56岁，为书画学博士。后任淮阳军知州，于徽宗大观元年卒于任所，时年57岁。

经常对前代及当代的书法家、画家表示不屑，认为李公麟的画欠神采，认为他学吴道子却学得不像。最瞧不起唐人，贬斥颜真卿的书法叉手并脚像个田舍汉，认为柳公权和欧阳询是"丑怪恶札之祖"，骂张旭变乱古法，哗众取宠，说怀素不能高古。徽宗让他评论当朝书法，他说蔡襄的字是勒出来的，呆板没有韵味，苏轼的字是画出来的，黄庭坚的字是描出来的。徽宗说，你说人家的书法不好，那你的如何呢？他说我的字是刷出来的！

米芾的画未能流传下来，只有一些尺牍、书帖传世。他在《书紫金砚事》中写道，苏轼拿了他的紫金砚，并对儿子说自己死了也要带到棺材里，米芾听后坚决要回，不肯给，传世之物，怎可就此随人入土。在《丹阳帖》中记载，米芾趁着米价高的时候，要用米来换他中意的玉笔架，并且希望人家早点回复，不要被别人抢了先。为了喜欢的东西，忽然从米癫变成了精明的商人。《适意帖》中，记录了米芾花重金买王羲之的墨迹，不怕有人问，按自己的心意开心就好。"人生贵适意"，说来容易做到难，人们都想生活得随性、适意，但不是所有人都有不顾一切的魄力，米芾做到了。说他癫狂也罢，没有为官之才也罢，这是米芾自己想要的潇洒肆意的人生。

明朝人董其昌在《画禅室随笔》中把中国绘画的发展做了回顾，提出了“南北宗画论”，禅宗分南北，董其昌把画家也分了南北两派，北宗为职业画师，南宗则为文人画家，提出了文人画家和职业画家的区别[1]。董其昌认为文人画要好于职业画，并认为宋好于唐，而宋人画中尤其推崇米芾。南宗以王维为首创，以米芾父子为高峰，画至二米，成为古今之变。

米芾对文人画产生了实质上的推动，使得文人画真正成为了绘画史上的重要力量，米芾提出“寄兴游心”和“墨戏”等绘画美学思想，崇尚天真平淡的画风，对宋以后的山水画和文人画产生了深远影响。

米芾的儿子米友仁，继承了米芾的书法和画法，更加注重艺术的目标和技巧。米友仁主要生活于南宋，深受高宗赏识，也擅长鉴赏和收藏。他在一幅画中所提的“墨戏”正是后来文人画所要表达的意趣。他同样认为绘画应该出自内心，是为“心画”，传达言语不能传达出来的东西，这些是作为工匠的画师所不能知晓的。

董其昌说：“诗以山川为境，山川亦以诗为境。名山遇赋

1　（明）董其昌著，叶子卿点校：《画禅室随笔》，浙江人民美术出版社，2016年。

米友仁《云山墨戏图》（局部）
（图片来源：故宫博物院数字文物库网站）

客，何异士遇知己？"[1] 在一颗富有诗意的心灵中，山川景物与诗意之心相融，合二为一，就是一幅画的意境，意境赋予画面之美，也是作者内心深处涵养、境界的体现，这正是山水画吸引文人的关键。

米友仁曾说过画画的心灵要求："老境于世海中，一毫发事泊然无着染，每静室僧趺，忘怀万虑，与碧虚寥廓同其流！"[2] 内心空寂，忘记一切思虑，心灵与天地自然合为一体，与之同游，这样的心灵修养才能产生真正的绘画作品，这与禅宗、道家的理念相契合，画画绝非一朝一夕的笔法训练，而应是作者修养的体现，而这种修养，不再是唐诗的忧

---

1 （明）董其昌著，叶子卿点校：《画禅室随笔》，浙江人民美术出版社，2016年。

2 （明）赵琦美编：《赵氏铁网珊瑚》卷十一《米元晖画题》，《四库全书·子部·艺术类·书画之属》。

患之思、天地大气，照见的是哲理、思辩、虚无，是个人的、内在的，也是精神上的。

清人方士庶所著中国画题跋之作《天慵庵笔记》中说：“山川草木，造化自然，此实境也。因心造境，以手运心，此虚境也。虚而为实，是在笔墨有无间——故古人笔墨具此山苍树秀，水活石润，于天地之外，别构一种灵奇。或率意挥洒，亦皆炼金成液，弃滓存精，曲尽蹈虚揖影之妙。”[1] 句中“古人”亦包含宋朝，宗白华《美学散步》认为，中国绘画的精粹尽在这几句话里。[2]

林泉高致：北宋山水画家

北宋时期的著名山水画家，有“李郭范米”之称，李成、郭熙、范宽、米芾，此外也还有王希孟、李唐等著名画家，他们在不同方面开拓了山水画的新境界，在唐、五代描绘的山水画的底色上，不断探索、创新，开创了山水画的新高度，北宋被认为是山水画的“黄金时期”。

李成为五代宋初画家，居山东，出身书香门第，以读书

1 （清）方士庶：《天慵庵笔记》，《题画诗（及其他二种）》，《丛书集成初编》，中华书局，1985年。

2 宗白华：《美学散步》，上海人民出版社，1981年，第69页。

李成《寒林平野图》

（图片来源：台北故宫博物院）

修身为业，非职业画师，其绘画境界高深，赢得时人赞叹。多画郊野平原辽阔之景，最喜欢画“寒林”，冬天的郊野，干枯的树干，树叶落光了，枝干却繁茂浓密、遒劲有力，在苍茫的平原上，等待着下一个春天的到来。冬天郊野的荒凉萧疏，干枯枝干所孕育的遥远生机，在这透彻的荒凉里升出一种力量，不是温暖，而是凄凉和艰难，却终究会迎来那样一个枝繁叶茂、绿草丛生的春天。这种绝地逢生的苍茫感，在李成的《观碑图》里体现得尤为明显，郊野无人处的墓碑，后面是寒冷干枯却依然繁茂的枝干，给人明显的暗示，人生所归之处、所行之路，恰似这寒野中的枯树，苦到极致，便是希望。李成创造了大量的“寒林”形象，被人称为“李寒林”。“寒林”也最终成为了绘画史上的一个的象征、符号，后世仍有人发扬、承继，不仅是一种题材，更是所代表的人生的终极意义。李成代表作是《寒林平野图》，画面右上角有徽宗题字“李成寒林平野”。李成擅长平远构图，对北宋山水画的影响巨大，后世画家多模仿李成。

北宋山水画的大山大水里，最受瞩目的必然包括范宽的《溪山行旅图》，体现了北宋山水画的高度。范宽的《溪山行旅图》里，高大、挺拔的山峰扑面而来，占据了画面的大半部分，画面的主体是陡峭的山峰，坚硬的岩石，山顶长满密林。两山之间一条瀑布垂流而下，似一条白练。山下是岩石沟壑，山中一径小路，看似主仆二人，一前一后，赶着一队骡马担负行李前行。是典型的北方风景，也是典型的北宋山

范宽《溪山行旅图》

（图片来源：台北故宫博物院）

水，刚毅、挺拔、开阔，线条硬朗，浓墨重彩。范宽早期模仿李成，逐渐开创了自己的风格。范宽居陕西，宋徽宗《宣和画谱》记载他经常深入山林，经旬不归，在华山、终南山等名山大川，观察、感受大自然的四时变化。范宽认为，学习古人不如学习自然，学习自然不如学习自己的内心。自然投射于我心，画面则是内心的生发。范宽内心对高山的敬仰体现在雄浑的笔力里，一点一画，细密有致，观之有高山仰止之感，这种笔法被后人称为“雨点皴”。

郭熙以画早春闻名，苏轼对他的画十分景仰，曾说道“玉堂画掩春日闲，中有郭熙画春山”[1]。郭熙的山与范宽不同，气势磅礴，却不凌厉，笔法内卷，岩石有如卷曲的云，被称为“卷云皴”，画树枝如蟹爪，弯折有力，被称为“蟹爪皴”，画面明丽、清朗。郭熙更为著名的是他的绘画理论，其子郭思整理成为画论《林泉高致》，是山水画经验的重要总结。在这部著作里，郭熙提出了山水画著名的“三远四可”理论：

> 山有三远：自山下而仰山巅，谓之高远；自山前而窥山后，谓之深远；自近山而望远山，谓之平远。高远之色清明，深远之意重叠，平远之意冲融而缥缥渺渺。

1 （宋）苏轼著，曾枣庄、舒大刚主编：《苏东坡全集·诗集》卷二十八，中华书局，2021年。

世之笃论，谓山水有可行者，有可望者，有可游者，有可居者，画凡至此，皆入妙品，但可行可望，不如可居可游之为得。山欲高，尽出之则不高，烟霞锁其腰，则高矣。水欲远，尽出之则不远，掩映断其脉，则远矣。[1]

“高远、深远、平远”的“三远法”是中国山水画画法的高度概括和精炼总结。“远”是文人寄托于山水画中的一种意境，这种空间感正是文人要在绘画中体会到的自我存在，是山水画的灵魂。

郭熙对早春的痴迷也体现在这部著作里，他写道：

春有早春云景、早春雨景、残雪早春、雪霁早春、烟雨早春、寒云欲雨春、早春晚景、晓日春山、春云欲雨、早春烟霭、春云出谷、满溪春溜、春雨春风作斜风细雨，春山明丽、春云如白鹤，皆春题也。

每个时段、每个场景的早春，郭熙一遍又一遍细致入微的观察、体会、分辨，观察变化、体会不同，才能在每个单独的画面中把早春的特点表现得淋漓尽致。

---

1 （宋）郭熙：《林泉高致》，山东画报出版社，2010年。

郭熙《早春图》
（图片来源：台北故宫博物院）

北宋的最后一位画家是李唐，李唐是徽宗朝廷的职业画师，1124年，作《万壑松风图》，此画完成后第三年，北宋被金人所灭，李唐的《万壑松风图》成了北宋最后的绝响，也是象征北宋山水画的最后一幅代表作。高山巍峨在绘画里象征江山稳固，高山挺拔，岩石峭立，松柏常青，岩中有飞瀑垂流，山间云雾浮现，高山居于画面中间，堂堂正正，气势磅礴。这画里是对北宋江山的最后纪念，山水画也将随着宋朝从北入南而发生转变。

夜深红妆：南宋院派山水

宋廷南渡后，李唐进入南宋画院，领导了南宋一代画风。与刘松年、马远、夏珪并称为“南宋四大家”。

渡尽劫难，由北及南，宋朝的很多方面都发生了变化，绘画里的大山大水消失不见，取而代之的是南方的湖光树影、亭台楼阁。社会文化走向内敛，文人的开创、担当气度在衰减，那些提倡直抒胸臆、平淡天真的文人早已逝去，在党争阴影下禁声的文人群体沉默地陪伴着南宋的残陋河山。山水画还在继续发展，只是少了曾经那些文人的勇敢创新和意气风发。

北宋山水画中，主体往往在画面的中间，从范宽的《溪山行旅图》到李唐的《万壑松风图》，画面布局比较稳定。李唐在南渡途中，路遇强盗，匪首听说他是李唐，放下屠刀，

李唐《万壑松风图》
（图片来源：台北故宫博物院）

拜他为师，死心踏地跟着李唐学画画，这个人叫萧照。萧照跟着李唐进了画院，留下了《山腰楼观图》等重要画作。在《山腰楼观图》中，画面的主体山峰放在了画面的左侧，北宋山水画的主体居中的结构布局被打破了。

马远在李唐、萧照之后又进一步突破，沿对角线布局，喜欢在边角做小景，也被称为“马一角”。与马远齐名的夏珪，画面多布局在一边，被称为“夏半边”。

马远出生于绘画世家，父亲、祖父、曾祖父都曾供职于画院。师法李唐，线条劲朗，多用水墨。他不再如北宋画家“全景式”的展示，多展现远山一角或水边一涯，取一角以

夏珪《溪山清远图》（局部）

代全貌，画面留出大量的空白，彰显出广阔空间，留给观者去想象。也是在南宋时期，“留白”成为中国画的重要特征。故宫博物院藏有马远《梅石溪凫图》，画面左侧为硬朗峻峭的岩石，梅花破岩而出，斜伸至水面，枝干简洁硬朗，下有野鸭在水面拍水嬉戏。有人认为，马远的画是南宋的“残山剩水”，以此来形容马远的独特画风，总体来讲，马远仍然沿袭了北宋时期的峻朗、简洁、有力的画风。

夏珪与马远齐名，风格类似，皆师李唐，夏珪更进一步简化了构图，画面中的实体减少，增加了雾气，虚实结合。最著名的有《溪山清远图》，是一幅山水长卷，这幅画从山

（图片来源：台北故宫博物院）

马麟《夕阳秋色图》
（图片来源：日本根津美术馆网站）

雾、岩石开始，及松林，进入宽阔辽远的水面，以陡峭、层叠的山峰收尾，画面展现内容众多，有远山、雾霭、松林、亭阁、长桥、渔舟、远帆，山虽峻而不高，水面开阔，延及远方，雾气笼罩，是典型的江南之景。

马远之子马麟，承其父衣钵，也是南宋院派的重要画家。人们对马麟的评价褒贬不一，很多人认为马麟只是复制了其父的画风。马麟有一些画作，人们评价甚佳，展示了不同于其父的独特之处，一幅为现藏于日本根津美术馆的《夕

马麟《秉烛夜游图》
（图片来源：台北故宫博物院）

阳秋色图》。画面简洁干净，几处远山如黛，一抹夕阳在远处淡淡几笔，水面辽远苍茫，几只燕子在水面上低飞。画面上的空白处有宋理宗题字“山含秋色近，燕渡夕阳迟”。诗与画相互诠释，完美融合，那一抹淡淡的夕阳余晖，与低飞的燕子，都在代表诗的意趣，已全然不是北宋时的纯粹山水。诗情、画意在画面上体现，南宋山水画也逐渐并且最终走向了诗情画意之路。

马麟诗情画意的另一个代表作《秉烛夜游图》，远山、亭阁、长廊上浓重的黑色，是一片暗夜，在这亭子里，灯火明亮，高高坐着一位主人，看着眼前的一院海棠，他让仆人掌起了灯火，似乎是在等待着什么，也或许就是为了看清楚这如烟如醉的海棠花，正是苏轼那句诗“只恐夜深花睡去，高烧银烛照红妆”。这幅画浓重的诗意，是南宋院派画风的典型代表，诗意而甜腻。南宋的画面尺寸缩小，所画之物更精致、更注重营造一种诗意氛围。另一幅《静听松风图》，一位高士随意地坐在巨大的松树之下，树冠如盖，有风从山间、松上吹过，这位高士衣领随意地开敞着，胡须随风飘起，闭目静心，全身心都在松风里。高士、松树，都具有明显的隐喻含义，是中国文人传统里的隐士，隐于山林，随性而居，风入松中，也入心中，荡涤来自外界的杂念，也是陶冶品格的一种方式。诸多经典要素在一张画面上堆积，把南宋院派画的理想的自然形态推向极致，也意味着这种画法即将走向终结。

政治、人文、艺术有各自不同的发展规律，在一个时代里互相振荡，彼此便有了共同的特征，这是时代切面的意义。这个切面，是那个时代里人们活动的凝练，是人们普遍内心在现实的反照。这甜腻的南宋院派山水，正是在江山不断南退的时代里，人们对美好意向的精神向往。

参考书目

（宋）程颢、程颐著，王孝鱼点校，《二程集》，中华书局，1981年。

（宋）范仲淹著，《范仲淹全集》，中华书局，2020年。

（宋）郭熙著，《林泉高致》，中华书局，2017年。

（宋）柳永著，薛瑞生校注，《乐章集校注》，中华书局，1994年。

（宋）李清照著，徐培均笺注，《李清照集笺注》，上海古籍出版社，2002年。

（宋）李焘撰，《续资治通鉴长编》，中华书局，2004年。

（宋）孟元老著，邓之诚注：《东京梦华录注》，中华书局，1982年。

（宋）欧阳修著，洪本健校笺，《欧阳修诗文集校笺》，上海古籍出版社，2009年。

（宋）司马光著，《司马光集》，四川大学出版社，2010年。

（宋）司马光编撰，《资治通鉴》，中华书局，2011年。

（宋）苏轼著，曾枣庄、舒大刚主编，《苏东坡全集》，中华书局，2021年。

（宋）王安石著，王水照主编，《王安石全集》，复旦大学出版社，2017年。

（宋）王安石著，（宋）李壁笺注，高克勤点校，《王荆文公诗笺注》，上海古籍出版社，2010年。

（宋）吴自牧著，《梦粱录》，江苏凤凰文艺出版社，2019年。

（宋）张载著，《张载集》，中华书局，1978年。

（宋）赵佶著，《大观茶论》，中华书局，2019年。

（宋）朱熹著，《朱子全书》，上海古籍出版社、安徽教育出版社，2010年。

（元）脱脱等撰，《宋史》，中华书局，1985年。

（明）王夫之著，《宋论》，中华书局，2008年。

陈来著，《宋明理学》，北京大学出版社，2020年。

陈来著，《朱子哲学研究》，华东师范大学出版社，2000年。

陈荣捷著，《朱熹》，三联书店，2012年。

陈植锷著，《北宋文化史述论》，中华书局，2019年。

邓广铭著，《北宋政治改革家王安石》，三联书店，2007年。

邓小南、杨立华等著，《宋・风雅美学的十个侧面》，三联书店，2021年。

高全喜著，《理心之间：朱熹和陆九渊的理学》，三联书店，2008年。

葛兆光著，《中国思想史》，复旦大学出版社，2007年。

胡适著，《心与禅》，新世界出版社，2012年。

黄义军著，《宋代青白瓷的历史地理研究》，文物出版社，2010年。

蒋勋著，《美，看不见的竞争力》，中信出版社，2015年。

李泽厚著，《美的历程》，三联书店，2009年。

梁启超著，《王安石传》，商务印书馆国际有限公司，2018年。

梁漱溟著，《中国文化要义》，上海人民出版社，2018年。

林语堂著，《苏东坡传》，湖南文艺出版社，2018年。

权奎山、孟原召著，《古代陶瓷》，文物出版社，2010年。

任继愈主编，《中国佛教史》，中国社会科学出版社，1988年。

沈冬梅著,《茶与宋代社会生活》,中国社会科学出版社,2015年。

孙昌武著,《禅宗十五讲》,中华书局,2016年。

陶尔夫、诸葛忆兵著,《北宋词史》,北方文艺出版社,2019年。

陶尔夫、刘敬圻著,《南宋词史》,北方文艺出版社,2019年。

王国维著,《人间词话》,中华书局,2018年。

许倬云著,《中国文化的精神》,九州出版社,2018年。

扬之水著,《两宋茶事》(《棔柿楼集》卷六),人民美术出版社,2015年。

叶嘉莹著,《唐宋词十七讲》,北京大学出版社,2017年。

叶朗主编,《中国美学通史》,江苏人民出版社,2014年。

叶喆民著,《中国陶瓷史》,三联书店,2011年。

余英时著,《朱熹的历史世界》,三联书店,2004年。

虞云国著,《南宋行暮》,上海人民出版社,2018年。

张毅著,《苏轼与朱熹:触摸中国士人的精神内核》,中国友谊出版公司,2018年。

张郁乎著,《画史心香——南北宗论的画史画论渊源》,北京大学出版社,2010年。

赵冬梅著,《大宋之变,1063—1086》,广西师范大学出版社,2020年。

宗白华著,《美学散步》,上海人民出版社,1981年。

(美)卜寿珊著,《心画——中国文人画五百年》,北京大学出版社,2017年。

(美)高居翰著,《图说中国绘画史》,三联书店,2014年。

(美)刘子健著,《宋代中国的改革:王安石及其新政》,上海人民出版社,2022年。

（美）刘子健著，《中国转向内在：两宋之际的文化转向》，江苏人民出版社，2002年。

（美）刘子健著，《欧阳修：十一世纪的新儒家》，刘云军、李思、王金焕译，重庆出版社，2022年。

（美）伊沛霞著，《宋徽宗》，广西师范大学出版社，2018年。

（日）小岛毅著，《中国思想与宗教的奔流：宋朝》，广西师范大学出版社，2014年。